西安交通大学信息哲学丛书

邬焜信息哲学思想研究

Wu Kun Xin Xi Zhe Xue Si Xiang Yan Jiu

李国武 / 著

中国社会科学出版社

图书在版编目 (CIP) 数据

邬焜信息哲学思想研究 / 李国武著 . —北京：中
国社会科学出版社，2015.6
ISBN 978-7-5161-6315-3

Ⅰ.①邬…　Ⅱ.①李…　Ⅲ.①信息学—哲学—研究
Ⅳ.①G201-02

中国版本图书馆 CIP 数据核字 (2015) 第 131092 号

出 版 人	赵剑英
责任编辑	冯春凤
责任校对	张爱华
责任印制	张雪娇

出　　版	中国社会科学出版社
社　　址	北京鼓楼西大街甲 158 号
邮　　编	100720
网　　址	http：//www.csspw.cn
发 行 部	010-84083685
门 市 部	010-84029450
经　　销	新华书店及其他书店

印　　刷	北京君升印刷有限公司
装　　订	廊坊市广阳区广增装订厂
版　　次	2015 年 6 月第 1 版
印　　次	2015 年 6 月第 1 次印刷

开　　本	710×1000　1/16
印　　张	15.5
插　　页	2
字　　数	222 千字
定　　价	58.00 元

编辑委员会

总　序

如果从控制论的创始人维纳先生关于信息的哲学意义的阐释算起，世界范围内的信息科学中的哲学问题的研究已经有 60 多年的历史，但是，真正意义上的信息哲学的概念却是由中国学者在 20 世纪 80 年代初（1982 年）提出的，并且，系统化的信息哲学理论则是由中国学者在 20 世纪 80 年代中期（1985 年，1987 年）公诸于世的，这些成果标志着信息哲学的创立。经过 30 多年的发展，中国学者创立的信息哲学理论已经开始走向成熟，并引起了西方学者的高度关注。同时，近 10 多年来，世界范围内的信息哲学理论的研究也已经和正在更大范围内兴起，西方学者也独立地提出了自己的信息哲学研究纲领（2002 年）。

西安交通大学于 2010 年 12 月正式成立了西安交通大学国际信息哲学研究中心。该中心是中国首个信息哲学研究中心，也是世界上第一个国际性信息哲学研究机构。该中心的基本任务是：有效整合世界范围内的信息哲学研究队伍；深化开创性的信息哲学研究；加强信息哲学成果的国际交流和对话，推动中国和世界范围的信息哲学研究的发展。目前，该中心成立了由众多国家相关著名学者加盟的领导机构，其国际学术活动也已经有条不紊地展开。

策划与编辑"西安交通大学信息哲学丛书"是西安交通大学国际信息哲学研究中心的一项重要工作。该丛书的出版旨在向学术界展示世界范围内的信息哲学研究的重要成果，并由此推动中国和世界范围的信息哲学研究的发展，激励更多学者投入信息哲学领域的研究。

　　本丛书的编辑委员会由西安交通大学国际信息哲学研究中心的顾问兼学术委员会成员，以及具体负责研究中心工作的主任和副主任组成。

　　由于信息哲学的研究是一个极富学术挑战性的全新开拓的领域，其发展出来的门派、不同的观点和理论将可能很多。打破门派壁垒，兼容百家学说，倡导一种自由讨论和相互批评的哲学态度，鼓励对相关问题进行一种有差异的，甚至是对立的，多维视角的探讨是本丛书选稿的重要原则之一。我们认为，只有采取这样的一种开放式研究的态度，才能为学者们提供一个自由宽松的研究平台，从而更好地促进信息哲学这门新兴哲学学科的发展。

　　本丛书将在中国社会科学出版社哲学编辑室的支持下不定期分批出版。

西安交通大学信息哲学丛书编辑委员会
2011 年 6 月 28 日

目　　录

前　言

人类第三次信息科学技术革命、信息化社会的来临，以至统一的信息科学学科群的崛起、社会信息化的迅速发展和全面进步，相对集中而特别强烈地呼唤着反映信息时代精神精华的哲学——信息哲学的诞生。

西安交通大学国际信息哲学研究中心主任邬焜教授的信息哲学把世界作为物质和信息的双重存在来理解，开辟了新的信息存在领域，建立了新的世界观，突破了人类有史以来一直没有变化的物质世界观。这样，信息就无处不在、无时不在，成为一种普遍化的存在形式，在此基础上，对哲学的本体论、认识论、进化论、社会论、价值论、思维论等体系，用信息全面而深刻地进行解读，从而建构出了全新的信息本体论、信息认识论、信息进化论、信息价值论、信息社会论、信息生产论、信息思维论等信息哲学理论。

邬焜教授经过30余年坚持不懈的研究，提出并创立的信息哲学思想已成熟完善，是国内外同行公认的"信息哲学创始人"。因此，非常有必要对邬焜信息哲学思想形成的背景、历史、理论内涵及其与其他哲学思想的比较进行及时研究和评价，以加深对信息哲学理论的认识和理解。

本书是学术界第一部系统性、整体性地对邬焜教授的信息哲学思想进行梳理和研究的著作。对邬焜教授信息哲学思想的研究具有重大的理论和现实意义。通过对邬焜教授信息哲学思想的研究，可以使我们更好地把握信息时代，加深对信息哲学思想的认识，拓展信息哲学的研究向度。深入剖析邬焜教授的信息哲学思想，可以使我们既从宏观、又从微观，既从历史的纵向、又从同时代的横向，既从科学、又从人文的角度，洞察邬焜教授信息哲学思想的历史轨迹与理论价值。

著名学者庞元正先生在邬焜教授申报的国家社会科学基金成果意见书上说，"信息科学的问世，信息社会的到来，极大改变了人类对自然界和人类社会的知识图景，信息作为一个新维度被纳入到人类认识世界的视野中，这是人类世界观方法论的重大变革，但是对于这一重大变化，国内外哲学还没有能够给以充分重视和科学阐明。邬焜教授的信息哲学就是力图对于这一重大问题，作出与时俱进的马克思主义的科学解释，因而该成果对于回应当代科学和实践的重大变化，对于坚持和发展马克思主义世界观方法论，具有重大理论意义和实践意义"①。

邬焜教授的信息哲学思想，具有鲜明的独特性，表现了他个人的风格、性情和认识世界的能力和水平。通过系统深入研究，能够廓清世人对信息哲学的模糊认识，使更多学界同仁走进信息哲学，感悟邬焜教授的所思、所论，了解其对信息哲学的贡献，并学习先生的严谨学术态度和高尚的学术风范与学术境界，具有很强的现实意义。

本书得到了西安石油大学青年科技创新基金项目的立项支持，并获西安石油大学优秀学术著作出版基金资助，在此特别感谢。

---

① 邬焜：《信息哲学——理论、体系、方法》，商务印书馆 2005 年版，第 600—601页。

第一章　邬焜信息哲学是信息
时代的科学的世界观①

　　20 世纪 80 年代产生的邬焜信息哲学，是哲学发展中的根本性变革，是人类信息时代发展和哲学发展的必然产物。首先它是适应全球化信息时代的需要而产生的。同时，它又是现当代科学和哲学发展的总结，是人类以往认识世界和改造世界的积极成果的理论结晶。它以物质是直接存在，信息是间接存在的观点为基础，揭示了世界的物质与信息双重存在的性质，开辟了对信息世界进行哲学研究的新领域，进一步科学地解决了思维与存在（物质与精神）、物质与信息、精神与信息的关系问题，从而实现了新的唯物信息论和信息方法论的统一，信息本体论和信息认识论与信息价值论的统一，信息进化论和信息社会论的统一。从其理论特征上看，又是科学性、时代性和普适性的高度统一，是信息时代的系统化、理论化的科学的世界观和方法论。

一　邬焜信息哲学是人类信息时代
发展和哲学发展的必然产物

　　邬焜信息哲学的诞生，固然是由于邬焜的天才思维的创造，但更

---

　　①　本章的主要内容发表在：李国武：《邬焜信息哲学是信息时代的科学的世界观》，《重庆邮电大学学报》（社会科学版），2014 年第 1 期。

为重要的是，人类进入 20 世纪 80 年代之后，信息时代的科学和社会实践的发展，已经为在哲学上实现根本性的变革准备了必要条件，所以，信息哲学的诞生正是信息时代的哲学发展的必然结果。

1. 邬焜信息哲学创立的社会历史前提

马克思说，"任何真正的哲学都是自己时代精神的精华"，"是文明的活的灵魂"。① 时代精神是一定时代的内容的本质特征的体现。一定时代的内容是多方面的，包括该时代的经济、政治、文化和科学等的发展状况，这些内容表现在该时代人们的全部社会活动及其成果中，反映在该时代各种具体的理论体系和观念形态中。它们作为时代内容的表现和反映，也都从不同的角度、不同的方面及不同的程度上体现着自己时代的精神。哲学则是从总体上概括地把握时代的内容、集中地反映时代的本质特征，从而体现着时代精神的精华。凡是真正的哲学都是该时代人类智慧的一种理论升华。

人类历史进入到 20 世纪 80 年代，已跨入了一个新的信息时代。旧的哲学，包括马克思主义哲学的经典形式和内容已经不能很好地体现新的时代精神，必须创立新的哲学才能适应新的历史需要。而且，新的信息时代也为新哲学的创立提供了必要的条件。

在经济政治上，20 世纪 80 年代这一时期，由于苏联的解体、东欧剧变，世界已经由以美国为主的资产阶级国家和以苏联为主的社会主义国家主导的"两极"对抗政治，转变为政治的多极化、经济的全球化、文化的多元化，时代精神发生了巨大变化。时代精神的主旋律已开始由无产阶级的争取人类解放的社会主义革命运动转变为世界的和平、发展、合作的主题，已经由工业时代逐步过渡到信息时代。作为以无产阶级革命斗争为己任的世界观——马克思主义哲学的经典形式和内容，已经无法适应时代的需要，必须进行发展、创新、改革，才能建立符合信息时代精神要求的科学的世界观。因此，邬焜信

---

① 《马克思恩格斯选集》第 1 卷，人民出版社 1956 年版，第 121 页。

息哲学便应运而生，为人类认识信息时代精神的精华提供了强大的思想理论武器。

在自然科学上，马克思主义哲学产生的自然科学基础是 19 世纪的细胞学说、能量守恒和转换定律、生物进化论的三大发现。而邬焜信息哲学产生的自然科学基础则是相对论、量子力学、分子生物学、现代宇宙学；系统科学、信息科学、控制论、突变论、耗散结构论、协同学、超循环理论；分形与混沌理论、虚拟现实、纳米科学；人工智能科学、生物工程、认知科学、广义进化理论、复杂性问题研究，等等。马克思主义哲学产生的社会根源在于以蒸汽机和电力的发展为标志的资本主义产业革命，但现今时代的社会已经过渡到了以电子计算机网络和现代通信技术的发展为标志的全球性信息革命的时代。

当代科技、经济、社会、文化、生活与观念的全方位的信息化发展态势，必然导致某种新的时代精神——信息精神的产生，信息范畴给哲学带来了具有深刻性和本质性的突破。任何一种现代哲学的理论，都不能不对这种新的时代精神——信息精神给以足够的重视。这种新的时代精神、时代哲学就是邬焜创立的信息哲学。邬焜在实质上揭示了信息这个传统科学与哲学未曾发现的一个全新领域——信息世界，揭示了一个与直接存在的物质世界并存的另一个间接存在的信息世界，从而提供了全新的事物存在与演化的世界图景和思维方式。由于作为间接存在的信息领域的发现，这便首先在哲学本体论层面上引出了一场根本性的革命。由于邬焜信息哲学是深入到哲学本体论或存在论层面的，所以它便必然会引发哲学认识论、哲学进化论、哲学社会论、哲学价值论、哲学思维论、哲学方法论等，包括全部哲学领域的全方位的根本性变革。

2. 邬焜信息哲学创立的理论前提

哲学中革命性变革的发生不仅仅是历史发展的结果，同时也是以往哲学自身发展的结果。以往哲学从两个方面提供了新世界观产生的前提：一方面，以往哲学对于人与世界关系的有益探讨积累了具有积极意义的思想材料；另一方面，以往哲学与时代精神的背离及它所包含的内在矛盾为新哲学的形成提供了由以出发的问题。事实上，每一种新的哲学都只有在对以往哲学所未解决的问题的解决中，才能超越以往的哲学，并确立自身。邬焜信息哲学正是在对以往哲学的批判与超越中，对以往哲学所无法解决的信息世界的问题的研究和回答中，才得以创立、完善、成熟的。

在以往哲学中，迄今为止，马克思主义哲学代表着解决哲学基本问题的正确方向，它对于邬焜新的物质与信息双重存在的世界观的形成有着特别重要的意义。

应当承认，邬焜信息哲学继承了马克思主义哲学的唯物论和辩证法思想。因为邬焜信息哲学并没有改变唯物主义的基本点：世界统一于物质；也没有改变辩证法的基本点：宇宙、宇宙间的一切事物都是普遍联系、永恒运动、不断变化和演化着的过程的体系。但正如恩格斯所说："像唯心主义一样，唯物主义也经历了一系列的发展阶段。随着自然科学领域中每一个划时代的发现，唯物主义必然要改变自己的形式；而自从历史也被唯物主义地解释的时候起，一条新的发展道路也在这里开辟出来了。"① "每一时代的理论思维，从而我们时代的理论思维，都是一种历史的产物，在不同的时代具有非常不同的形式，并因而具有非常不同的内容。"② 邬焜信息哲学就是信息时代的理论思维，具有与经典的马克思主义哲学非常不同的内容和形式，因而实现了哲学体制的转换，改变了马克思主义哲学的旧有体系和结构。

邬焜认为，作为辩证唯物主义所采取的传统形式，是马克思、恩格斯在他们那个时代创立的，是那个具体的时代历史的产物，它具有与那个时代，与那个历史相一致的特点。我们不能强求马克思、恩格斯所创立的哲学，从形式到内容都与我们这个信息时代相符，因为他

---

① 《马克思恩格斯全集》第 21 卷，人民出版社 2002 年版，第 320 页。
② 《马克思恩格斯选集》第 3 卷，人民出版社 1972 年版，第 465 页。

们并不拥有我们这个时代。这也正如我们不能要求今天的人们必须按照未来社会的人们的方式去进行思维一样。

3. 邬焜信息哲学创立的进程

邬焜信息哲学作为新的哲学世界观的历史使命在于：为信息时代的全人类如何认识物质与信息的双重存在的世界提供理论的指导。因而这种哲学的创立与全球化信息时代的信息理论和运动密切相关。邬焜信息哲学的创立经历了一个历史过程。大体上说，可以划分为两个阶段：第一个阶段的主要代表作有：《思维是物质信息活动的高级形式》（论文，1981）《哲学信息论要略》（论文，1985）《哲学信息论导论》（专著，1987）；第二个阶段的主要代表作有：《信息哲学——一种新的时代精神》（专著，1989），以及长达70万字的标志他所创立的信息哲学走向完善和成熟的学术专著——《信息哲学——理论、体系、方法》（2005）。这些论著体现了邬焜如何从不同的角度探索新的世界观，如何从马克思主义哲学及古今中外的哲学中汲取营养，又如何超越它们，创造出全新的信息哲学的基本历程。

第一阶段：1980—1987年，是邬焜信息哲学思想的创立形成期。这八年，主要探讨"存在领域的重新分割"和"信息的本质"、"认识发生的信息中介"等问题，以《思维是物质信息活动的高级形式》（1981）《哲学信息论要略》（1985）和《哲学信息论导论》（1987）为标志。邬焜关于信息哲学的第一篇学术论文是《思维是物质信息活动的高级形式》，文中将"自然信息"看作是区别于物质和精神现象的一种具有独立意义的现象，并从哲学的高度把信息定义为"物质存在方式和状态的显示"，提出并初步论证了信息具有自在、自为和再生三种基本形态，还提出了信息场、信息的同化和异化、信息的直观识辨、概像信息和符号信息等信息活动的五种基本形式（在后来的研究中，他又增加了"有感记忆储存"的信息活动形式和"社会信息"的信息综合形态），并在此基础上把从物质到精神的过程描述为以信息为中介的信息活动过程。正是这篇论文所提出的观点使信息作为哲学范畴引入哲学成为可能，从而奠定了信息本体论和信息认识论的基本前提。

《哲学信息论要略》《哲学信息论导论》从存在论的意义上，在学术界第一次全面系统地提出了信息的哲学本质、哲学分类、信息的三个不同性级的质、绝对信息量、相对信息量、信息与相关哲学范畴的关系、哲学本体论的概念层次论、哲学认识论的信息中介论、社会的信息进化论、力的哲学与信息的哲学的异同，以及信息在哲学变革中的作用等诸多方面的问题。这些开创性研究，比较系统地建立了一种信息哲学理论体系，正式宣告了一种崭新的时代哲学——邬焜信息哲学在中国的创生。

第二阶段：1988—2005 年，是邬焜信息哲学思想的完善成熟期。这 17 年，邬焜主要是对已经创立的信息哲学思想进行反思、完善与发展，以《信息哲学——一种新的时代精神》（1989）《信息哲学——理论、体系、方法》（2005）专著为标志。邬焜在其出版的第二本学术专著《信息哲学——一种新的时代精神》中强调了信息哲学的元哲学性质，并大致提出了信息哲学应当研究的范围。书中写道："信息哲学首先是一种元哲学，由它的基础理论的拓展又可以延伸出许多亚层次的哲学来。就目前来看，还没有哪一个现有的哲学领域是信息哲学绝对不能涉足的。""现在，我的研究还基本局限在从一种元哲学的角度来阐发信息哲学的一般性基础理论。就在这样一个层次上，我们应该做的工作就很多。诸如，信息的哲学本质，信息的哲学形态和形式；信息的不同性级的质，信息的哲学量度；信息与以往诸哲学范畴的关系；信息本体论，信息认识论，信息方法论；信息世界的进化，信息进化与物质进化，信息与社会进化；全息现象，演化和全息现象，相似与全息现象；信息社会学，信息心理学，信息美学，信息价值论；……上面所列的这众多课题领域中的每一领域都仍然存在着极为丰富的、大量的分支课题。"

2005 年，邬焜综合其 25 年的研究成果，出版了集大成的长达 70 万字的《信息哲学——理论、体系、方法》专著，全面而系统地建立起了信息本体论、信息认识论、信息进化论、信息价值论、信息思维论等相关理论，这就标志着邬焜创立的信息哲学已经达到了系统、完善与成熟的水平。应该说，信息哲学可以作为辩证唯物主义的第二个历史形态，邬焜教授对此做了巨大贡献。这也正应了 1842 年马克思在给《科伦日报》写的社论中所说："哲学家的成长并不像雨后的春笋，他们是自己的时代、自己的人民的产物，人民最精致、最珍贵和看不见的精髓都集中在哲学思想里。"① 因此，我们可以说，邬焜信息哲学思想是属于信息时代的、属于科学的、属于全人类的。

二　邬焜信息哲学是以物质和信息双重存在为核心理论的完整体系

信息概念的完备规定和信息观点的确立，是实现哲学上根本性变革的关键。信息的观点规定了邬焜信息哲学解决哲学基本问题的独特方式，它是唯物论与辩证法的统一，进化观与历史观的统一，本体论、认识论、价值论和方法论的统一的基础。

1. 物质和信息的双重存在论是邬焜信息哲学的理论基石

信息范畴是邬焜信息哲学最为核心、最为基础的范畴。在信息范畴的基础上，邬焜信息哲学超越了以往的全部哲学，构成了一个唯物论与辩证法相统一，自然观与历史观相统一，本体论、认识论、价值论和方法论相统一的完整严密的理论体系。1986 年，邬焜在《存在领域的分割》一文中首次提出了"物质和信息的双重存在"的世界观，对存在领域的重新分割，确立了信息本体论的理论根源，从源头上廓清了信息的存在论价值。这样，信息本体论思想就为我们提供了新的世界图景，为哲学研究开辟了新的领地和视角，为各门科学研究提供了新的理论范式。

---

① 《马克思恩格斯选集》第 1 卷，人民出版社 1956 年版，第 120—121 页。

　　传统的科学和哲学有一个基本的信条：存在＝物质＋精神。当代信息科学和哲学揭示了一个全新的间接存在的信息世界，对世界的存在领域进行了新的分割，从而建立了一种物质（直接存在）和信息（间接存在）双重存在的全新存在论学说。这样，关于存在领域分割的等式也便被重新改写为：存在＝物质＋信息（包括信息的高级形态——精神）。这一新的存在论学说在引发哲学本体论的根本性变革的同时，也改变了哲学基本问题的具体解读方式。按照恩格斯的表述，"思维和存在的关系问题是哲学的基本问题"。由于传统哲学总是把存在分割为物质和精神两大领域，所以，上述抽象表述的哲学基本问题便总是被具体解读为"物质和精神的关系问题"。新的存在论学说的提出，导致哲学基本问题的具体解读方式也相应转变成了"物质、信息、精神多重交互的关系问题"。由此又进而引发了哲学所有其他领域的全方位的根本性转变。

　　邬焜的信息本体论思想揭示，由于间接存在的信息世界与直接存在的物质世界截然不同，从而揭示了一个新的存在领域，使得哲学在本体论层面上发生了根本性的革命，几千年来传统哲学关于"存在与思维"或"物质与精神"关系的基本问题的内涵发生了改变，信息不仅是在个别特征、个别因素或某种描述方式上对哲学的改变，而是从根本上改变了人们对存在世界的看法，提出了全新的事物存在与演化的世界图景和思维方式。不仅具体呈现着哲学本体论和认识论的统一性关系，而且也具体揭示着在本体承诺的前提下，哲学中的所有问题、领域、观点和理论本应具有的统一性关系。由此必然会引发哲学认识论、哲学进化论、哲学价值论、哲学方法论等，包括全部哲学领域的全方位的根本性变革。邬焜进而认为，在对信息进行存在论意义的本质规定时，可能会出现实质性的分歧，由此又可能派生出十分不同的信息哲学流派。邬焜信息哲学成为区别于传统哲学和现代哲学的一种全新的世界观、历史观、社会观、认识观、价值观、科技观和方法论，它在整体上对人类历史的所有形式的哲学都进行了批判，并使这些哲学在邬焜信息哲学所突现的新的全球化信息时代精神面前黯然失色。

2. 邬焜信息哲学是辩证唯物主义的第二个历史形态

从历史的角度来看，马克思主义哲学只是辩证唯物主义哲学的第一个历史形态，而辩证唯物主义则可以在不同的历史时代获得不同的具体规定性。正如唯物论、辩证法在历史上曾经呈现过不同的具体形态一样，辩证唯物主义也必然会在不同的历史阶段上呈现出不同的具体形态。邬焜认为，辩证唯物主义的新的历史形态可以看作是马克思主义哲学的继承和发展，但是，它和马克思主义哲学的关系又不是简单的同一，它们在实质上是不能用同一个指谓来描述的。正如，我们不能把所有的辩证哲学都叫作赫拉克利特哲学，或把所有的唯物主义哲学都叫作泰勒斯的哲学一样。辩证唯物主义是一个抽象的同一体，它的不同形式必然处于十分不同的具体的差异中。在信息时代里，辩证唯物主义必然会采取比它的第一个历史形态——马克思主义哲学更为适合现代科技和现代社会发展的具体形态，这个形态必将具有全新的范畴和内容、体系和结构。而正是在这个意义上，邬焜信息哲学成了辩证唯物主义的第二个历史形态。

邬焜认为，现代科学、技术和社会的发展给辩证唯物主义哲学的发展提供了前所未有的崭新方向，要求辩证唯物主义哲学与时俱进地变革和发展自身。如果说，马克思和恩格斯当年创立了辩证唯物主义的第一个历史形态的话，那么，建立在现代科学、技术和社会发展的基础之上的新哲学则为建立辩证唯物主义的第二个历史形态提供了可能。这一新的历史形态既是第一个历史形态的继承和发展，又必然会具有全新范畴、体系和内容。在信息时代的今天，在现代科学革命、信息哲学所提供的相应成果和问题域的背景下，对现代科学的积极成果，以及对信息哲学问题进行辩证唯物主义的阐释，对形形色色的利用现代科学的某些成果，以及关于信息问题的片面解读来诋毁唯物论和辩证法的倾向予以有效的批判，无疑会成为建立辩证唯物主义的第二个历史形态的最重要、最基本和最切近的途径。

3. 邬焜信息哲学是科学性、时代性、普适性相统一的完整严密的科学理论体系

邬焜信息哲学引入信息范畴作为解决思维与存在关系问题的新视角，这一新视角建立在信息科学等现当代自然科学基础之上，揭示了一个全新的信息世界，客观地反映了信息时代精神的精华，重新审视和回答了以往哲学所无法回答的众多重大问题，具有鲜明的、强烈的时代特色。邬焜的哲学视野非常广大、深邃，他站在浩瀚无垠的宇宙中思考信息哲学的基本思想，无论是"物质和信息的双重存在"的信息本体论，还是多级中介的"凭差异而识辨、依中介而建构、借建构而虚拟"的信息认识论，无论是"物质和信息的双重演化"的信息进化论，还是"天道价值"的信息价值论，无论是"多维存在的人的本质"的信息社会论，还是人类"四种生产的本质"的信息生产论，无论是信息思维论，还是信息复杂性理论等，都是具有普适性的重大理论创新。这些，不仅决定了邬焜信息哲学思想在本质上是科学的和时代的，而且决定了它在本质上也是科学的和普适的，是科学性与时代性、普适性的高度统一。

理论的科学性是理论内容的客观真理性和逻辑形式的严密性、完整性。邬焜信息哲学的客观真理性不仅在于它是在信息社会实践中产生并经过实践检验过的真理体系，而且在于它本身就内在地包含着客观性原则，因为信息概念中内含着客观性的规定。

邬焜信息哲学的科学性还体现在它逻辑上的严密性、完整性。邬焜信息哲学运用信息的间接存在观点又一次彻底唯物地解决了思维与存在的关系问题，从而为其信息哲学的信息认识论、信息进化论、信息价值论、信息方法论和信息生产论的建立，确立了自觉的理论前提。邬焜信息哲学的信息本体论、信息认识论、信息价值论、信息进化论、信息思维论等，都是建立在同一信息概念的基础之上的，因而这几个方面是相互贯通的，是具有内在一致性的，它们共同构成了邬焜信息哲学的完整的理论体系。因为邬焜信息哲学在内容的客观真理性和形式的逻辑严密性上达到了有机结合的统一，这就构成了邬焜信息哲学在科学性上的完整性，同时也使邬焜信息哲学呈现出全面、系统的整体系列创新的基本特征。

科学性作为邬焜信息哲学的基本特征，体现于方法论上，便是要求以信息思维、信息的方法、客观的态度对待事物，对待人的实践活动。客观性原则同样是邬焜信息哲学的一个基本原则，它不仅是一个构建科学的世界观的原则，也是一个科学的方法论的原则。

邬焜信息哲学的科学性与时代性、普适性都是它的内在的本质规定，三者不是相互分离的，而是在信息基础上的辩证的统一。

三　邬焜信息哲学与当代世界

邬焜信息哲学是人类从工业时代走向信息时代，从工业文明走向信息文明，从实体思维、能量思维走向信息思维这一伟大时代的活的灵魂，反映着信息时代的本质，并预示着人类历史的未来。马克思说："哲学问题永远是开放性的，解决这些问题的理论只是哲学家个人的理论，是他个人的学术素养、理论兴趣和思维能力的反映。"①实际上，邬焜信息哲学是一个开放的思想体系，它同时代一道发展，不断从社会实践和科学发展、哲学发展中吸取营养，以丰富和发展自己，从而显示出强大的生命力。

1. 邬焜信息哲学的历史发展

邬焜信息哲学是以信息范畴为核心的、科学性和时代性、普适性高度统一的科学理论体系，它深深地根植于信息实践，必然是随着信息社会实践的发展而发展的。

邬焜信息哲学是在总结信息运动的本质和科学发展的新成果的基础上，在批判旧哲学中产生的。它的形成经历了一个由不成熟走向成

---

① 《马克思恩格斯选集》第15卷，人民出版社1995年版，第213页。

熟的过程，这既是一个批判旧哲学的过程，也是一个发现和克服自身内在矛盾的过程。自从 1987 年创立信息哲学以后，作为创始人的邬焜又不断从政治学、社会学、历史学、自然科学等各个学科领域做了大量艰苦细致、卓有成效的研究探索工作，他从来没有放松依据社会实践和自然科学的发展来检验、校正、充实和发展自己理论的努力，使这一哲学的基本理论体系日益得到深化和完善，成为完整严密、博大精深的新世界观和方法论学说。邬焜的严肃的科学态度和坚持不懈的探求和创造精神，给我们留下了典范和楷模，是我们宝贵的精神财富。

我们坚信，邬焜信息哲学思想的基本原理，会成为信息时代的精神指南，历久弥新，而闪耀出不朽的光芒。因此，我们既要在实践中坚持邬焜信息哲学的基本立场、观点和方法，用信息的视角看待问题、发现问题、解决问题，又要在实践中不断地丰富和发展它的具体内容。

2. 邬焜信息哲学与当代自然科学

邬焜始终自觉地总结自然科学的发展以推动信息哲学的发展。邬焜指出：20 世纪下半叶以来，世界范围内兴起了信息科技革命、信息经济、信息社会，将人类推进到了一个崭新的时代，毫无疑问，在这个崭新的时代里，无论是科学还是哲学都将要再次实现某种全新的综合。追溯这个全新综合起始的源头发现，它是和一个新的信息世界的被发现相关联的。信息世界与以往的科学和哲学所注重研究和阐释的那个"实在"的物质世界虽然具有不可分割的联系，但是，这两个世界又明显地呈现着各自不同的存在方式、价值和本性。信息世界是一个和物质世界不同的全新的世界，这个全新世界的被发现从根本上改变了我们对世界的看法，为现代科学和哲学正在进行着的，以及将要完成的全新综合提供了基础性条件。

邬焜认为，信息科学和信息哲学研究纲领能够很好地把还原论和整体主义、决定论和非决定论统一起来，能够很好地把要素、关系、结构和双重涌现（在事物整体和构成要素两个层面同时形成的新质建构）的性质统一起来，能够把组织互动、网络反馈环链、全息映射、时空内在融合的相互转化、直接存在（物质）和间接存在（信息）的统一性、有序和无序的兼容、要素的自主个性和整体行为的涌现等诸多方面的内容统一起来，能够对自组织行为的性质，以及自组织发生的具体过程和机制进行详尽的揭示，从而可以比较全面地覆盖复杂性科学研究纲领的基本要旨，并为复杂性理论的研究提供一个信息科学的阐释维度。如此看来，信息科学和信息哲学研究纲领恰恰能够担当对众多传统的和现代的科学研究纲领进行全新整合，并使之走向统一的历史使命。

邬焜认为，信息世界的发现以及信息哲学的兴起是在科学的汇流、科学与哲学的汇流中所实现的全新综合。信息世界的发现，首先应该归功于具体科学的理论性和实用性研究。物理学中的热熵和统计熵理论、通信领域中的信息熵理论、生命科学与控制论中的信息的负熵论、物理学和耗散结构论中的负熵论、协同学中的信息自组织理论、超循环论中的信息密码子构架理论、复杂系统研究中的信息分层与内反馈环链理论、虚拟现实与纳米科学、相关的网络与全息理论、信息经济与信息社会的理论、认知的信息加工理论等，都是对信息世界进行具体研究的不同支脉，而这些不同支脉的汇流和在几乎整个自然科学、社会科学与思维科学领域中的拓广乃是新的科学和哲学综合的标志。信息世界的发现还应该归功于众多科学家和哲学家对信息本质的深入讨论，这种讨论导致了建立在对信息本质的不同理解的基础之上的种种信息哲学的兴起。在这一方面所实现的则是科学与哲学的汇流。科学间的汇流，以及科学和哲学的汇流，正是我们时代的特征，而信息世界的被发现，以及这个世界给我们的世界观所带来的根本性变化则正是在时代的这一汇流中实现的。

3. 邬焜信息哲学与当代西方哲学

邬焜认为，哲学本体论的范式是分层次的。关于存在领域的分割方式是最高范式，而关于各存在领域之间的具体关系的解读则是次一级的范式。"存在＝物质＋精神"是传统哲学的最高范式，在此基础上所建立起来的传统唯物主义或唯心主义学说都只能是传统哲学的第二层级的理论范式。如果关于存在领域的分割方式没有发生变化，而只是在物质和精神关系的层面作出不同的解读，这都不能构成根本性的哲学革命。

邬焜信息哲学与当代西方哲学是具有本质差异的世界观和方法论。邬焜认为，在西方的哲学传统中，始终存在着经验论和唯理论的两条发展路径，西方传统经验论的学说集中体现着机械唯物论的色彩，而西方的唯理论学说则集中体现为客观唯心论和主观唯心论两大支脉。随着近、现代科学革命的崛起，机械唯物论的市场越来越小，而支撑客观唯心论的上帝和绝对精神的观念也逐渐被科学和哲学所抛弃。这样，在西方主流哲学的发展过程中主观唯心论的学说得到了单极化的张扬。这样的一种发展路径集中体现在西方哲学界所宣称的认识论、语言学、现象学的所谓多次哲学转向之中。这样的哲学转向的实质是要在拒斥哲学本体论、拒斥形而上学问题，悬置客观自然和物质观念的背景下发展一种绝对纯粹意义上的主观唯心论的意识哲学，其理论旨趣的要害在于反对或消解任何形式的唯物论学说，并诋毁自然辩证法的学说。

在西方学者那里，关于信息的哲学问题的研究中也明显存在着两种截然不同的倾向：一种倾向是用现象学的方法来解释信息，把信息归结为主观的现象或意义；另一种倾向是把信息看作是比物质更为基本的实在（万物源于比特——惠勒语）。而邬焜信息哲学理论则坚持了辩证唯物主义的立场，把信息看作是由物质派生的现象，同时又承认存在客观意义上的本体论信息。

邬焜认为，关于理论发展中的哲学转向问题，按照西方哲学界为更多人认可的一个一般的说法，是从本体论到认识论再到语言哲学的三段式说。还有一些理论在这三段式之外又提出了现象学、实践论、价值论、生存论、身体性转向的问题。其实，哲学理论的创新并不简单在于其关注的问题领域或其涉及的学科范围的转换，而更在于其固有的基本领域中的相关论域、观点、理论内容的推陈出新。在哲学研究中，本体论、认识论、方法论、语言论、实践论、价值论、生产论应当是统一的。邬焜说，"迄今为止的所有哲学理论、所有哲学派别所阐释的理论都是根植于其对一般存在领域范围的理解以及其对人与对象关系的理解的基础之上的。这一理解方式主要是围绕物质和精神的关系、主体和客体的关系展开的。不同哲学理论、不同哲学派别的区别仅仅在于或将这两种关系中的某些方面予以拒斥或悬置，或更注重强调这两种关系中的对立项的某一方面的更为重要的主导性地位，某些较为极端化的理论则是把精神或主体中的某些活动要素和活动方式推崇到了绝对至上性的地位，因而呈现出绝对化、片面化和简单性的特征。如，西方哲学的认识论转向的主要特征是将认识活动中的主体认识形式的参照维度予以了特殊张扬，实践哲学是将主体实践活动的维度予以了特殊张扬，语言哲学是将思维活动的符号载体的形式和逻辑的地位予以了特殊张扬，而现象学则是将主体意识中的意向性因素予以了特殊张扬。如此看来，迄今为止人类哲学理论的发展虽然在某些研究领域中实现了研究重点和关注问题的转换，但是在其存在论和认识论的根基上却从未实现过任何根本性改变，这就是对物质和精神的二元对立关系、对主体和客体的二元对立关系的基本性承诺和具体化解读"。"由于把信息概念作为哲学的最基本概念之一引入哲学，信息哲学阐明了一种全新的存在领域分割模式，从根本上改变了哲学基本问题的具体表述方式，因此，信息哲学实现了人类哲学的第一次根本转向，并因而导致了人类哲学的全方位的根本性变革。"①

---

① 邬焜：《哲学基本问题与哲学的根本转向》，《河北学刊》，2011年第4期。

第二章　邬焜教授其人其说

一　邬焜教授生平简介

邬焜教授是当代信息哲学的创始人，被誉为"信息哲学的开拓者"、"信息哲学第一人"、"信息哲学的探索者"。德国哲学家黑格尔曾说："哲学家们论证了人的尊严，人民将学会享有这种尊严，并且把他们被践踏的权利夺回来，不是去祈求，而是把它牢牢地夺到自己手里。"① 邬焜教授就是这种把信息哲学牢牢掌握在自己手里的哲学家。他平易随和，素喜独立思考，不人云亦云；崇尚简朴自然，不喜奢华；教书育人，诲人不倦，深受学生喜爱；喜欢吟诗作词，著有《邬焜诗词选集》②，收录诗词357首。爱好登山和旅游观光自然山水。

邬焜教授是河北省涞源县人，1953年出生于一个一般干部家庭。由于"文化大革命"的原因，上大学前仅有初中二年级学历。从1968年6月上山下乡到1978年上大学，整整十年时间，他务过农、当过兵、当过工人。由于他的青少年时代是在"文化大革命"中度过的，经历了重大历史反差事件中的冲突和变革，这就使他逐渐培养起了一种强烈的质疑精神和批判意识。他在一次谈话中说："'文化

---

① ［美］亨利·托马斯，达纳·李·托马斯：《哲学家的生活》，武斌译，百花文艺出版社2011年版，第3页。

② 邬焜：《邬焜诗词选集》，西安交通大学出版社2012年版。

大革命'对国家和人民是一场灾难，也决定了我们这一代人的复杂经历。但它也有另一个方面的作用，这就是，对我个人来说，它是使我更真切地了解人民、了解社会、了解中国、锤炼意志和思想、形成独立个性的宝贵财富。"

邬焜教授从大学二年级开始就致力于信息哲学的研究工作，在创立和完善信息哲学的过程中，他学习和吸收了很多古今中外先辈哲学家的思想，但对于前人的学说，他从不迷信、盲从，总是要从信息哲学的维度上加以批判性的审视和考察。正是在批判继承的基础上，邬焜教授才勇敢地擎起信息哲学思想的旗帜，建立了系统化、理论化、革命化的世界观和方法论。

1978—1982 年，邬焜教授在兰州大学哲学系读书，获大学本科学历、学士学位。大二时，他对物质和精神之间是否应该有一个中介而相互联系、相互作用、相互转化，产生了浓烈的兴趣，并进行潜心研究，从而拉开了他创立信息哲学的大幕。在 1980—1981 年的两年时间内，他先后完成了三篇有关信息哲学的论文：《思维是物质信息活动的高级形式》《信息在哲学中的地位和作用》《哲学信息的量度》。1982 年 4 月，在大学即将毕业时，邬焜教授将三年来对信息哲学的思考，写成了 18 万字的《哲学信息论》专著，作为大学本科毕业的学士论文。令人欣喜的是，邬焜教授的学士论文手写复写本至今保存完好。事实上，这篇学位论文，已经能够作为邬焜教授创立的信息哲学正式诞生的标志。

1982—1990 年，邬焜教授大学毕业后，在西安理工大学社会科学部任教，曾任自然辩证法教研室主任、社会科学部副主任。期间，发表了 30 余篇学术论文，出版了《哲学信息论导论》（陕西人民出版社，1987）《信息哲学——一种新的时代精神》（陕西师范大学出版社，1989）两本专著。在学术界开始产生影响。并于 1987 年 4 月由助教破格晋升为副教授。1990—1994 年，邬焜教授转到西北大学哲学与管理科学系任教，曾任哲学原理教研室主任。1992 年 1 月破格晋升为教授，并从 1993 年 10 月起享受国务院颁发的政府特殊津贴。1994—2001 年，邬焜教授在西安石油大学任教，曾先后任经济管理系副主任、社会科学部副主任、信息与交叉科学研究所所长。2001 年 9 月以来，邬焜教授在西安交通大学人文社会科学学院任教，并从 2004 年起担任哲学专业的博士生导师。2010 年，创建西安交通大学国际信息哲学研究中心，并任中心主任。

邬焜教授的学术兼职有：国际一般系统论研究会中国分会（IIGSS—CB）理事；中国自然辩证法研究会理事；中国自然辩证法研究会复杂性与系统科学专业委员会副理事长；中国辩证唯物主义研究会理事；陕西省价值哲学学会副会长；陕西省自然辩证法研究会副理事长；陕西省哲学学会常务理事；西安市诗词学会理事；《科学技术哲学研究》《系统科学学报》《重庆邮电大学学报》（社会科学版）等杂志特邀编委；华中科技大学社会信息科学研究中心学术委员会委员；中国"信息社会 50 人高层论坛"成员等。

邬焜教授对信息哲学的创立和发展作出了巨大的贡献。他的生平经历与其学术生涯息息相关，对了解他信息哲学思想的形成历程，以及对他学术思想的研究和传播都极为必要，也极为重要。

二　邬焜教授的主要著述与学术贡献

邬焜教授主要从事信息哲学、系统科学、自然哲学、价值哲学、复杂性理论、信息经济学、信息科学等领域的教学与研究。早在 1980 年就开始深入进行信息哲学的研究，从 1981 年起陆续发表有关信息哲学研究的论文和著作。不但是我国从事信息哲学研究起步最早的学者之一，而且在信息哲学领域持续研究时间最长、研究范围最广、研究内容最深入、观点和理论最为系统化、著述最丰。现已出版著作 17 本、译著 2 本、撰写或主编教材 5 本，参编著作及教材 5 本。在《中国社会科学》（中、英文版）《哲学研究》《世界哲学》《哲学动态》《光明日报》《自然辩证法研究》《高校理论战线》及国外英文杂志发表中、英文学术论文 330 余篇、译文 3

篇。主持或独立承担科研课题 18 项，其中：国家社会科学基金重点项目一项、一般项目两项；教育部人文社会科学研究规划项目两项，教育部高校人文社会科学研究专项任务项目一项，教育部 211 子项课题一项、985 研究立项项目子课题一项；陕西省自然科学研究计划项目两项、陕西省社会科学基金项目一项、西安市软科学研究课题一项。相关成果先后获省部、厅局级以及学会奖 50 余项，其中省部级一等奖一项、二等奖五项，三等奖七项；副省级一、二等奖各一项，厅局级一等奖五项。

邬焜教授最主要的学术贡献是将信息作为哲学的最基本范畴之一引入哲学，从而创立了信息哲学，在信息本体论、信息认识论、信息价值论、信息进化论、信息社会论、信息生产论、信息思维论等领域都进行了开拓性、独创性的研究。在自然哲学、信息科学、价值哲学、熵理论、知识和信息的经济、复杂性理论等一些比较广泛的哲学、经济学和科学的研究领域中，也曾发表过颇有影响的、见解独到的观点。此外，他还用信息科学和哲学以及复杂性理论的方法对人类古代哲学中的某些理论（包括中国、希腊和印度）进行了颇具特色的解读。

邬焜教授的成果已被学术界广泛转、摘引和评介。包括《中国社会科学》《自然辩证法报》《博览群书》《科技日报》《江南大学学报》《情报科研学报》等众多报刊，都曾发表过对其著作的书评。其事迹曾被《中国科学报》《陕西日报》《情报科研学报》《陕西机院报》《西北大学报》《社会科学辑刊》《西安交通大学学报》《长安大学学报》《重庆邮电大学学报》等报刊和陕西电视台多次报道，被学界誉为"信息哲学第一人"、"信息哲学的开拓者"。其中，在 1985 年第 1 期《人文杂志》发表的《哲学信息论要略》一文，以及 1987 年由陕西人民出版社出版的《哲学信息论导论》一书，被看作是信息哲学正式创立的标志。商务印书馆 2005 年出版的 70 万字的《信息哲学——理论、体系、方法》一书则被看作是他所创立的信息哲学已经完善和成熟的集成之作。

三　邬焜教授的学术特色

一般来说,凡是在文化思想上作出卓越贡献,产生重大影响的思想家和学者,往往不仅能提出符合时代发展的、有思想价值的观点,而且还都形成了自己独特的学术特色和思想风格。邬焜教授就是这样一位具有个人独特魅力的信息哲学家、渊博的学者。早在 1987 年,陈刃余女士就认为邬焜"是一个对自身命运能够掌握,对自身价值能够合理应用,对自身的生命方程式能够科学计算的人"①。我们在当下来看邬焜先生的人生经历、研究探索和思想著述,仍能深深感受到他的信息哲学思想,恰如久经风霜、独立挺拔的松柏那样,坚忍顽强,傲然屹立。

1. 学术特色之一:思想深刻,独树一帜

思想深刻,独树一帜,对全球化信息时代主题和哲学的正确理解与把握,是邬焜教授学术思想的鲜明风格,是其学术特色之一。正是这种特质,使他的著作和文章都具有鲜明的时代性、哲学的深刻性。自 20 世纪 50 年代以来,信息在自然、社会和思维的不同学科领域中被广泛应用,越来越引起知识界的关注。我们的时代已经从工业时代进入信息社会、信息时代,开辟着信息文明。信息概念的普遍化,向哲学提出了新课题。同时,某些唯心主义哲学家企图利用信息来打破唯物主义的物质基石,沟通人和上帝之间的联系。问题不能再回避了。必须对信息作出辩证唯物主义新的解释。在回答这个哲学问题的时候,邬焜不仅仅局限在对哲学经典理论的学习理解、整理挖掘上,而更着重面向时代现实、面向未来进行思考和把握,积极探求符合时代要求的、具有时代特色的、全新的哲学思想理论。在阐述其信息哲学思想的时候,他都是针对现、当代科学和哲学的问题,从而提出物

---

① 陈刃余:《理想在探索中闪光》,《情报科研学报》,1987 年第 4 期。

质和信息双重存在的世界观这一全新的理论观点和方法，实现了哲学历史上的根本性革命。北京潜科学杂志常务编委夏泽政教授评论道：邬焜"就信息的哲学定义、信息分类、信息和反映、信息和社会进化等一系列见解，表明作者站在时代潮流前头，具有远见和敏锐的洞察力，也反映了作者深厚的哲学基础知识和运用这些知识创新的开拓精神"。① 孟宪俊先生评价说：邬焜"适应信息时代的到来，系统地提出了信息哲学的理论观点和完整体系，建立了具有独创性成果的信息哲学，对实现马克思主义哲学辩证唯物主义哲学形式现代化取得了突破性的进展，在哲学界引起了广泛而强烈的关注和影响"②。

2. 学术特色之二：顽强自学，学识渊博

顽强自学，学识渊博，对自然科学与人文社会科学融会贯通的理解与把握，尤其显得难能可贵，是邬焜教授学术特色之二。邬焜教授能够创建信息哲学，并取得丰硕理论成果，完全是其对现代、当代科学的熟悉与掌握，对科学前沿的追踪与超越，顽强自学、广泛涉猎、刻苦钻研、勤于思考的结果。由于"文化大革命"，他初中没毕业就到农村"上山下乡"了，随后，他当过兵，做过工人。虽然失去继续上学的机会，可是环境迫使他养成了独立自学的习惯。在上大学前的10年中，他不仅学习了中学的相关课程，而且阅读了大量文学、历史、哲学等方面的著作，曾在报刊上发表过通讯、评论、诗歌等作品。后来，进入兰州大学哲学系后，凭借自学奠定的基础，他很快进入了抽象思维的角色，并独立设立了"哲学信息论"这一研究课题。他强调说，要用现代自然科学变革哲学，就必须用文理多种学科的知识充实自己。由于哲学专业课程设置面较窄，尤其理科知识更少涉及。他决心要自觉设计一个适应变革哲学的崭新的知识结构，这个结

---

① 陈刃余：《理想在探索中闪光》，《情报科研学报》，1987年第4期。
② 邬焜：《信息哲学——理论、体系、方法》，商务印书馆2005年版，第600—601页。

构必须是在文理多学科交叉之网上凝结着的，富有辩证性、创造性的、开放式的动态系统。他把课堂讲授的内容仅仅当作建立新的知识结构的一个方面，而把课余的绝大部分精力放到自学其他知识上。大学生活对他最有价值的意义在于：他找到了一个自由遨游知识之海洋的便利场所。只要对研究课题有用的知识，不论是哪个学科的，他都如饥似渴地去钻研，哪方面知识不足就学习哪方面知识。他读马克思、恩格斯、列宁的有关哲学著作；他一次又一次地在黑格尔、康德的迷宫中辨析真伪；他注意学习皮亚杰、弗洛伊德有关认识发生和心理结构的论述；他兴致勃勃地钻研爱因斯坦、波尔、维纳的书籍……相对论、量子力学、分子生物学、现代宇宙学；热力学、统计物理学、概率论；人类文化学、神经生理学、生物进化论、遗传学、中医基础理论；系统科学、信息科学、控制论、突变论、耗散结构论、协同学、超循环理论；分形与混沌理论、虚拟现实、纳米科学；认知科学、广义进化理论、复杂性问题研究，等等，都是他重点涉猎的对象。学科总是渗透的，知识是相通的。正是这些没有学科界碑的广博知识，才能使他建立了一个与众不同的崭新的知识结构。这也正是邬焜教授获得更多新思维、新理论和新方法的重要因素，也是其学术观点不断闪烁出创新亮点的关键所在。著名科学家达尔文曾说过："我所学到的任何有价值的知识，都是由自学中取得的。"邬焜教授也曾说："自学是在知识密集、日益更新的时代里获取知识的最好捷径。这不仅能促进自觉思维的主动性，而且能克服师资和课程不足的限制。学习不是简单的接收和理解，要善于思考，发现问题，抓住要害不放，逐步设法解决，才可能取得成果。"这是邬老师对自己顽强自学和学习的最好诠释。

3. 学术特色之三：哲学科学化，科学哲学化

哲学科学化，科学哲学化，内在有机地融合哲学与科学的精髓，用现代科学的最新成就对已有的哲学思维加以补充、改造和扩展，是邬焜教授学术特色之三。他认为，科学的发展必然导致哲学的变革。

哲学要现代化、科学化，必须用时代的最新科学成果改造已有的哲学。人们把哲学比作"科学之王"，如果哲学不能及时有效地对自然科学加以总结和指导，它就会"王冠落地"，反被科学所嘲弄。因此，邬焜说："我们之所以要把信息引入哲学，就是要在这一领域进行一次哲学现代化的尝试。"为此，邬焜教授根据自然科学"哲学"的模式，从科学成果中提取理论和方法，借鉴一系列科学结论研究哲学问题，因而其信息哲学思想大多数论证都具极强的可推导性和实证色彩，所下的判断也大都具有较强的可信度。这种运思趋向给哲学工作者以有益的启示：哲学的现代化有一个重要方向，那就是哲学运作方式的现代化，即以现代科学为依据，突出哲学应有的科学特性，建立一系列哲学学术规范，消解传统哲学中"空疏"、"虚假"的内容，从而把哲学从传统引入现代，通过科学化方式走向现代化。当然，我们一方面承认哲学必须有科学的基础，至少不能有反科学内容；另一方面我们也必须清楚，哲学毕竟不是科学，而是科学加"诗"，是事实陈述和价值判断的统一体，它具有很浓的人文色彩。资深学者孟宪俊说：邬焜信息哲学"在方法上采用了人文科学与自然科学相结合的研究方法，在难度很大的哲学与自然科学相结合的道路上实现了难得的突破"。申仲英先生评价说：邬焜"坚持和充分发挥了哲学抽象与思辨的优点，同时又广泛与已有实证科学的成就相照应，使哲学的批判与思辨不流于空谈和玄想，而依托于科学思想的精华。"[①] 因此，我们可以说，邬焜教授整个信息哲学思想都是在科学的前提下体现了哲学的特色，真正实现了哲学的科学化和科学的哲学化，体现了二者的内在融合统一。

4. 学术特色之四：概念创新，体系完整

概念创新，体系完整，具有高度的抽象性和概括性，体现了哲学家应有的特质，是邬焜先生学术特色之四。邬焜先生在创立信息哲学

---

① 邬焜：《信息哲学——理论、体系、方法》，商务印书馆 2005 年版，第 601 页。

理论时，独创了直接存在、间接存在、自在信息、自为信息、再生信息、概象信息、实体思维、信息思维、自存事实、效应事实、天道价值……很多概念，并给出了科学的定义，具有高度的抽象性和概括性，符合概念的定义标准，在这些基本概念基础上，进而贯通形成了庞大的、完整的、科学的信息哲学理论体系，这些工作非哲学家不能完成。因此，资深学者与著名专家申仲英先生评价说："邬焜的信息哲学其观点之新颖、内容之丰满、逻辑之自恰、论述之简洁，均达到了很高水平。不仅立论独到、前后贯通，而且涉及面宽、结构化程度高，确已成为一家之言。并从哲学批判的角度剖析信息的本质，明确将信息释义为'间接存在'、'物质存在方式的自身显示'。此种释义有高度抽象性和概括性，且与实证科学中的信息概念相容。"国内著名学者何祚榕先生认为："邬焜在哲学层次上所下的'信息是标志物质间接存在性的哲学范畴'定义是可以成立的，是有说服力的。这就为创建信息哲学大厦奠定了坚实的基石。邬焜的《信息哲学》是一本系统完整的专著。这本书的学术价值是很明显的，即'对学科发展有奠基作用'。此外，它既然是'信息时代精神的精华'之作，毫无疑问它对解决现实问题有启示与推动作用。"①

5. 学术特色之五：勇于变革，创造力强

　　勇于变革，创造力强，积极探求世界事物的本质，具有极大的理论勇气与哲学革命的魄力，是邬焜先生学术特色之五。邬焜教授在对深奥哲理的孜孜不倦的追求中，表现出了极大的理论勇气。他认为，我国目前通行的哲学体系，缺乏自身应有的辩证性和时代感。他还认为，马克思主义哲学是讲辩证法的，但是，我国现行的哲学体系自身却缺少辩证性，它的内容被分割成几大块，范畴之间没有联系和过渡。要真正阐明辩证法，阐述的方法首先应当是辩证的。另外，任何哲学都只是它那个时代科学的结晶，马克思主义哲学固然能为现代自

---

　　①　邬焜：《信息哲学——理论、体系、方法》，商务印书馆 2005 年版，第 600 页。

然科学提供正确的理论指导；但是，作为世界观的马克思主义哲学，
也需要用现代自然科学来丰富和发展自身。他认为，需要将辩证法注
入哲学体系自身，需要用现代自然科学的最新成就对哲学加以变革。
变革哲学是辩证法发展的要求，是时代发展的要求。变革哲学，这就
是他给自己确立的志向。从大学二年级起，他就开始了"变革哲学
的哲学思考"。黑龙江大学张奎良教授评价说："邬焜概括了信息的
本质，观点不仅正确，符合马克思主义哲学的要义，而且是从它出发
对信息问题的一种创造性探索。信息问题就会扫除笼罩在它上面的层
层迷雾，成为可以理解并必须迫切加以哲学概括的东西了。"王雨田
先生评价说：邬焜"多年来一直坚持信息哲学的研究，在国内是最
早的研究者之一，由于这一领域极富挑战性，难度大，作者敢于迎难
而上、坚持攻坚、富于创新，应予肯定。为了论证自己的观点，收集
了丰富的科学史、哲学史和当代科技新进展的文献和资料，并比较准
确而恰当地加以引用。做到了持之有据、言之成理、自成体系之作，
做到了论据与论点的有机结合，并富于思考、勇于探索和敢于创
新。"① 庞元正先生说："邬焜信息哲学是一项具有原创性、开拓性的
科研成果。以马克思主义世界观方法论为指导，在概括总结信息科学
最新成果的基础上，构建了信息哲学的理论体系，内容包括了信息
本体论、信息认识论、信息进化论、信息思维论、信息的哲学度
量、信息与熵的理论、信息与复杂性研究、信息与虚拟现实、信息
哲学与传统哲学的区别等领域，全方位多角度的对与信息相关的哲
学问题进行了具有独到见解的探索，创建了以信息维度认识世界、
解释世界、进而改造世界的一整套比较完整的哲学理论。"② 中国
人民大学黄顺基说："勇于探索，迎接挑战，把马克思主义哲学和
现代科学成果紧密地结合起来，这是邬焜同志体现出来的重要精
神。"回首往事，邬焜教授深有感触地说，科研成果来自于创造力，

① 邬焜：《信息哲学——理论、体系、方法》，商务印书馆 2005 年版，第 599 页。
② 同上书，第 600 页。

创造力来自于人的本质的积极主动的探求精神。这就是他对创造力的"哲学总结"。

6. 学术特色之六：追求真理，献身科学

追求真理，献身科学，在创立信息哲学思想体系的道路上积极进取、顽强拼搏，持之以恒、坚持不懈地追求，是邬焜教授学术特色之六。邬焜教授既有深思熟虑、冷静、严肃的态度，又有最辛辣的机智。创建信息哲学这样宏大的理论体系，除了过人的智慧，还需要有"为伊消得人憔悴"的火热激情和"衣带渐宽终不悔"的思想境界。1981年春大三时，正在饶有兴致地进行信息哲学的探求中，不知什么原因，他肝脏不时发生阵痛，被迫较长时间卧床，连正常上课也无法坚持。后来他以坚韧的毅力，忍着肝区的剧痛，写出了关于信息哲学的第二篇论文——《信息在哲学中的地位和作用》。文章虽然只有四千多字，但却凝结着他两年来思考的成果。在此文中，他明确地给信息下了哲学本质的定义，并指出了信息的三态、三质，以及信息在哲学本体论和认识论中的地位和作用。该文发表后，引起了学术界同人的关注。该文在甘肃省自然辩证法研究会1981年论文报告会分组会上报告后，又被小组推荐作大会报告。会后许多人找他讨论问题，他还收到了外地寄来的三封索要论文或请教的信件。大学的最后一年，许多同学都积极报考研究生，可是邬焜教授却没有报考。有所失才能有所得。他决心走出一条属于自己的新路。在别人准备考研的时候，他却在已完成的几篇论文的基础上，通宵达旦地思索，一鼓作气地写出了18万字的《哲学信息论》的本科毕业学位论文。正是这篇论文，成为人类信息哲学正式创立的标志。2003年，何祚榕先生评价说：邬焜"为创建信息哲学的方方面面作了长达23年锲而不舍地独创性研究，取得了丰硕的成果，不愧为'信息哲学的开拓者'。其学术价值是很明显的，即'对学科发展有奠基作用'。此外，它既然是'信息时代精神的精华'之作，毫无疑问它对解决现实问题有启示与推动作用"。

7. 学术特色之七:文风朴实,逻辑严密

文风朴实,逻辑严密,用自己的语言准确论述信息哲学思想,绝无玄奥晦涩之论证、故作莫名高深之炫耀,是邬焜教授学术特色之七。邬焜先生自幼喜欢文学,阅读广泛,涉猎众多。所以,邬先生驾驭语言的能力非常强,立论行文,都有自己的语言风格。他在论证某个观点时,总是广征博引,但从不简单罗列和堆砌,而是经过深入的消化吸收,变成自己的深刻思考,用平实、凝练的语言明白表达出来,真正做到了"神奇化易是坦道,易化神奇不足提",既通俗易懂,又鞭辟入里,指心见性,往往切中事物的本质和要害。庞元正先生说:"综观邬焜全书,可以说创新观点迭出,而且言之成理、论之有据。"孟宪俊先生评价说,邬焜信息哲学"观点明确,论证有力、资料翔实、逻辑严密、概念明晰、语言规范"。邬焜阐述的信息哲学理论,由具体到抽象,层层深入,直至最后的"柳暗花明",贯穿着一条始终如一的理论线索;依次道来,如数家珍,庞而不杂,因此,具有严密的逻辑力量。这不仅足以显示出邬焜先生之学术功力,而且也是其一贯的学术风格。

8. 学术特色之八:治学严谨,独立思考

治学严谨,独立思考,一贯坚持学术研究不说假话,坚决反对学术研究中的抄、假、空,是邬焜教授学术风格之八。邬焜认为,学术研究是一项严肃的事情,来不得半点虚假,更不能抄袭,当"文抄公",特别需要独立思考、实事求是的态度。而这种态度是治学之根本,古今中外概莫能外。事实上,说真话、解决哲学革命的实际问题,是邬焜矢志不移的学术追求,这和中共元老陈云"不惟上,不惟书,只惟实"的求实精神是一脉相承的。他要求他的硕士生、博士生钻研学术必须实事求是、自己思考、自己探求、自己总结。学生们发表的学术成果,尽管他也用心指导过,但他从来不署名。当然,他的研究成果也不允许学生署名。邬焜教授对真理、学术研究的执着

与追求，对自身人格的严格要求与坚守，使得他搞研究也从不说假话、套话，做官样文章，总是依据科学发展成果的本来事实，用哲学的思维进行感受、分析和判断，从而进行哲学科学化的研究工作。

9. 学术特色之九：视野宽广，立论宏大

视野宽广，立论宏大，在哲学理论中广泛进行对比研究，具有国际视野，始终坚持研究的综合性和系统性，是邬焜教授学术特色之九。邬焜教授用信息哲学的思想把古代中国哲学与古希腊哲学、古印度哲学都进行了复杂性解读，对信息哲学与现当代西方哲学、马克思主义哲学进行了比较研究，旁征博引，善用史料，立论皆有出处。让人在读其理论文章时不觉枯燥，在丰富的语言表达中理解其中的意境，引人思考，发人深省。《求是学刊》余式辉主编说："邬焜阐述深透，立论精辟，富有新意。"邬焜先生认为，只有注重事物的综合性、系统性、复杂性，才能真正认识事物的本质。所以，他用系统论的思想综合、系统地论证了信息哲学理论，既有抽象的理论概括，又有具体的逻辑推演，言之成理，持之有故；每每设问，常不乏警醒之见；态度审慎、视野旷远，终成就其博大精深、气度恢宏，令人叹为观止的学术格局。

四　邬焜教授的思想风格

邬焜教授自 1980 年以来的 30 多年间，始终在为信息"憔悴"而"终不悔"，终于完成了系统的、科学的、严谨的信息哲学理论体系。邬焜先生之所以提出了诸多有价值的学术观点和理论，与他宏大视野、独思感悟、高明独断、理性思维的精神和思想风格是分不开的。

当笔者为了进一步收集资料，第一次到他家拜访、请教邬先生的时候，他就热情地说"这是个好事，我支持你"，并且平易和蔼地开始了谈话，对他早期的人生工作经历娓娓道来。我们谈论的主题是学

问，先生总是不期然提出这样或那样的问题和见解供我们思考和研讨。面对我这样一个"老"学生，先生总是一如既往的平易近人和循循善诱，完全是平等讨论的治学态度。无论在课堂，还是在课间，先生对我提出的一些比较"刁"、"怪"的问题，总是不以为忤，反而乐意听取和切磋，这就激起了我进一步探讨问题、发表意见的兴趣和勇气。从这些，可以看出先生对晚辈的躬身相接，悉心扶持，丝毫没有一点的傲慢自高、目空一切的心态。从那时起，先生睿智的思想、深刻的见解、学问的执着、简洁的生活，不重名利、一心钻研学问的态度和对后辈的爱护，就使我深受感染和鼓舞。先生身上独特的"气场"和思想风格激起了我对学术的兴趣，真有一种"浴乎沂，风乎舞雩，咏而归"的如沐春风的感觉。

古代《尚书·洪范》中有"沉潜刚克，高明柔克"的说法。清代章学诚借用它指称两类不同风格的学术流派。他说："由汉氏以来，学者以其所得，托之撰述以自表见者，盖不少矣。高明者多独断之学，沉潜者尚考索之功，天下之学术，不能不具此二途。"① 应该说，这种划分大体符合学术史的实际，故常常被人们引用。其实，"高明"和"沉潜"分别代表两种不同的学术造诣和研究手段，但是能够在同一个学派和同一个学人身上统一起来。邬焜先生就是这种把"高明独断之学"和"沉潜考索之功"结合起来的代表。他既十分重视学术研究基础的资料搜集和整理工作，又能以宏大视野、高瞻远瞩地从大处着眼，使他的思想极具科学性、普适性和未来的指导性。物质和信息双重存在的世界观和方法论，足以突显出邬焜先生的"高明"和"沉潜"。

邬先生研究学问，都是在长期钻研和深入思考的基础上，对当代信息科学和哲学的重大问题进行贯通的深入研究。在邬焜先生不同历史时期阶段的文章中，我们可以看到，他对信息本质的认识和分析不是一蹴而就的，而最终是从哲学和科学的贯通上，揭示信息的本质特

———————

① （清）章学诚：《文史通义·答客问》（中），上海古籍出版社 2008 年版。

征，并且指向认识论、进化论、价值论、生产论和思维论等哲学基本理论。邬先生的研究从不把信息这个研究对象孤立起来，总是联系到物质和精神，自然和社会等方方面面，揭示它们的密切联系，指出它们的共同性和特殊性。这样的思想理论不是拼盘，不是杂烩，也不是靠堆砌材料、简单考证得来的，而是要经过深思熟虑、融会贯通，变成与自己紧密相关的、血肉相连的思想和语言，再付诸文字表达，才能达到如此浑然天成、巧夺天工的境界，才使其信息哲学思想理论更完整、更深刻、更丰满、更科学。

概括起来，邬焜先生的学术视野可称谓"天人古今"。"天"指自然，"人"指社会，"古今"则是历史和现实的贯通。正因为邬焜教授做到了这四个字，才让我们读邬焜先生的著作和文章，有一种丰富的满足感、让人觉醒的顿悟感和如饮甘饴的痴醉。邬焜先生重视资料的分析和考证，但又不局限于资料本身，而是以理性的思维进行吸取加工、去粗取精的分析批判，借以揭示事物的本质和事物之间的内在联系、发展规律。当然，邬焜教授丰富的人生经历和生活阅历，对世事的熟稔和洞察，以及独立思考，敢于质疑与批判，大胆创新等等，都是其"感悟"信息哲学的基础，也是其成功建立信息哲学大厦的基础。因此，能"感悟"、善"感悟"、会"感悟"，属于高明者，属于沉潜者，属于思考者，属于智者。邬焜先生就是这样一位哲学的智者、大师。

邬焜先生的学术特色和思想风格，可谓交相辉映、相辅相成。他独特的思想风格，决定了他独有的学术特色；而他的学术特色，又使他的思想更加清醒、坚定和鲜明，终于使他站在信息时代精神精华的最前沿，成为信息哲学的创始人。

第三章　国内外学者对邬焜信息哲学思想的评价

　　20 世纪 80 年代产生的邬焜教授的信息哲学，是人类信息时代发展和哲学发展的必然产物。首先它是适应全球化信息时代的需要而产生的。同时，它又是现当代科学和哲学发展的总结，是人类以往认识世界和改造世界的积极成果的理论结晶。它以信息是物质自身显示的间接存在的观点为基础，揭示了世界的物质与信息双重存在的性质，开辟了对信息世界进行哲学研究的新领域，进一步科学地解决了思维与存在（物质与精神）、物质与信息、精神与信息的关系问题，从而实现了新的唯物信息论和信息方法论的统一，信息本体论和信息认识论与信息价值论的统一，信息进化论和信息社会论的统一，是符合信息时代要求的哲学理论。自从邬焜教授研究信息哲学以来的 30 余年期间，伴随着他的研究成果不断推出，国内外学者对邬焜教授的信息哲学思想的评价也在一直进行。

一　国外学者对邬焜教授信息哲学思想的评价①

　　由于邬焜教授的《信息哲学——理论、体系、方法》专著，至今没有英语版或其他的外语版，所以，很少有国外学者了解邬焜教授

---

　　① 本节部分内容曾发表在：李国武：《西方学者发文高度评价西安交通大学邬焜教授所创立的信息哲学》，《西安交通大学学报》（社会科学版），2011 年第 5 期。

对信息哲学研究的情况及其所作的贡献，更谈不上对邬焜教授信息哲学思想进行研究与评价了。直到 2010 年 8 月 21~24 日，Fourth International Conference on the Foundations of Information Science（FIS 2010）（第四届国际信息科学基础大会）在北京召开，邬焜教授及其 6 名博士生向大会提交了有关信息哲学的研究成果，这种状况才有所改变。邬焜教授在会上所作的大会报告和其博士生所作的分会场报告，引起了国外学者的关注和热烈反响。从此，邬焜教授的信息哲学思想，才逐渐被国外学者所认识。在讨论中有国外专家指出，西方学者提出信息哲学概念的时间仅有 14 年，其标志性成果的发表仅有 8 年，并且至今未能形成系统化的信息哲学理论，而邬焜教授的信息哲学研究已有 30 余年，并且在 20 世纪 80 年代已成体系，二者相比，相差巨大。会后，有多国杂志向邬焜教授约稿，有多位国外专家希望能与邬焜教授合作研究。目前，一些相关的国际合作研究已经有序展开，邬焜教授的多篇有关信息哲学的英文论文也已经或即将在国外相关刊物发表。

由国际著名系统科学家、协同学的创始人 H. 哈肯（Hermann Haken），系统哲学家 E. 拉兹洛（Ervin Laszlo）先生等作顾问，中国著名系统工程学家许国志先生任主编的《系统科学大辞典》（云南科技出版社 1994 年版），在其"人物篇"中收入的古今中外的为数不多的系统科学家的词条中邬焜先生不仅年纪最轻，而且是唯一的一位信息哲学家。该词条对邬焜先生的定性评价是"信息哲学的开拓者"，在词条的行文中这样写道："邬焜，信息哲学的开拓者。1953 年 10 月生于河北宣化。1982 年毕业于兰州大学哲学系，获学士学位。曾在部队服役过，1982 年大学毕业后，在陕西机械学院社会科学部任教，1987 年破格晋升为副教授，现在西北大学哲学系任教，并破格晋升为教授。他对系统科学的主要贡献是他把信息概念作为哲学的最基本范畴之一引入哲学，建立了信息哲学。在信息本体论、信息认识论、信息社会论等领域都进行了独创性的研究。主要著作有：《哲学信息论导论》（1987，第一作者）《信息哲学》（1989）《自然的逻辑》（1990）等书。发表了《哲学认识论的信息中介论探讨》《哲学信息论要略》《论自在信息》

《信息与物质世界的进化》等10多篇论文。现正在研究信息进化论和信息认识论。"①该词条的撰稿人署名是姜群英。

　　俄罗斯科学院信息科学问题研究所首席研究员，国际信息科学学会（ISIS）主席康斯坦丁·科林（Константин Колин）先生在其学术专著《信息科学中的哲学问题》的"中文版的序言"中称邬焜教授为"信息哲学的创始人"。该书的"总序"说："如果从控制论的创始人维纳先生关于信息的哲学意义的阐释算起，世界范围内的信息科学中的哲学问题的研究已经有60多年的历史，但是，真正意义上的信息哲学的概念却是由中国学者在20世纪80年代初（1982年）提出的。并且，系统化的信息哲学理论则是由中国学者在20世纪80年代中期（1985年，1987年）公之于世的，这些成果标志着信息哲学的创立。经过30多年的发展，中国学者创立的信息哲学理论已经开始走向成熟，并引起了西方学者的高度关注。同时，近10多年来，世界范围内的信息哲学理论的研究也已经和正在更大范围内兴起，西方学者也独立地提出了自己的信息哲学研究纲领（2002年）。"②

　　法国国际跨学科研究中心资深研究员、现实逻辑（LIR）理论的提出者、著名学者约瑟夫·布伦纳（Joseph Brenner）先生，在2011年6月20～26日召开的第九届国际一般信息理论研讨会（GIT，2011，保加利亚·瓦尔纳）上提交了一篇题为《*Wu Kun and The Metaphilosophy of Information*》（《邬焜和信息元哲学》）的长达10万余英文字符的论文，具体介绍并高度评价了邬焜教授独创的信息哲学。该文后来已经以英文和中译文的形式公开发表。③

---

　　①　许国志：《系统科学大辞典·邬焜——信息哲学的开拓者》，云南科技出版社1994年版，第531页。

　　②　［俄］康斯坦丁·科林：《信息科学中的哲学问题》，邬焜译，中国社会科学出版社2012年版，中文版的序言：1；总序：1。

　　③　［法］Joseph E. Brenner, "*Wu Kun and The Metaphilosophy of Information*", Information Theories and Applications［J］, 2011（2）, pp. 103–128. 中译文：约瑟夫·布伦纳：《邬焜和信息元哲学》，王健，刘芳芳译，王小红审校，《西安交通大学学报》（社会科学版），2012年第3期。

　　针对西方以前把弗洛里迪看作是信息哲学创始人的说法，布伦纳在其文章中特别强调："弗洛里迪与邬焜本人必须被各自独立地视为信息哲学领域的奠基人之一。"

　　布伦纳先生的文章强调说："邬焜提出的信息哲学的出众之处在于它的独特性和普遍性，在于它的新世界观，即作为一种关于历史、社会、价值、知识、科学和技术的信息观念；在邬先生的概念中信息哲学是处在一种新的信息范式或者信息的本体论转向的中心位置……这个理论中包含了哲学、逻辑学以及体现了一种跨学科视野的本体论；邬教授将信息科学领域视为一种由信息哲学、一般信息理论和各种实践应用的次级领域所构成的复合体。在所有的这些方面，他都作出了贡献。充分评价邬教授关于哲学和信息科学与哲学的著作及其蕴意必须要等到它们全部被译成英文之后。显而易见的是，他的研究提供了一个关于信息的复杂本体论性质的重要的新视角；元哲学对于信息和隐含的对于其他学科的更广泛的作用已经由邬教授所提出；他的信息哲学在所有学科中建立了信息的核心作用，邬焜已经预料到了这种发展。因此，信息就是具有跨学科意味的信息自身，它位于学科之内、之间或之外，并且对它们来说是共同的。他历经多年来描述他的研究，广泛地相关于：信息的哲学本质、信息本体论、信息认识论、信息进化论、社会信息论、信息价值论、信息思维论、信息和自组织以及复杂性理论、信息和虚拟实在、信息科学体系，从而在整体上构成一种新的科学范式以及一个未来哲学和科学发展趋向的基础；在这些相互作用的跨学科解释中，我看到一种新的信息范式的操作的开端，并且它既导向又由所述的一种信息元哲学和信息姿态所构成，这种信息元哲学和信息姿态源自于邬教授的研究；邬教授的独特的元哲学概念对于理解信息的社会和伦理维度的动态学是必不可少的；邬教授的一个提议就是，将信息科学作为一门统一信息理论的基础，而这将会导向知识的统一体；基于邬焜教授的贡献，一种信息领域的研究接近成熟，人们可以开始谈论一种能够概括多样路径的信息的元哲学（理论）；元哲学对于信息和隐含的对于其他学科的更广泛的角色已经由邬教授所提出；邬教授关于信息的元哲学观点并不是将其作为另一个静态学科或知识体而直接指向一种信息的元哲学的编纂。它其实是一个指向一种适当的信息哲学的立场的态度，在其中，信息哲学作为包含所有学科的关键部分，超越了它们特有的科学内容；在信息思维要求思考所有哲学和科学的信息面相的范围上，我们相信我们正接近于一种新的科学的（和逻辑的）范式，在其中，作为区别于实体思维的信息思维，产生了对传统学科及其理论的崭新的阐释。信息的（元）哲学和（元）逻辑是对作为一个整体的信息过程观的自然化的一种贡献；信息思维（IT），如邬教授所构想的，指谓一种通过关涉包含于信息进化之中的信息结构和动态学，从其历史的起源到未来的可能性和概率性来把握和描述事物的本质和属性的方式。这个策略包含着某些类似于胡塞尔哲学式的悬置的东西，即悬置任何复杂过程的细节以考虑信息在其动态学中发挥功能的方式，也包含着某些类似于由 LIR 所提议的信息的逻辑因素间的辩证关系的东西。但是，邬焜的理论和胡塞尔的理论之间的差别是明显的：邬教授原创的信息哲学是去澄清客观世界中的物质和信息的双重存在和双重演化，它们始于存在的逻辑和自然的人类自身的动态学。邬教授的学说，不同于胡塞尔的，并不需要"自然化"，即带入到自然科学的领域中。它已经在那里了。邬教授直接在客体和主体相综合的层次上揭示了个体认识的过程的机制，其中，内在的和外在的相互作用提供了必要的多重客体的和主体的中介；邬教授的研究路径清除了为胡塞尔的先验直觉寻找自然等价物的艰巨任务；在邬教授的观念中，信息的性质是这样的，它只有被包含入世界存在的基础领域的建构之中，才能显示出它们的本质和最一般、最普遍的特征。这种普遍性仅能够在一般哲学的最高层次上被研究。正因为如此，一种统一信息理论能够被期待具有一般哲学理论的结构和性质。仅仅从信息哲学的优势观点出发，人们才能够意识到信息的本质，并要求建立一种统一信息理论；在我看来，基于他的信息哲学和元哲学，邬教授是在提议一种对于哲学基础的新的重大的批评！邬焜将信息概念作为哲学的最基础的一个概念，导致对我

们所见的存在领域分割的一种新奇的模式，改变了关于基本哲学问题
所能做出的具体表达的方式。这样的结果就是信息的新哲学使得一种
关于哲学基础性基质的'对话'成为可能，从而能够导向在关于人
的哲学中的进一步的基础性的和富有魅力的普遍性改变；事实上，邬
教授的研究路径构成了一个新的、原创的以及在我看来，是对作为一
个整体的现代哲学基础的必要的批评。我的LIR中关于逻辑的解释和
与邬教授的信息元哲学的解释的共同应用能够成为一个对于解决信息
领域的关键突出问题的有用的新贡献，并为信息社会的伦理发展提供
了进一步的支持；通过对作为存在的最基本特征之一的信息和信息活
动的形式化的研究，信息的元哲学改变了讨论哲学——形而上学的、
认识论的和本体论的基本问题的方式……信息哲学实现了哲学的综合
变革；邬焜的信息哲学及其作为一种元哲学的形式化构成了一个对于
信息的一般理论（这次大会的主题）的巨大贡献（迄今还未被中国
以外的人们所认识）；邬焜教授提出的信息哲学基本理论不仅仅聚焦
于信息的现象学结构和功能属性，也聚焦于对它的一种准确理解的重
要性，即确切地将它作为一种导向更加民主的社会的运动之基础。我
可以认为，邬先生的信息著作的主体构成了哲学的进步。""我发现
并没有其他正式的文献涉及信息的元哲学。邬焜，根据本文所简要概
括的实质阐明，应该被看作这个领域的主要先驱。"①

　　德国德累斯顿大学的格哈德·卢纳（Gerhard Luhn）教授在读了
Joseph Brenner 的文章【*Wu Kun and The Metaphilosophy of Information*，
Information Theories and Applications［J］．2011（2）】后评论说："这
是邬焜的一个非常有趣和重要的成果，当然，这是从我们的'直觉'
感受来看，这意味着经典现象学的终结，我们认为有必要对所有的事
物重新进行认识……这似乎是一个重大的成就或努力，我们不得不从
一开始就这样做。我们不得不从一开始就把关于'本体'和'现象'

---

① ［法］约瑟夫·布伦纳：《邬焜和信息元哲学》，王健，刘芳芳译，王小红审校，
《西安交通大学学报》（社会科学版），2012 年第 3 期。

（或主观和客观的维度）的辩证关系的争论（现实逻辑，LIR 的讨论）作为核心范式。约瑟夫，我们研究的最困难的部分在于必须用我们的方法解释清楚那种以人为核心的理论的随意性和危害性，它只是在某种特定的场合才具有一定的合理性。"① 他还在其发表的论文中写道："在我知道的科学家和哲学家中，只有邬焜从哲学的高度揭示了信息的世界本体的意义，并建立一个关于世界各领域之间复杂性关系的理论。"② 在他发表的另一篇论文中，他还写下了这样的"题记"：This paper is dedicated to Wu Kun and the Chinese approach to Information（"本文献给邬焜和中国的信息研究"）。③

乌拉圭州立大学信息学院的拉菲尔·卡普罗（Rafael Capurro）教授，在其为研究生开设的《信息理论研究》（*Seminario Teorías de la información*）的专业课程中有专节内容介绍邬焜教授的信息哲学理论。④

二　国内学者对邬焜教授信息哲学思想的评价

自从 1985 年起，国内学者开始关注并研究评价邬焜教授的信息哲学思想，虽然这些都是零散的、不成体系的，但也十分中肯，是有价值的。这些代表性的主要评价有：

林有顺先生在 1985 年 4 月 25 日《陕西机院报》上著有《勤于探索，勇于开拓——记青年教师邬焜同志》一文。该文评价说："邬

---

① 摘自 Joseph Brenner 2012 年 2 月 5 日的电子来信。

② ［德］Gerhard Luhn，"The Causal - Compositional Concept of Information"，*Information*，2012（2），pp. 1—34. www. mdpi. com/journal/information.

③ ［德］Gerhard Luhn，"The Causal - Compositional Concept of Information—Part Ⅱ：Information through Fairness：How Does the Relationship between Information，Fairness and Language Evolve，Stimulate the Development of（New）Computing Devices and Help to Move towards the Information Society"，*information*，2012（3），pp. 504—545.

④ 该课程的课件已经公开发布在乌拉圭州立大学的网站上。网址：http：//eva. universidad. edu. uy/mod/resource/view. php? id = 148712

焜致力于《哲学信息论》的探求已有五个年头了。五年来，他努力钻研，大胆开拓，创造性地将信息概念引入哲学，对信息哲学的本质、态、质、量，以及信息在哲学中的地位和作用进行了较为全面的开拓性的探讨。"　"他一方面从哲学的高度对各门具体学科中的信息概念进行了概括和抽象，进而把信息概念上升为哲学的最基本的范畴之一；另一方面又通过信息概念的引入，对现行哲学的体系和结构进行了创造性的改革。"①

　　陕西师范大学成一丰教授在 1987 年第 3 期《陕西社联通讯》上著有《一本勇于探索的哲学新著——〈哲学信息论导论〉述评》指出，"我们正面临着辩证唯物主义哲学自身形式变革的时代，信息正是实现这一变革的突破口。邬焜把现代科学中的信息概念，作为辩证唯物主义的基本范畴之一引入哲学，并由此使哲学的体系和结构更加趋向科学化"。"这既是对现代自然科学有关新成果的概括，也是试图使哲学现代化的一种新探索。《导论》通过全面、系统的探讨，作出结论：信息对哲学的革命性开拓，给哲学带来了一场新的革命，它在整体上改变着辩证唯物主义状态的具体样态，使唯物主义物质基石更为牢固，使辩证法的普遍联系、运动、变化和世界发展图景，更为清晰地展示在人们面前。《导论》具有较大的探索性和开拓性。"②

　　陈刃余在 1987 年第 4 期《情报科研学报》发表了关于邬焜事迹的题为《理想在探索中闪光》的长篇通讯，该通讯转引了黑龙江大学张奎良教授对邬焜相关成果的评价，评价说："邬焜同志认为'信息是它所表现的事物特征的间接存在形式'，并进而从'信息是物质的存在方式'、'信息是物质自身显示自身的属性'、'信息是物质间接存在性的标志'，这四个层次上概括了信息的本质，这是很有见地的。这个观点不仅正确，完全符合马克思主义哲学的要义，而且是从

---

　　①　林有顺：《勤于探索，勇于开拓——记青年教师邬焜同志》，《陕西机院报》，1985年 4 月 25 日第 3 版。

　　②　成一丰：《一本勇于探索的哲学新著——〈哲学信息论导论〉述评》，《陕西社联通讯》，1987 年第 3 期。

它出发对信息问题的一种创造性的探索。依据这篇文章的观点，信息问题就会扫除笼罩在它上面的层层迷雾，成为可以理解并必须迫切加以哲学概括的东西了。"①

1987 年 12 月 30 日，李文德记者在《陕西日报》上发表了《信息哲学的探索者——记陕西机械学院年轻副教授邬焜》的通讯报导，文中称邬焜为"信息哲学的探索者"。并强调说："他从哲学的角度，对现代信息论中的一系列理论成果进行了抽象、概括和总结，比较系统、全面地探讨了信息的哲学本质、哲学分类、质和量，以及信息在哲学中的地位和作用等许多问题。""通过这些探讨，试图把现代科学中的信息概念作为哲学的最基本范畴之一引入哲学，从而使传统哲学的体系和结构更加科学化、现代化。无疑，这项工作具有较大的探索性、开拓性和创造性。""邬焜在哲学信息论的研究中，表现出了极大的理论勇气，他认为，辩证唯物主义告诫人们防止僵化，反对教条，对待马克思主义哲学也应该是这样。科学的发展必然导致哲学的变革。马克思主义哲学固然能为现代科学、特别是自然科学提供正确的指导思想，但是，作为无产阶级世界观理论体系的马克思主义哲学自身，也需要用现代科学来丰富和发展。人们把哲学比作'科学之王'，如果哲学不能及时有效地对自然科学加以总结和指导，它就会'王冠落地'，反被科学所嘲弄。"②

1988 年，《哲学信息论导论》一书的责任编辑，陕西人民出版社的张海潮编审在《博览群书》上发表了题为《开拓性的全新探索——〈哲学信息论导论〉简介》的书评。该书评在介绍了《哲学信息论导论》一书的相关观点后，评价说："作为国内第一本运用马克思主义哲学方法研究当代信息论的理论专著，《导论》以其特有的探索性、创造性的开拓价值，在信息——哲学界展示出一种全新的理

---

① 陈刀余：《理想在探索中闪光》，《情报科研学报》，1987 年第 4 期。

② 李文德：《信息哲学的探索者——记陕西机械学院年轻副教授邬焜》，《陕西日报》，1987 年 12 月 30 日第 3 版。

论空间而独树一帜。""《导论》的出版，对于推动变革哲学的讨论，对于启迪理论工作者和当代青年加强对哲学和科学的思考，对于实现马克思主义哲学的现代化都是很有益的。"①

扬阳先生在《哈尔滨师专学报》1989 年第 1 期上著有《哲苑奇葩，学林新探——〈哲学信息论导论〉》一文，该文称邬焜的信息本体论研究"具有一种点、线、面、体的全方位透视的特征，围绕信息自身由具体到抽象，具有严密的逻辑力量。既有抽象的理论概括，又有具体的逻辑推演，言之成理，持之有故，达成了自然科学与哲学的初步结合。从哲学高度对现代信息论中的一系列理论成果进行了抽象、概括和总结"。"书中较系统、全面地探讨了信息的哲学本质、信息的哲学分类、信息的质和量，以及信息在哲学中的地位和作用等诸多方面的问题。不仅如此，通过这些探讨，作者还试图把现代科学中的信息概念作为哲学的最基本范畴之一引入辩证唯物主义哲学，从而使后者的体系和结构更加科学化、现代化。"②

刘啸霆教授在 1989 年第 16 期《自然辩证法报》上著有《简介〈哲学信息论导论〉》，称邬焜"将信息定义为：标志物质间接存在性的哲学范畴，是物质存在方式和状态的自身显示。这个定义没有用与以往一般哲学概念进行简单类比的方法（如把信息简单说成物质的存在方式；物质的普遍属性；运动的特殊形式等），而是直接从信息存在的方式上将其规定为'物质间接存在性的标志'，这就摆脱了实用信息定义的种种束缚，也跳出来以往哲学概念的重围，将信息的范围扩展到了极为广泛的领域。它既坚持运用了本体描述的直接性方法，又坚持了信息本质的唯物论立场，立意不俗，体现了鲜明的理论特色"。邬焜"从哲学高度对现代信息论中的一系列理论成果进行了抽象、概括和总结，较系统较全面地探讨了信息的哲学本质和分类，

---

① 张海潮：《开拓性的全新探索——〈哲学信息论导论〉简介》，《博览群书》，1988 年第 6 期。

② 扬阳：《哲苑奇葩，学林新探——〈哲学信息论导论〉》，《哈尔滨师专学报》，1989 年第 1 期。

信息的质和量，以及信息在哲学中的地位和作用等诸多方面的问题。通过这些探讨，作者试图把现代科学中的信息概念作为哲学的最基本范畴之一引入辩证唯物主义哲学，使后者的体系和结构更加科学化、现代化。从'实用信息论'到'哲学信息论'，从'本体论的概念层次论'到'认识论的信息中介论'，从'自然演化的信息模式'到'社会进化的信息尺度'，经纬交织，内外纵横，通过全方位透视，探讨了国内学术界在信息问题上一些含混的地方，为信息作为基本范畴进入哲学和哲学的变革提出一种积极的方案。"①

　　1990年，我国自然辩证法界的元老、泰斗人物，中国人民大学终身荣誉教授黄顺基先生曾为邬焜教授的《自然的逻辑》一书作序，在该序中黄老先生对邬焜教授的信息哲学给予了极高的评价。他写道："在哲学基本问题上，由于信息概念从通信领域迅速扩展到几乎所有的领域，世界由物质和能量组成的古典概念已经让位给世界由物质、能量和信息组成的现代概念，于是，物质和精神之间是否还存在一个领域——信息？信息同物质与精神的关系究竟是什么？如何用信息的演化来说明自然的演化？这些便成为当代自然科学向哲学提出的重大问题。研究和回答这些问题，迎接逻辑实证主义与批判理性主义等资产阶级哲学的挑战，这是马克思主义哲学工作者义不容辞的职责。非常令人高兴的是，邬焜同志的《自然的逻辑》一书，大胆地试图回答上述种种问题，并且给出了可以认为是比较详细的、认真的分析与研究。他的工作，在面临改革与开放的哲学研究中十分值得赞许，值得重视。信息范畴既然成为哲学的基本范畴，并且在物质和精神两大领域中占有一席地位，那么，通过物质、精神与信息三者的相互联系与相互作用来揭示客观世界的普遍发展规律，揭示人类认识的普遍发展规律，揭示人类改造客观世界的规律性，这将是哲学改革中的一个重要的突破口，其中有大量艰巨的工作等待着我们去做。邬焜同志在这个方向上迈出了可喜的一步，他提出了不少独到的见解，对

　　①　刘啸霆：《简介哲学信息论导论》，《自然辩证法报》，1989年第16期。

现代自然科学的成果作出了他自己的分析与概括，全书的阐述是清楚的，逻辑结构是严密的。""勇于探索，迎接挑战，把马克思主义哲学与现代科学成果紧密地结合起来，这是邬焜同志在书中体现出来的主要精神，我们理应加以发扬，以便共同努力，担负起改革的时代中哲学的改革任务。"①

　　黄顺基先生还在后来发表的文章中对邬焜创立的信息哲学的基本思想进行了进一步的阐述。他写道："20世纪爆发出一场史无前例的信息革命，在科学发展史上出现了一个新的科学研究对象——信息。它和物质与能量并列为科学从而也是哲学的基本范畴。能量是物质的运动，它和物质不可分割；信息'是物质（直接存在）存在方式和状态的自身显示'。从信息的产生与发展的过程看，它呈现出四种不同的形态：本体论信息（自在信息）；认识论信息（自为信息、再生信息、社会信息），它向人们揭示出全新的世界图景，把传统哲学的物质世界与精神世界的划分推向物质世界与信息世界这一更加丰富多彩的划分；与此同时，和信息科学一道产生的信息技术极大地改变了人类社会的生产方式、生活方式与认识方式。"②

　　丛大川教授在1990年第3期《情报·科研·学报》上，以《建立信息哲学的大胆尝试——〈哲学信息论导论〉评价》为题，对邬焜教授的《哲学信息论导论》专著进行了评价，他说邬焜的信息哲学"对传统的辩证唯物主义的本体论范畴框架做出了重大的变换，信息迫使已经由物质和精神分割完毕的存在领域给它让出了一块相当大的地盘。不同时代的哲学总要根据时代的精神建构宇宙的演化图景，这既是哲学执着的追求，又是人类把握世界的精神需要，而当今的宇宙演化图景即是信息演化图景。要建立崭新信息哲学体系，就要进一步摆脱传统辩证唯物主义框架的束缚，一方面要深入研究包括马

---

① 邬焜：《自然的逻辑》，西北大学出版社1990年版，序：第1—2页。
② 黄顺基：《现代科学技术革命的新形势、新进展与新问题》，《辽东学院学报》（社会科学版），2006年第5期。

克思早期和晚期在内的全部哲学精神；另一方面从外部吸取西方各哲学流派的合理思想，对发展着的人类信息精神进行哲学的浓缩和升华"。他又进一步说："作者从信息哲学的角度对传统的本体论基础范畴进行了重新审查、反思和批判，为自己的哲学打下了本体论基础，作者把存在视为整个信息哲学的逻辑起点，给出了一个包括信息世界在内的新的存在领域分割图。信息世界的发现，打破了传统哲学把整个存在领域分割为物质和精神两大领域的旧有秩序。问题的关键在于，在物质和精神之间存在着一个自在信息的世界，并且精神世界本身乃是信息世界的一部分，是自为、再生信息的活动。现代哲学本体论将根据由信息引入的全新存在模式来重建它的范畴体系。书中对这一新的本体论范畴体系进行了层次分析和系统综合，为人们提供了一个用信息的观点看世界的新的世界观。"丛大川教授又说："《导论》通过全面、系统的探讨，最后论述了信息在哲学变革中的作用，认为，信息对哲学的革命性开拓，给哲学带来了一场全新的革命，它在整体上改变着辩证唯物主义的具体样态，它使唯物主义的物质基石更为牢固，使辩证法的普遍联系、运动、变化和发展的世界图景更清晰地展示在人们面前。""在现代，不考虑信息环节，或对信息环节估计不足的任何哲学体系，都将落后于信息时代化的人类精神。当前我国哲学界'哲学现代化'呼声很高，大家也认识到，哲学现代化建设必须从整个哲学体系上进行新的构建。《导论》一书的可贵之处，在于它尝试性地给出了一种辩证唯物主义现代哲学框架，作为国内第一本有较系统体例的信息哲学专著，具有一定的独创性、开拓性。"①

　　1993年11月17日，王百战、高立勋先生在《中国科学报》上，以《信息哲学的开拓者——记西北大学教授邬焜》为题，对邬焜教授信息哲学的研究情况进行了报道，并称"邬焜的事迹将收入《中

---

　　①　丛大川：《建立信息哲学的大胆尝试——〈哲学信息论导论〉评价》，《情报·科研·学报》，1990年第3期。

国 100 所高等学校中青年教授概览》一书，他就是被哲学界誉为‘富有创见的新秀’、‘信息哲学的开拓者’和‘国内思维科学研究领域开拓者之一’的西北大学年轻教授邬焜"。①

　　何祚榕研究员（署笔名黄森）在《中国社会科学》1995 年第 5 期上以《信息同物质与精神的关系的新揭示》为题对邬焜教授的《自然的逻辑》著作进行了介绍与评价。该文说邬焜将信息定义为"信息是标志物质间接存在性的哲学范畴，它是物质存在方式和状态的自身显示。不敢奢想这个定义为诸多信息哲学研究者都能接受，纵观各种作为哲学范畴的信息定义，我以为大体是可以成立的"。"实物和能量是直接存在，是原形，而信息则是原形在他物中的间接存在，是影子。实物是从物体自身来说的，能量是从一事物作用于他事物的作用力来说的，而信息是从一事物作用于他事物后，引起他事物的变化，在他事物上打上烙印来说的。这个烙印是对原来事物的表征，称为信息。"②

　　金志华教授（署笔名鹤然）在 1995 年第 2 期《哲学大视野》中以《哲学视野中的信息世界——喜读〈信息世界的进化〉》为题，对邬焜教授的著作进行评价，称"从‘信息’一词传入中国，学术界便开始了对信息问题的研究。20 世纪 80 年代中期以前，关于信息问题的研究都是在信息科学意义上着手的，很少有关于哲学上的信息研究。西安石油学院邬焜教授在国内较早地把信息的研究推向广阔的领域，注意从哲学高度讨论信息问题"。"邬焜根据自然科学‘哲学’的模式，从科学成果中提取理论和方法，借鉴一系列科学结论研究哲学问题，因而大多数论证都具极强的可推导性和实证色彩，所下的判断也大都具有较强的可信度。这种运思趋向给哲学工作者以有益的启示：哲学的现代化有一个重要方向，那就是哲学运作方式的现代化，

---

　　① 王百战，高立勋：《信息哲学的开拓者——记西北大学教授邬焜》，《中国科学报》，1993 年 11 月 17 日第 1 版。

　　② 何祚榕：《信息同物质与精神的关系的新揭示》，《中国社会科学》，1995 年第 5 期。

即以现代科学为依据，突出哲学应有的科学特性，建立一系列哲学学术规范，消解传统哲学中'空疏'、'虚假'的内容，从而把哲学从传统引入现代，通过科学化方式走向现代化。"①

2002 年，中国人民大学一级教授，我国科学技术哲学的领军人物刘大椿先生为邬焜出版的《信息认识论》一书作序，序中写道："信息时代呼唤信息哲学。邬焜教授 20 年前就开始致力于信息哲学的研究，学有专攻，硕果累累。其研究领域涉及信息本体论、信息认识论、社会信息论、信息进化论，以及信息经济与信息社会的理论。其研究成果在学术界引起了较大反响，被誉为'信息哲学的开拓者'。这本《信息认识论》是邬焜教授的近作，是系统建立信息认识论的一个新的重要尝试。""马克思说：'任何真正的哲学都是自己时代精神的精华。'邬焜教授的《信息认识论》一书，正是对我们时代的信息精神进行较为系统地概括和提升的尝试，也是哲学现代化的一种崭新探索。在当今中国学术界普遍存在某种浮躁风气的背景下，邬焜教授坚持不懈，20 多年如一日在信息哲学领域执着追求，的确难能可贵，值得大家认真关注和学习。"②

2003 年 6～10 月，国内同行资深学者和著名专家王雨田、何祚榕、庞元正、申仲英、孟宪俊五位教授，对邬焜独立申报并完成的题为"信息哲学的理论、体系和方法"的国家社会科学基金项目的最终成果，一本长达 70 万字的学术专著《信息哲学——理论、体系和方法》（该书已于 2005 年由商务印书馆出版）进行了鉴定。五位专家的五份鉴定意见都对邬焜教授的信息哲学学术研究成果给出了"一级"评价的成果等级建议。下面，将五位专家的评价分别转引如下：

王雨田先生评价说："该成果作者多年来一直坚持信息哲学的研

---

① 鹤然：《哲学视野中的信息世界——喜读〈信息世界的进化〉》，《哲学大视野》，1995 年第 2 期。

② 邬焜：《信息认识论》，中国社会科学出版社 2002 年版，序：第 1—3 页。

究，在国内是最早的研究者之一，本书是他多年来成果的系统总结和提高，由于这一领域极富挑战性，难度大，作者敢于迎难而上、坚持攻坚、富于创新，应予肯定。作者正确而且有新意地指出：信息哲学的研究较之系统哲学更具有划时代的范式意义；他强调要从哲学角度给出信息的哲学定义，并由此在马克思主义哲学的框架内在国内提出了第一个系统化的信息哲学体系；他根据自己的观点，一方面评析了有关的一些哲学争论，提出了自己的观点；另一方面又从哲学和科学的双重角度，对申农和维纳的信息量公式及其局限性、对薛定谔等人的负熵理论作出了比较恰当的比较和评析。此外，作者对熵、负熵和信息的不少有争论的问题，进行了比较系统的整理、思考与辨析，提出了一些有价值的论点，是不容易的。作者还对复杂性概念的复杂性，对信息、全息和分形的关系，对信息社会、信息经济与知识经济的关系，对虚拟实在与信息的关系等均提出了不少有价值的新观点。作者为了论证自己的观点，收集了丰富的科学史、哲学史和当代科技新进展的文献和资料，并比较准确而恰当地加以引用。作者做到了持之有据、言之成理、自成体系之作，做到了论据与论点的有机结合，并富于思考、勇于探索和敢于创新。从总体上要充分肯定这项成果在辩证唯物主义框架内在国内是第一部系统之作，具有重要的理论价值，还建议作者更上一层楼，加以完善，力求在这一领域的世界哲学之林中占据应有的地位。"①

中国社会科学院何祚榕先生在鉴定意见中认为：这是一本"具有开拓性的专著"。他写道："1995 年 5 月，我在《中国社会科学》上发表了《信息同物质与精神的关系的新揭示——评介邬焜〈自然的逻辑〉》一文，既对本成果专著的第四章讨论的'存在领域的分割'和'信息的本质'表示认同和赞赏。比较诸多信息的本质的定义，我认为，邬焜在哲学层次上所下的'信息是标志物质间接存在

---

① 邬焜：《信息哲学——理论、体系、方法》，商务印书馆 2005 年版，第 599—600 页。

性的哲学范畴'定义是可以成立的，是有说服力的。这就为创建信息哲学大厦奠定了坚实的基石。从本专著'附录：邬焜已出版和发表的与信息哲学方面相关的成果目录'中可以看出，他为创建信息哲学的方方面面作了长达 23 年锲而不舍地独创性研究，取得了丰硕的成果，不愧为'信息哲学的开拓者'。这本书就是将这些方方面面的研究成果进一步疏理、综合集成为一本系统完整的专著。这本书的学术价值是很明显的，即'对学科发展有奠基作用'。此外，它既然是'信息时代精神的精华'之作，毫无疑问它对解决现实问题有启示与推动作用。"①

庞元正先生在鉴定意见中写道："《信息哲学》是一项具有原创性、开拓性的科研成果。本成果以马克思主义世界观方法论为指导，在概括总结信息科学最新成果的基础上，构建了信息哲学的理论体系，内容包括了信息本体论、信息认识论、信息进化论、信息思维论、信息的哲学度量、信息与熵的理论、信息与复杂性研究、信息与虚拟现实、信息哲学与传统哲学的区别等领域，全方位多角度的对与信息相关的哲学问题进行了具有独到见解的探索，创建了以信息维度认识世界、解释世界、进而改造世界的一整套比较完整的哲学理论。其中很多创新观点具有原创性，例如对信息本质的分析，指出信息是标志间接存在的哲学范畴，它是物质存在方式和状态的自身显示；对信息形态的哲学分类，提出信息有自在信息、自为信息、再生信息三种类型；对波普尔三个世界理论的分析，提出存在三个信息世界的观点；对人类信息活动五个层次的分析，提出认识是一个以信息为中介的信息活动过程；对信息进化的分析，提出信息生产是人类生产活动的实质；对生产力微观结构和宏观结构的分析，彰显了信息生产在人类生产活动中的重要地位；对信息思维方式的分析，突出表明了在系统综合的世界图景中信息思维的发展趋势；对必然性与偶然性关系的分析，以信息量为判据论证了必然性与偶然性的辩证关系；等等。综

---

① 邬焜：《信息哲学——理论、体系、方法》，商务印书馆 2005 年版，第 600 页。

观全书，可以说创新观点迭出，而且言之成理、论之有据。信息科学的问世，信息社会的到来，极大改变了人类对自然界和人类社会的知识图景，信息作为一个新维度被纳入到人类认识世界的视野中，这是人类世界观方法论的重大变革，但是对于这一重大变化，国内外哲学还没有能够给以充分重视和科学阐明，本成果就是力图对于这一重大问题，作出与时俱进的马克思主义的科学解释，因而该成果对于回应当代科学和实践的重大变化，对于坚持和发展马克思主义世界观方法论，具有重大理论意义和实践意义。"①

申仲英先生在其鉴定意见中评价说："这是一本自成一体的学术性专著。其观点之新颖、内容之丰满、逻辑之自恰、论述之简洁，均达到了很高水平。在名为'信息的哲学研究'的同类论著中，本书不仅立论独到、前后贯通，而且涉及面宽、结构化程度高，确已成为一家之言。本书的突出特色有：（1）从哲学批判的角度剖析信息的本质，明确将信息释义为'间接存在'、'物质存在方式的自身显示'。此种释义有高度抽象性和概括性，且与实证科学中的信息概念相容。（2）以对信息本质的哲学批判为基点，本书系统构建了信息本体论（自在信息、自为信息、再生信息）、信息认识论（从自在信息到主体信息的自我实现）、信息进化论（相互作用中的双重演化）、信息思维论（与实体思维、能量思维相区别的全息综合的复杂性思维），并涉及了信息的社会价值论（知识经济与信息社会）。这种全新的哲学构架显然透视出新的观察理解周围世界的方式。（3）上述各论之间经由相关中介分析而内在贯通、自我展开。本体论的'间接存在'规定，既预示着认识的信息中介，由此导向信息认识论；也预示着相互作用中的双重演化，由此导向信息进化论；信息中介的多级建构以及双重演化的结构全息又导向信息思维论。此种自我展开的结构化方式在逻辑上是连贯而自洽的。（4）在研究方法上，本书

① 邬焜：《信息哲学——理论、体系、方法》，商务印书馆 2005 年版，第 600—601 页。

坚持和充分发挥了哲学抽象与思辨的优点，同时又广泛与已有实证科学的成就相照应（特别是宇宙起源的大爆炸理论、认知的信息加工理论、非平衡系统的自组织理论），使哲学的批判与思辨不流于空谈和玄想，而依托于科学思想的精华。"①

孟宪俊先生在其鉴定意见中写道："邬焜教授新著：《信息哲学——理论、体系、方法》是作者在 20 多年来研究信息哲学的十数本专著和百余篇论文基础上综合概括的新的成果，是一本包括信息本体论、认识论、进化论、思维论及其他信息哲学问题等集成的巨著，具有重要的理论意义和学术价值。这本著作适应信息时代的到来，系统地提出了信息哲学的理论观点和完整体系……建立了具有独创性成果的信息哲学，对实现马克思主义哲学辩证唯物主义哲学形式现代化取得了突破性的进展。在哲学界引起了广泛而强烈的关注和影响，认为这是'哲学现代化的一种崭新探索'，誉称其为'信息哲学的开拓者'。这本著作是对信息哲学的全面完整的系统性阐释，理论独到、体系严谨、方法新颖、意义深远。该书全面的科学的论述有关信息哲学的理论问题，其中有许多理论观点为作者独创，如信息本体论中认为信息是标志间接存在的哲学范畴、是物质存在方式和状态的自身显示；自在、自为、再生和社会信息是信息的四种基本形态；其信息进化论认为，存在着双重进化：物质形态的进化和信息形态的进化；其信息认识论中在分析了信息活动的层次及其生理基础上，创立了认识发生的中介说；特别是作者对人类思维方式的讨论，对物质思维、能量思维和信息思维作了明确的界定，强调了信息思维方式是新世纪的主导的思维方式。全书观点明确，论证有力、资料翔实、逻辑严密、概念明晰、语言规范；在方法上采用了人文科学与自然科学相结合的研究方法，在难度很大的哲学与自然科学相结合的道路上实现了难得的突破。本书对信息哲学研究具有开拓和奠基作用，在信息哲学领域中，在国内处于领先地位，在国际上也

---

① 邬焜：《信息哲学——理论、体系、方法》，商务印书馆 2005 年版，第 601 页。

处于先进水平。"①

　　张雨记者在 2005 年 7 月 6 日《科技日报》以《信息哲学理论的全方位展示——〈信息哲学——理论·体系·方法〉一书评价》为题，对邬焜教授的信息哲学理论进行了全面评价，认为："该书是由西安交通大学人文社会科学学院博士生导师邬焜教授独立承担的国家社会科学基金项目'信息哲学的理论、体系和方法'的最终研究成果。从 1980 年起，邬焜开始涉入建立信息哲学的研究领域，至今已出版与该领域相关的系列著作 10 部，在其已发表的 200 余篇论文中与该领域相关的论文就有 150 余篇，被学术界誉为'信息哲学的开拓者'。""该书是他在 25 年研究成果的基础上进行再造性梳理、综合集成、具体展示他所创立的体现信息时代'时代精神精华'的信息哲学的整体风貌之作。由于该成果在元哲学（第一哲学）层面上全面建构了信息哲学，是哲学现代化的一种具体形式，所以该成果无论在发展马克思主义哲学，还是在全面批判和改造传统哲学，或是在全新建构新的时代哲学等方面都具有极高的理论创新的学术价值。"②

　　袁振辉教授于 2006 年第 12 期《江南大学学报》中，以《信息哲学理论、体系和方法的全面阐释——〈信息哲学——理论、体系、方法〉评介》为题，对邬焜教授的专著评价道："早在 1980 年邬焜教授就开始进行建构信息哲学的研究，是国内最早进入该领域的少数研究者之一。从 1981 年起陆续发表该领域的论文和著作。1982 年 4 月，邬焜教授完成了《哲学信息论导论》一书的初稿，并以此书作为他在兰州大学哲学系就读 4 年的本科毕业论文。可以说，正是此书的完成标志着他所提出的信息哲学的初步建立。此书的内容为之后 20 多年他所从事的相关研究奠定了深层级的、最基本的观点、理论和方法。他在之后研究中所阐发的关于信息哲学的观点和理论都是此

　　① 邬焜：《信息哲学——理论、体系、方法》，商务印书馆 2005 年版，第 601—602 页。

　　② 张雨：《信息哲学理论的全方位展示——〈信息哲学——理论、体系、方法〉一书评介》，《科技日报》，2005 年 7 月 6 日第 3 版。

书所蕴含的基本思想的展开、延续和深化。由该书的纲要性内容写成的《哲学信息论要略》一文发表于《人文杂志》1985 年第 1 期，而该书则由陕西人民出版社于 1987 年 6 月出版。这两项成果成了信息哲学正式创立的标志，邬焜教授则被学界誉为'信息哲学的开拓者'。""从国外相关领域的研究状况来看，21 世纪之前，信息哲学研究领域几乎是一片空白。直到 2002 年牛津大学哲学家弗洛里迪（Luciano Floridi）先生才在《元哲学》杂志上发表了题为《什么是信息哲学?》的论文，开始对信息哲学的概念和性质进行讨论。从这一情况来看，国外相关领域的研究比之邬焜教授至少晚了 20 多年，并且至今仍未形成比较系统的观点和理论。从上述基本观点和理论的概述中我们可以清晰地感受到，通过 25 年不懈的努力，邬焜教授所创立的信息哲学已经达到了高度系统化的程度和水平。《信息哲学——理论、体系、方法》一书的基本观点和理论所具有的独立性、创新性、开拓性价值，无论对于当代中国的信息哲学研究，还是对于当代世界的信息哲学研究都处于十分明显的领先地位。"①

闫学杉等在 2007 年第 3 期《社会信息科学研究通讯》的《社会信息科学研究十人谈》中，称邬焜教授为"信息哲学第一人"②。

2007 年，广西民族大学政法学院高剑平教授在对国内外信息哲学研究的状况进行综述时写道："在建立信息哲学的方向上，邬焜的工作系统而全面。从 1980 年开始，邬焜发表了大量的文章，出版了一系列的专著。1987 年 6 月，陕西人民出版社出版邬焜的专著《哲学信息论导论》……标志着信息哲学在中国正式创立。……从 1987 年 6 月邬焜创立'信息哲学'计算，则要比弗洛里迪 2002 年在西方哲学权威期刊《元哲学》（*Metaphilosophy*）上发表的 'What is the Phi-

---

① 袁振辉:《信息哲学理论、体系和方法的全面阐释——〈信息哲学——理论、体系、方法〉评介》,《江南大学学报》,2006 年第 12 期。
② 闫学杉等:《社会信息科学研究十人谈》,《社会信息科学研究通讯》,2007 年第 1 期。

losophy of Information' 早 15 年。"①

　　空军工程大学康兰波教授在 2008 年第 3 期《天府新论》上发表了题为《信息哲学与信息时代的哲学——从两个"信息哲学"范式说起》的文章，该文对邬焜信息哲学和西方学者弗洛里迪提出的信息哲学进行了比较性研究。文中写道："上世纪 80 年代，我国学者邬焜率先创立了信息哲学。1996 年，英国牛津大学的弗洛里迪（Luciano Floridi）也独立提出了'信息哲学'基本概念。当今，邬焜信息哲学已初步体系化。弗洛里迪也于 2002 年初步提出了他的信息哲学构想，使信息哲学成为世人关注的焦点。""邬焜和弗洛里迪两个'信息哲学'范式在评价信息科学，主张信息哲学是对传统哲学的超越，提出信息哲学是元哲学或第一哲学，强调信息哲学在建设和谐、美好世界中的作用等方面具有相容性；但在哲学基本立场、对信息本质的把握、对信息世界的刻画以及有待进一步解决的问题等方面，它们之间又存在着较大差异。通过比较可知，信息哲学的产生具有必然性；它是对以往哲学单一实体性思维方式的变革；在具体内容和表现形式上，信息哲学作为信息时代的哲学形态，具有多样性。"②

　　我国著名哲学家孙正聿教授对邬焜教授提出的信息思维理论给予了高度评价。他在《中国社会科学》2008 年第 6 期发表的《解放思想与变革世界观》一文中专门转引了邬焜教授的相关观点，并给予了相应的阐释。他写道："现代科学既改变了我们的世界图景，也改变了我们的思维方式。这包括：现代科学已经深刻地变革了以素朴实在论为代表的直观反映论的思维方式，变革了以机械决定论为代表的线性因果论的思维方式，变革了以抽象实体论为代表的本质还原论的思维方式。按照有些学者的概括，'在人类科学发展的进程中，经历了三次大的科学革命，这三次科学革命同时带来了人类科学世界图景

---

①　高剑平：《信息哲学研究述评》，《广东社会科学》，2007 年第 6 期。

②　康兰波：《信息哲学与信息时代的哲学——从两个"信息哲学"范式说起》，《天府新论》，2008 年第 3 期。

和科学思维方式上的三次大的变革。这就是人类的科学世界图景从实体实在论过渡到场能实在论，再过渡到信息系统复杂综合论；而人类科学思维方式相应地从传统的实体思维过渡到能量思维，再过渡到信息思维'。① 系统的观念，复杂的观念和综合的观念，促使我们在'广阔的研究领域'超越'在绝对不相容的对立中思维'，真正以辩证法的思维方式去观察和分析'活生生'的现实生活，真正使我们的思想与改革开放的创新实践相符合。世界观和思维方式的变革，是解放思想的重要内容，也是解放思想的重要动力。"②

　　2010 年，陕西省自然辩证法研究会召开第四届会员代表大会暨研究生教学研讨会，由中国自然辩证法研究会秘书处编的第 4 期《工作通讯》中的相关报道，称"邬焜教授 2005 年由商务印书馆出版的长达 70 万字的《信息哲学——理论、体系、方法》专著，标志着'信息哲学理论体系的完善与成熟'"③。

　　2012 年，我国系统哲学家中国人民大学教授苗东升先生在研究钱学森系统科学思想时对邬焜教授的信息哲学研究给予了概括性的评价。他写道："系统哲学的近邻是信息哲学，近 30 年来，以邬焜为代表的中国学者作了持续的探索，取得很多成果，与系统哲学形成相互促进的态势。"④ 在 2013 年 10 月于西安召开的首届国际信息哲学研讨会的大会报告中，苗东升先生还强调说："邬焜教授在信息哲学研究中，历经 30 多年的辛苦创立的思想体系，已经形成了能与西方分庭抗礼的'中国学派'。"⑤

---

　　①　邬焜，李佩琼：《科学革命：科学世界图景和科学思维方式的变革》，《中国人民大学学报》，2008 年第 3 期。

　　②　孙正聿：《解放思想与变革世界观》，《中国社会科学》，2008 年第 6 期。

　　③　《陕西省自然辩证法研究会第四届会员代表大会暨研究生教学研讨会》，《工作通讯》，2010 年第 4 期，中国自然辩证法研究会秘书处编。

　　④　苗东升：《钱学森系统科学思想研究》，科学出版社 2012 年版，第 148 页。

　　⑤　王健：《首届国际信息哲学研讨会综述》，《重庆邮电大学学报》（社会科学版），2014 年第 2 期。

第四章　全球化信息时代的信息
哲学的研究现状①

第19、21、22届世界哲学大会都在关注全球化信息时代的哲学问题。今天，我们人类处在全球化的信息时代，信息无处不在、无时不在，引发了新的科学技术革命，进而引起社会的经济、政治、文化等方面的体制变革，并影响着人们的认识和生活方式。信息正是凭借它那科学性、普遍性的特性，正在开创一个新的全球化时代——信息时代，正在开辟一种崭新的文明——信息文明，从而集中而强烈地呼唤着一种新的全球化信息时代哲学——信息哲学的诞生。信息哲学是全球化信息时代的元哲学，是人类历史上哲学形态的全新革命。

一　信息哲学的兴起与发展

现代信息科技革命，使我们发现了一个新的信息世界，它与物质世界不同，有其自己的存在方式和价值，但又离不开物质世界。整个世界，是物质和信息双重存在的世界，一切存在物既是物质体，又是信息体。信息世界的发现，引发了人们对信息进行哲学层面的研究，从而产生了信息哲学。

① 本章主要内容发表在：李国武：《全球化信息时代的元哲学——信息哲学》，《西北大学学报》（哲学社会科学版），2012年第2期。

目前，越来越多的国内外学者已经意识到，信息科学研究纲领中最为核心的问题是关于信息本质的确定。由于信息具有构成世界存在的基本领域的性质，所以只有从信息哲学的高度对信息的本质予以考察才可能奠定统一信息理论建立的基础。统一信息理论的建立应当超越具体实用科学中信息系统研究的狭隘性的局限，并对哲学、自然科学、工程技术学、社会科学和智能科学的极为广泛的、不同层次和领域的信息问题进行更为综合而统一的研究。

自从 1948 年维纳（Norbert Wiener，1894—1964）关于"信息就是信息，信息不是物质，也不是能量"[①] 的警示开始，到 20 世纪 80 年代以来，国内外关于信息的哲学本质及相关的哲学问题一直进行着广泛论争。东德学者克劳斯（G. Klaus）1961 年提出，在意识和物质之间存在一个"客观而不实在"[②] 的信息领域；中国学者邬焜教授于 1981 年、1984 年先后提出"信息是物质存在方式和状态的自身显示"[③]、"信息是标志间接存在的哲学范畴"[④]，1985 年发表论文《哲学信息论要略》，1987 年出版专著《哲学信息论导论》；2002 年牛津大学哲学家卢西亚诺·弗洛里迪（Luciano Floridi）发表《什么是信息哲学？》的论文[⑤]；2005 年，邬焜教授出版长达 70 万字的《信息哲学——理论、体系、方法》著作。该著作在世界上第一个创立了完整的系统化、理论化的信息哲学体系，标志着由中国人创立的信息哲学已经开始走向完善与成熟，使信息哲学真正成为崭新的全球化信息时代的精神产物。

---

① ［美］Norbert Wiener，*Control Theory*，London：Cambridge University Press，2008，p. 133.

② ［东德］格奥尔格·克劳斯：《从哲学看控制论》，梁志学译，中国社会科学出版社 1981 年版，第 62 页。

③ 邬焜：《信息在哲学中的地位和作用》，《潜科学杂志》，1981 年第 3 期。

④ 邬焜：《哲学信息的态》，《潜科学杂志》，1984 年第 3 期。

⑤ ［英］Floridi，L，"*What is the philosophy of information*？"，Metaphilosophy，vol. 33，No. 1/2，June2002.

二　信息哲学是人类哲学的全新革命

1993 年，第 19 届世界哲学大会的主题是"世纪之交的哲学"，开始探讨全球性问题；2003 年，第 21 届世界哲学大会的主题是"面向全球问题的哲学"；2008 年，第 22 届世界哲学大会的主题是"反思当今的哲学"，全球化信息时代问题贯穿大会的始终。俄国哲学协会第一副会长丘马科夫曾发出呼吁：面临全球化的哲学是什么？[①] 其实，在这样一个以信息的名义所主导的全球化时代里，信息范畴所起的巨大作用是不容低估的，逼迫人们去重新反思自己的理性思维，去反思自己的哲学观念，从而引起人们的观念模式和思维方式的变革，这就必然导致哲学本身的变革。任何一种现代哲学的理论，都不能不对这种新的时代精神——信息精神给予足够的重视。因此，当代哲学已经开始转向信息哲学，信息哲学就是全球化信息时代的时代精神。

邬焜认为，信息给哲学带来了新的时代精神的精华和广泛深刻的研究空间。在现代科学对哲学的冲击中，与系统范畴相比，信息范畴给哲学带来的突破更具有深刻性和本质性。系统，以及与系统相关的一些范畴，如，要素、层次、结构、功能等，还只是使传统描述方式中的整体与部分、事物与环境的关系的描述更为科学化、现代化。由于间接存在的信息世界与直接存在的物质世界截然不同，从而揭示了一个新的存在领域，使得哲学在本体论层面上发生了根本性的革命，几千年来传统哲学关于"存在与思维"或"物质与精神"关系的基本问题的内涵发生了改变，信息不仅是在个别特征、个别因素或某种描述方式上对哲学的改变，而是从根本上改变了人们对存在世界的看法，提出了全新的事物存在与演化的世界图景和思维方式。由此必然会引发哲学认识论、哲学进化论、哲学价值论、哲学方法论等，包括全部哲学领域的全方位的根本性变革。

---

① ［俄］丘马科夫：《面临全球化的哲学》，《江海学刊》，2011 年第 1 期。

早在 20 世纪 80 年代，邬焜就曾指出：信息给哲学带来了无量的前途。信息并不只是在个别特征、个别因素，或某种描述方式上对哲学发生影响。信息世界的发现从根本上改变了人们对世界构成的理论，提供了全新的事物存在与演化的世界图景和思维方式。信息哲学对哲学的革命性变革，给哲学带来了一场全新的革命，它在整体上对迄今为止人类历史上曾经建构过的和现实存在着的所有形式的哲学进行了批判，并使这些哲学在信息哲学所突现的新的时代精神面前黯然失色。在今天，不考虑信息环节，或对信息环节的作用估计不足的任何哲学体系，都必然具有落后、直观和原始的特点。

如果说，新的信息科学技术的发展是人类科学技术的全新革命的话；如果说，信息经济的崛起是人类经济体制的全新革命的话；如果说，信息社会的诞生和发展是人类文明形态转型的全新革命的话，那么，信息哲学的诞生和发展则是人类历史上哲学形态的全新革命。

三　统一的信息科学体系①

学术界一般认为，信息科学是以信息作为主要研究对象的各种学科的总称，是一门研究信息的运动规律和运用信息原理对对象进行描述、模拟、处理、控制和利用的横断性、交叉性、综合性学科。

然而，由于邬焜教授创立并提出了物质和信息双重存在的复杂的、综合的世界图景，所以他认为，信息与物质、信息系统与物质系统，具有同样广泛意义和存在范围的一般性和普遍性的品格，这些不同称谓的系统是内在而具体地统一着的。以信息及其运动规律为主要

---

① 与本节内容相关的更为详细的论述请参阅，邬焜：《科学的信息科学化》，《青海社会科学》，1997 年第 2 期；邬焜：《现代科学的范式——信息科学》，载，刘克选、周桂如，主编：《信息高速公路与信息社会》，北京邮电大学出版社 1998 年版，第 48—52 页。

研究对象的信息科学，与以物质及其运动规律为主要研究对象的学科一样，多得不可胜数，并分有层次和门类。这样，信息科学便不能被仅仅看作是一门学科，简单用横断性、交叉性、综合性等一类说法来描述，也是不恰切、不全面的阐释。

今天的信息科学已经是一个拥有众多学科的大家族。邬焜教授认为，信息概念、信息原理的普遍化，使得信息科学在任何一个传统学科领域中都能辐射开辟出属于自己的一块领地，又能派生出一些与传统学科研究的领域迥然不同的新兴学科来。

信息科学家族中的众多学科的地位并不是平列的，存在着理论抽象度的高低、概括或适用范围的宽狭、可操作性或应用性程度的大小等诸多方面的差别。根据这诸多方面的差别，邬焜教授对现代信息科学中的众多学科进行了分层归类（如图4—3—1）。

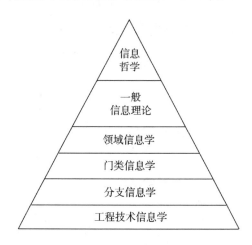

图4—3—1　统一的信息科学体系结构

邬焜教授认为，信息哲学是信息科学的哲学理论的层次，是对信息问题的哲学方面的考察，是对信息概念和信息原理的哲学层次的概括；一般信息理论是信息科学的基础科学原理的层次；领域信息学是一般信息理论的基本原理在几个大的世界领域中的具体化的层次；门类信息学是领域信息学再行分化出来的大的门类性信息科学学科；分支信息学是门类信息学再行分化出来的一些适域较狭的信息科学学科；工程技术信息学是应用信息科学的原理和方法对对象世界进行直接作用的具体工程技术，亦即为实施信息的获取、识辨、编译码、传输、变换、加工、创造、存取、控制和作用，而与制作和使用相应的工具设备有关的技能和方法的学科。

邬焜教授将上述的信息科学的 6 个层次相对地予以展开，得到了如"图 4—3—2 现代信息科学体系的等级分层及相互作用模式"。

从邬焜教授描绘的图 4—3—2 中可以清晰地看出，现代信息科学体系具有整体系统性、层次结构性和普遍相互作用性等基本特征，并且，整个体系的层次结构还与人类所认识的对象世界的层次结构具有同构性关系。从中也可以看出，信息科学绝不仅仅是适用于世界之一隅的狭隘学科。信息科学从自身性质和规范的尺度上对世界整体及其各部领域作出相应的解释。

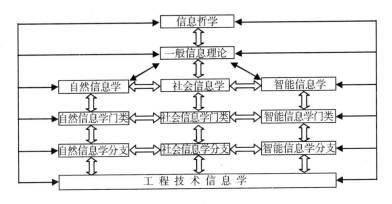

图 4—3—2　现代信息科学体系的等级分层及相互作用模式

但是，必须强调的是，邬焜教授所描述的这样的一个宏伟体系，直到目前仍未系统建立起来。其中某些学科还根本没有提出，或者仅是提出了一个名称，或者虽然有诸多讨论，但还未形成体系。当然，也有许多学科目前已经有了一个充分的发展或正在建立、发展之中。其中最为活跃的当属工程技术信息学层次上的理论和实践，正是这一层次上的杰出工作才导致了信息科学的产生，才引出了信息革命、信息经济、信息社会、信息时代等一系列的深刻变革。

四　国外信息哲学研究的现状与评价①

从 20 世纪 60 年代开始，苏联和东欧一些国家的科学家和哲学家们就开始从哲学的角度对信息科学中的哲学问题进行探讨。其探讨的主要领域包括信息的本质、信息的认识论地位以及信息在事物进化中的作用等。他们的一个共同倾向是都承认存在客观信息，并把信息归结为物质的属性，像时间、空间和运动一样，另外，他们还从列宁关于物质世界中普遍存在类反映现象的观点出发，在信息和反映之间作出类比性的说明。有一本直到今天仍然富有影响的著作，这就是苏联学者乌尔苏尔（А. Д. Урсул）在 1968 年出版的《信息的性质——哲学的讨论》（Урсул А. Д. Природа информации. Философский очерк. М.: Политиздат, 1968）一书。该书把信息看作是自然界中普遍存在的现象，并强调信息概念具有普遍的哲学和科学的意义。他强调说：无论是在物理学、生物学、语言学，还是在其他许多科学领域之中，没有信息理论都是不可想象的。信息过程无处不在：人和人之间的相互沟通、生物体遗传性状的传递、任何自动装置的复杂工作，以及企业的管理，离开了信息活动都是不可想象的。俄罗斯学者科林（Колин К. К）据此评价说，乌尔苏尔的著作是俄罗斯信息哲学的开端。然而，在我们看来，乌尔苏尔的工作虽然是杰出的，但是，由于未能从哲学存在论层面上揭示信息所独具的本质，仍然用当时学术界普遍采用的"差异性"或"多样性"的说法来解释信息的性质，这就使他的研究仍然未能超越一般科学通过差异关系来度量信息的信息量的概念的羁绊，所以，乌尔苏尔的工作仍然停留在信息科学中的哲学问题的层面，而未能上升为建立某种全新哲学的境界。我们欣喜地注意到，当年苏联的大多数学者在讨论信息问题的时候都承认客观信

① 本节内容选自邬焜教授主持申报获批的 2013 年度国家社会科学基金重点项目的课题设计论证。

息的存在，并强调信息范畴在哲学层面的普遍性意义，就这一点而言，他们已经临近了创立信息哲学的门槛。

值得一提的是，早在 1961 年，东德的哲学家格奥尔格·克劳斯（Georg Klaus）就曾指出：在意识和物质之间存在着一个"客观而不实在"①的信息领域。克劳斯的这一观点是相当杰出的。我们知道，按照传统哲学的本体论学说，物质是"客观实在"，精神是"主观存在"，由此又构成了"存在＝物质＋精神"的存在论信条。当克劳斯用"客观不实在"来规定客观信息的时候，它实际上已经揭示了客观信息区别于物质和精神的哲学存在论的本质，由此便可以奠定建立一个全新的信息哲学体系的前提。只可惜的是，克劳斯仅仅提出了这样一个说法而未加详细的论证，并且，他的这一提法也并未引起当时学术界的关注。另外，克劳斯还深受传统哲学关于存在领域分割方式的基本信条的羁绊，虽然他提出了"客观不实在"的概念，但是，他却无法理解这一概念所标明的世界领域的独立存在的意义和价值。这一点可以从他的一段话中体现出来。他说："信息决不是物质与意识之外的第三种独立不依的存在成分，而是一种构成的东西，在这种东西里物质成分与意识成分以完全特殊的方式融合起来。"由此我们可以看到，传统哲学基本信条的影响是何等的深刻。也许，克劳斯本人并未意识到他的观点的自相矛盾，这就是，"客观不实在"中怎么能够融合那种主观性的意识的成分。正因为如此，囿于传统哲学的信条，使克劳斯错过了建立一门新的时代哲学的契机。邬焜教授在 20 世纪 80 年代初创立信息哲学时就关注到了克劳斯先生"客观不实在"提法的重要价值，并由此出发进一步论证了精神的主观不实在的性质，进而提出了直接存在（实在）和间接存在（不实在）的概念。正是在与此相关的研究的基础上，邬焜教授提出了存在领域重新分割的理论，建立了信息哲学的本体论学说，进而展开了信息哲学的

① ［德］克劳斯：《从哲学看控制论》，梁志学译，中国社会科学出版社 1981 年版，第 62 页。

其他领域的研究。

事实上，直到 2010 年，俄罗斯哲学家们的研究视野仍然未能真正超越"信息科学中的哲学问题"的层面。这一点从俄罗斯科学院信息科学问题研究所首席研究员、国际信息科学学会（ISIS）主席，康斯坦丁·科林（Константин Колин）先生新近的一篇题为《信息哲学与现代信息科学的基本问题》①的论文的内容中便可以体现出来。在这篇论文中，科林先生强调了如下值得重点研究的信息科学中的哲学问题：

作为对我们周围世界的事物的一种表现的信息概念本质的研究；对于信息在物理和生物系统的进化过程中，以及在人类社会的进化过程中产生和所起作用，需要一个更完整的了解；目前，信息科学的哲学问题是确定和表达信息科学的一般规律，并建立这些规律间的关系，这些问题的研究成果是其他学科的研究赖以展开的基础性探索；信息科学的基本科学方法的进一步发展：信息方法、模拟方法，以及更深层次的虚拟现实方法；现实的科学方法论问题在于确立信息科学在现代科学中的应有地位，这对于确立一门科学和人道主义的独立发展的知识分支也具有重要的价值；一个重要的问题是要建立一个新的，信息科学的学科领域的前瞻性结构，这个结构将会更适合于现代潮流的科学和教育事业的发展。

虽然在科林先生所罗列的问题中，把"信息概念本质的研究"列在了首位，但是，他仍未阐明这一问题在哲学存在论领域的地位，而其他的一些问题则大多都是针对信息科学而发的。

2010 年，康斯坦丁·科林先生还出版了一本题为《信息科学中的哲学问题》的新书，该书的内容提要写道："本书是一本关于信息科学的性质、研究对象和范围、学科地位、体系结构、领域和方法，信息科学教育，信息的科学观和哲学观，信息社会与人类文明的发

---

① 〔俄〕康斯坦丁·科林：《信息哲学与现代信息科学的基本问题》，邬天启译，《西安交通大学学报》（社会科学版），2011 年第 5 期。

展，以及信息科学发展的历史、现状和未来前景的学术专著。作者认
为，现代信息科学的诞生和发展已经形成了一门独立的具有基础科学
和跨学科性质的新学科，并为现代哲学和科学方法论的发展提出了新
课题。"① 从该书的内容来看，仍然没有超越"信息科学中的哲学问
题"的层次，而他关于信息本质的规定仍然沿用的是 20 世纪 60 年代
苏联学者已经提出的"物质和能量在空间和时间中分布的差异性
（不对称）的表现"这一说法。

　　比较起苏联、东欧和俄罗斯当代的相关研究，西方学术界，包括
美国、加拿大和西欧诸国的学者们的信息哲学研究始终处于滞后状态。

　　西方学界的相关材料显示，西方英语体系的"信息哲学"（Phi-
losophy of information）概念最早是由牛津大学哲学家弗洛里迪先生于
1996 年提出的，而他创立信息哲学的标志性成果则是于 2002 年发表
在 Metaphilosophy（《元哲学》）杂志的一篇题为 *What is the philoso-
phy of information*（《什么是信息哲学》）的论文。在这篇论文中，
弗洛里迪先生罗列了一些与信息哲学相关的问题：

　　信息的本质是什么？这是一个新领域的首要标志；

　　信息环境的构成和模式，包括其系统的性质、交互的形式，内部
的发展等；

　　信息的生命周期，即各阶段信息通过的形式和功能的活动，从信
息发生的初始到它最后的利用和可能的消失；

　　计算，一方面指图灵机意义下的算法处理，一方面指更广意义下
的信息处理；

　　信息哲学对什么可以算作信息做出规定和立法，以及信息应如何
适当地生成、处理、管理和利用；

　　信息哲学提供了一种信息与计算科学的哲学，因为这自人工智能
哲学领域的早期工作以来早就清楚了；

---

① Константин Колин, *ФИЛОСОФСКИЕ ПРОБЛЕМЫ ИНФОРМАТИКИ. Москва*,
БИНОМ, Лаборатория знаний，2010.

扩展对人和动物的认知和语言能力以及智能的人工形式可能性的理解（人工智能哲学、信息理论语义学、信息理论认识论、动态语义学）；

分析推理和计算过程（计算哲学、计算科学哲学、信息流逻辑、情景逻辑）；

解释生命和代理的组织原则（人工生命哲学、控制论和自动机哲学、决策与博弈论）；

发明新的方法来为物理和概念体系建模（形式存在论、信息系统理论、虚拟实在哲学）；

阐释科学知识的方法论（以模型为基础的科学哲学、科学哲学的计算方法论）；

研究伦理学问题（计算机和信息伦理学、人工伦理学），研究美学问题（数字多媒体/超媒体理论、超文本理论以及文学批评）；

体现信息社会以及在数字环境下（赛伯哲学）关于人类行为的心理学、人类学和社会现象。

从上面罗列的问题我们可以明显地看出，弗洛里迪先生文章的标题虽然是《什么是信息哲学》，但是，严格说来，弗罗里迪先生罗列的上述诸多内容大多数都不属于信息哲学的层面，而应当属于信息科学和信息技术关注的范围。并且，由此我们也可以看到西方学者的相关研究视角不仅未能超越俄罗斯学者的视角，而且更远远滞后于中国学者的视角。

一个明确的事实是，直到目前，西方学术界仍没有出现比较系统的信息哲学理论。2008 年 9 月，被西方学界誉为信息哲学创始人的弗洛里迪先生曾到西安交通大学讲学，在与听讲的师生的讨论中，弗洛里迪先生坦言，由于他未解决信息的哲学本质这一信息哲学的核心理论问题，所以，他的信息哲学还没有建立。这从他 2010 年主编出版的《计算与信息哲学导论》（上、下册）① 也印证了他的这一看

---

① ［英］弗洛里迪主编：《计算与信息哲学导论》（上、下册），刘钢等译，商务印书馆 2010 年版。

法。该书的内容除了弗洛里迪先生收入的他在 2002 年发表的《什么是信息哲学》一文外，其他的内容都是由不同学科的专家分别撰写的相邻或相关科学学科的普及性读物。

截至目前，从 2010 年在北京召开的第四届国际信息科学基础大会以及 2013 年在俄罗斯莫斯科召开的第五届国际信息科学基础大会的研究成果和有关信息哲学文献的检索来看，国外学者对信息哲学的研究仍是零散的、不清晰的，没有形成任何理论体系。

五　国内信息哲学研究的现状与评价①

从现有的文献资料来看，中国学者一直走在信息哲学研究领域的世界前列。自此，30 多年来，中国信息哲学的研究分为三个历史阶段：

第一阶段，1979—1989 年，探索创立期。这个阶段主要研究学者是邬焜教授、黎鸣等人，主要学术成果是关于信息的哲学本质、信息的产生和存在范围、信息的哲学分类和信息的认识机制等理论。根据我们掌握的资料，最早提出"信息哲学"概念的是中国学者。一个最早的提法是邬焜的"哲学信息论"，这是邬焜于 1982 年为兰州大学哲学系提交的本科毕业论文（一本学术专著）的题目。这一概念，可以对应于英文的"Philosophy of information"。后来，黎鸣先生在其 1984 年发表的《论信息》②一文中提出了"信息的哲学"的概念。邬焜在 1986 年发表的《关于信息论研究中几个问题的探讨》一文中第一次正式使用了"信息哲学"③概念。我国著名信息科学家钟

---

① 本节内容节选自，邬焜，靳辉，邬天启：《中国信息哲学研究的三个阶段》，《西安交通大学学报》（社会科学版），2011 年第 5 期；邬焜：《中国信息哲学核心理论的五种范式》，《自然辩证法研究》，2011 年第 4 期。

② 黎鸣：《论信息》，《中国社会科学》，1984 年第 4 期。

③ 邬焜，刘世文，李琦：《关于信息论研究中几个问题的探讨》，《社会科学评论》，1986 年第 1 期。

义信先生在 1979 年发表的一篇论文中最早提出了真正属于中国学者的关于信息哲学本质的观点。

虽然，弗洛里迪先生被西方学术界誉为信息哲学的创始人，但是无论是从其提出信息哲学概念的时间，还是其创立信息哲学的标志性成果发表的时间，以及其对信息哲学研究的系统性和完整性的情况来看，都远远滞后于中国学者的研究。

如果从邬焜提交题为《哲学信息论》的学士论文的时间来算，中国信息哲学创立的时间是 1982 年，如果从成果公开发表的时间算，中国信息哲学创立的标志是邬焜于 1985 年发表的一篇题为《哲学信息论要略》①的论文，以及他于 1987 年出版的一本名为《哲学信息论导论》②的学术专著。与此相比较，西方学术界直到目前仍没有出现比较系统的信息哲学理论。

第二阶段，1990—1999 年，深化研究期。由于与信息哲学相关的问题研究的难度越来越大，很多学者开始逐步退出信息哲学的研究领域，但仍有邬焜教授等少数学者继续坚持深化研究，并出版了 10 余部相关研究著作。

第三阶段，2000—2011 年，成熟发展期。2005 年，中国学者邬焜教授出版了《信息哲学——理论、体系、方法》③专著，标志着信息哲学理论体系的完善与成熟，有关信息哲学的研究热再度方兴未艾。

进入 21 世纪之后，西方学者明确提出了信息哲学的研究方向，其相关成果开始介绍到中国，在这一新的发展背景下，中国的信息哲学研究热潮有迹象开始再度兴起。2005 年，邬焜的长达 70 万字的《信息哲学——理论、体系、方法》一书出版，有评论指出，该书的出版"标志着信息哲学理论体系的完善与成熟"④。

---

① 邬焜：《哲学信息论要略》，《人文杂志》，1985 年第 1 期。
② 邬焜，李琦：《哲学信息论导论》，陕西人民出版社 1987 年版。
③ 邬焜：《信息哲学——理论、体系、方法》，商务印书馆 2005 年版。
④ 陕西省自然辩证法研究会召开第四届会员代表大会暨研究生教学研讨会，《工作通讯》2010 年第 4 期，中国自然辩证法研究会秘书处编。

在邬焜看来，关于信息哲学本质的问题乃是信息哲学能否建立，以及信息哲学能够成为怎样的一种哲学的最基础、最核心的问题。信息哲学的学科地位，以及信息哲学的所有其他方面的问题都依赖于对这一问题的回答方式。

在 30 多年的研究历程中，邬焜认为，中国人自己提出的有影响的关于信息哲学本质的理论，大致只有五种：状态说、相互作用说、反映说、意义说、自身显示的间接存在说。

状态说。把信息定义为事物运动的状态的观点最早是由钟义信先生在 1979 年提出的。他写道："信息就是事物的存在方式或运动的状态以及这种方式／状态的直接或间接的表述。""广义的信息是事物运动的状态，不论是自然界、人类社会还是思维领域，信息是普遍存在的。"① 钟先生提出的以事物运动的状态和方式来定义信息的观点在中国学术界有广泛的影响。后来的许多学者都重复或采用了钟先生的这一理论。如，大力倡导信息思维的杨伟国博士就曾认为："'信息'，正是一种不是物质，不是能量，而是一种表述状态的新事物。"② 又如，"物信论"的提出者，罗先汉先生也把信息看作是状态。他写道："物质的实在状态（有关特征参量的取值）及其相关规律，正是信息的含义。"③ 然而，仅仅用"运动的状态和方式"来定义信息，并不能把信息和物质自身存在的方式区别开来。

相互作用说。把信息归结为相互作用的观点的提出者是黎鸣先生。黎鸣先生在其发表的《论信息》和《力的哲学和信息的哲学》④这两篇文章中写道："力和信息均属于物质的相互作用范畴"；"信息是物质的普遍属性；它表述它所属的物质系统，在同任何其他物质系

---

① 钟义信：《信息科学》，《自然杂志》，1979 年第 3 期。

② 杨伟国：《"信息思维"的新探索》，《京港学术交流中心》，1998 年。

③ 罗先汉：《物信论——多层次物质信息系统及其哲学探索》，《北京大学学报》（自然科学版），2005 年第 3 期。

④ 黎鸣：《论信息》，《中国社会科学》，1984 年第 4 期；黎鸣：《力的哲学和信息的哲学》，《百科知识》，1984 年第 11 期。

统全面相互作用（或联系）的过程中，以质、能波动的形式所呈现的结构、状态和历史"。虽然，把信息产生的原因归于物质的相互作用的本性，这是十分正确的。但是，把信息和力看作同等尺度的范畴，并且把信息范畴直接归结为相互作用范畴则并不妥当。因为，力和相互作用都具有"客观实在"的直接存在的性质，它们都是物质范畴包括的子项，而信息则不同，它具有不同于"客观实在"的"不实在"的间接存在的性质。

反映说。从 20 世纪 60 年代开始，苏联的学者们就从列宁关于反映是一切物质所具有的共同属性的思想出发，开始讨论反映与信息，反映、信息与意识之间的关系。苏联学者的相关观点对中国学者的相关研究影响很大。在 20 世纪七八十年代，中国的很多学者都介绍评价和依附于苏联学者的某些相关观点。在众多相关的信息的反映论解读文献中，刘长林先生的《论信息的哲学本性》① 一文所持的观点最为突出，其相关论证的逻辑也最为详尽和有条理。我们有必要把刘先生的这篇论文看作是中国学者关于信息的"反映说"的经典文献。刘长林先生给信息下的哲学定义是："可以在哲学上把信息理解为被反映的事物属性，或反映出来的事物属性。"应当说，这个定义已经是对信息的相当抽象和概括的本质性定义了。但是，用"反映"描述信息的着眼点在于"信宿"，而在事实上，信源产生信息并不预先考虑一个"反映者"是否存在。

意义说。2010 年，肖峰先生在《中国社会科学》发表了题为《重勘信息的哲学含义》一文，该文旗帜鲜明地强调信息的"属人性"特征，用"意义"解读信息，认为"不存在所谓的'本体论信息'，而只存在认识论意义上的信息"②。其实，信息和信息的意义虽然都可以以信息的方式而存在，但是，二者在外延上却并不是相等的。以认识方式产生的"意义"在本质上是一种信息存在的形式，

① 刘长林：《论信息的哲学本性》，《中国社会科学》，1985 年第 2 期。
② 肖峰：《重勘信息的哲学含义》，《中国社会科学》，2010 年第 4 期。

但是，却不能把所有形式的信息都归结为"意义"形式的信息。因为还存在着更多的非意义性的信息，即显示和表征事实的信息。另外，从本质统一的意义上来分析，有了信息哲学关于信息的本体论定义就足够了，信息的认识论定义是多余的。因为，认识作为一种信息现象，它本身并不是原生信息的形式，而是在多重信息中介的选择、复合、匹配、重构的综合建构和虚拟中生成的一种高级信息活动的形式。

自身显示的间接存在说。信息是物质（直接存在）自身显示的间接存在说，是邬焜于 20 世纪 80 年代初首创提出的。1981 年，邬焜曾在相继发表的两篇论文中把信息定义为"物质存在方式和状态的显现"；"信息是物质存在方式和状态的自身显示"①。1984 年，邬焜又提出"直接存在（物质）"和"间接存在（信息）"的概念，并相应给出了信息的完整定义："信息是标志间接存在的哲学范畴，它是物质（直接存在）存在方式和状态的自身显示"②。1987 年 6 月，邬焜的《哲学信息论导论》著作出版，该书从存在论的意义上，在学术界第一次全面系统地提出了信息的哲学本质、哲学分类、信息的三个不同性级的质、绝对信息量、相对信息量、信息与相关哲学范畴的关系、哲学本体论的概念层次论、哲学认识论的信息中介论、社会的信息进化论、力的哲学与信息的哲学的异同，以及信息在哲学变革中的作用等诸多方面的问题。这些开创性研究，比较系统地建立了一种区别于实用信息论的哲学信息论，正式宣告了一种崭新的时代哲学——信息哲学在中国的创生。2005 年，标志邬焜所创立的信息哲学走向完善和成熟的《信息哲学——理论、体系、方法》一书出版。

由于邬焜对信息本质的界定是从物质世界自身显示自身的层面

---

① 邬焜：《思维是物质信息活动的高级形式》，《兰州大学学生论文辑刊》，1981 年第 1 期；邬焜：《信息在哲学中的地位和作用》，《潜科学杂志》，1981 年第 3 期。

② 邬焜：《哲学信息的态》，《潜科学杂志》，1984 年第 3 期。

上，以及信息与物质在存在方式上的根本区别的尺度上着眼的，所以，在邬焜的相应规定中信息的产生并不必然依赖于接收者的反映，这是这一学说与反映说的区别。另外，从直接存在（物质）和间接存在（信息）的对应关系，以及间接存在由直接存在派生，又必须以直接存在为其载体的情况来看，这一理论在逻辑起点上仍然坚持了唯物主义的立场。但是，由于引入了在信息同化和异化的过程中所有物体的结构都普遍成为某种信息编码的形式，都已经载负着相关信息的现实存在的情况出发，物质和信息又是必然镶嵌在一起，同时存在的，这就是邬焜提出的关于所有的物体，同时既是物质体又是信息体的理论。由此便引出了关于在物质统一性的基础上，物质和信息双重存在的哲学本体论的学说。由此本体论学说奠基，邬焜又建立起了全面、系统、规模宏大的信息哲学理论。这一理论涉及众多的哲学基本领域。其主要领域包括：

信息本体论。一种关于物质和信息双重存在的理论。

信息认识论。一种关于哲学认识论的信息中介论。

信息进化论。一种关于物质形态和信息形态双重演化的理论。

信息价值论。一种关于自然价值的理论，以及物质价值和信息价值的双重价值的理论。

信息思维论。一种关于信息时代的科学与哲学的思维方式变革的理论。

社会信息论。一种关于社会信息的性质及信息在社会发展中的作用的理论。

科学的信息科学化的统一信息科学理论①。

值得一提的是，国内最早提出信息的"状态说"理论的钟义信先生，近年来也对其原来的信息定义进行了重大的修改，从而转向了信息的"自身显示说"。钟先生在其 2002 年再版的《信息科学原理》一书中，就把他的信息定义改写成了："信息，就是该事物运动的状

---

①　邬焜：《科学的信息科学化》，《青海社会科学》，1997 年第 2 期。

态和状态改变的方式的自我表述/自我显示。"① 中国的信息科学和信息哲学关于信息的本体论界定的这种殊途同归的汇合是一种十分可喜的现象。正是这一汇合为从哲学和科学的统一的尺度上来建立"统一信息科学"的努力奠定了基础。由此信息本体论学说奠基，全面刷新哲学的其他领域，从而建立起完整的信息哲学的理论、方法和体系。这样的信息哲学才会成为人类信息文明的哲学基础，才会无愧于我们这个时代的时代精神。

---

① 钟义信：《信息科学原理》（第三版），北京邮电大学出版社 2002 年版，第 50 页。

第五章　邬焜的"信息与存在"
——信息本体论思想

邬焜教授的信息哲学是从总体上概括地把握信息时代的内容，集中地反映信息时代的本质特征，从而体现着信息时代精神的精华。邬焜教授的信息哲学的理论既是邬焜教授作为哲学家个人的理论，是邬焜教授个人的学术素养、理论兴趣和思维能力的综合反映，更是信息时代人类智慧的一种理论升华。信息本体论思想是邬焜教授的信息哲学的精髓，是信息哲学诞生的主要标志，也是邬焜教授为人类哲学宝库所作出的最重要的贡献。离开对信息本体论的深入体会，就不可能真正把握邬焜教授的信息哲学。

一　邬焜信息本体论思想的形成历程

马克思在《〈黑格尔法哲学批判〉导言》中说："理论只要说服人，就能掌握群众；而理论只要彻底，就能说服人。所谓彻底，就是抓住事物的根本。"① 应该说，邬焜教授的信息本体论思想从一开始就抓住了信息的根本——哲学本质，无论是其信息的"自身显示的间接存在"论，还是"物质和信息的双重存在"世界观；无论是信息的质、形态理论，还是信息的量、特性和功能论述，都达到了马克思所说的"彻底"。正是因为这些信息本体论思想的创立，邬焜教授的信息哲学

① 《马克思恩格斯选集》第 2 卷，人民出版社 1995 年版，第 9—10 页。

才得以顺利展开、独创成体系，才能掌握群众，才能说服人。

大体说来，邬焜教授信息本体论思想的形成经历了两个历史阶段。

1. 邬焜信息本体论思想的创立形成期(1980—1987年)

这第一阶段的8年，主要探讨"存在领域的重新分割"和"信息的本质"等问题，以《思维是物质信息活动的高级形式》《哲学信息论要略》论文和《哲学信息论导论》著作为标志，表明邬焜教授信息本体论思想的创立形成。以复杂性思想来看，邬焜教授的信息本体论核心思想在这一阶段全部"涌现"出来了，为信息哲学大厦奠定了坚实的理论基石。

从1980年大学二年级开始，邬焜教授开始关注"如何科学地说明物质和精神的关系这一哲学基本问题"。按照传统哲学的解释，物质和精神是构成世界的两大基本存在领域，是一个两极二元对立统一。但仅仅是两极二元对立统一的模式是否合理？物质要转化为精神，精神要作用于物质必须有一个转化、过渡和联系的中介环节。当时还是兰州大学哲学系二年级学生的邬焜教授已经开始明确地意识到：谁找到了这个中介，并能科学地阐明它，谁就会给哲学带来整体性的变革。正是基于这样一种认识，邬焜教授针对这个"中介"的问题开始学习和研究，并发现可以把"信息"概念作为哲学的基本概念引入哲学，充当物质和精神之间相互作用的中介。

1980年7月，经过一年多的思考，邬焜教授完成了长达15000余字的关于信息哲学的第一篇学术论文《思维是物质信息活动的高级形式》，文中将"自然信息"看作是区别于物质和精神现象的一种具有独立意义的现象，并从哲学的高度把信息定义为"物质存在方式和状态的显示"①，提出并初步论证了信息具有自在、自为和再生

---

① 邬焜：《思维是物质信息活动的高级形式》，《兰州大学学生论文辑刊》，1981年第1期。

三种基本形态，还提出了信息场、概象信息和符号信息等信息的形式。在此基础上，该文把从物质到精神的过程描述为以信息为中介的信息活动过程。正是这篇论文所提出的观点使信息作为哲学范畴引入哲学成为可能，从而奠定了信息本体论和信息认识论的基本前提。

　　1981年春，邬焜教授写出了第二篇关于信息本体论的论文《信息在哲学中的地位和作用》，又进一步明确地将信息定义为"信息是物质存在方式和状态的自身显示"①。在这里，邬焜教授将原先的信息定义加了"自身"两个字，更加明确了信息产生的动力是物质自身的相互作用，同时也揭示了在范围上物质与信息同在的情景。"自身显示"坚持了信息本质的唯物论立场和本体描述的直接性方法；信息的内容，是由物质客观实在性派生出来的另一种物质特性，但归根结底还是物质的存在方式和状态；信息是物质自身显示自身的属性，在逻辑上并不依赖于反映，是信源物自身所具有的规定性。此文还更为准确地对信息的三种基本形态进行了规定，并提出了关于信息的三个不同性级的质的理论，纲领性地指明了信息在哲学本体论和认识论中的地位和作用。

　　1982年4月，在大学即将毕业时，邬焜教授将三年来对信息的哲学本质的思考，写成了18万字的《哲学信息论》一书，全面阐述了信息本体论的思想，并以此书作为其大学本科毕业的学士学位论文。1984年，邬焜教授在公开发表的《哲学信息的态》一文中，第一次比较完整地给出了信息的哲学定义："信息是标志物质间接存在性的哲学范畴，它是物质存在方式和状态的自身显示。"② 列宁说："一切科学的抽象都更深刻、更正确、更完全地反映着自然。"③ 邬焜教授在前两次对信息定义的基础上，发挥其超强的逻辑抽象思维能力和丰富的想象力，达到了列宁所说，高度抽象地将信息概括为"标

　　① 邬焜：《信息在哲学中的地位和作用》，《潜科学杂志》，1981年第3期。

　　② 邬焜：《哲学信息的态》，《潜科学杂志》，1984年第3期。

　　③ 《列宁全集》，人民出版社1963年版，第181页。

志物质间接存在性的哲学范畴",更深刻、更正确、更完全地反映着信息,实现了信息的逻辑与历史、抽象与具体的统一。但这个定义有一个小小的缺憾:可能当时受唯物论的局限和影响,将"物质"作为"间接存在性"的限定,是不恰当的,间接存在本身就是区别与物质(直接存在)的另一个范畴。因此,应将"物质"和"性"的限定词去掉,改为"信息是标志间接存在的哲学范畴"更妥当。1984年第5期《兰州学刊》发表了《哲学信息论》一书中的一章《哲学认识论的信息中介论探讨》,署的是邬焜教授当时采用的笔名"方元"。另有一篇署有该笔名的文章是《分析综合——统一的认识过程、方法及逻辑》[《社会科学》(兰州)1984年第6期,第82—87页],该文原是《思维是物质信息活动的高级形式》一文的最后一个部分。由于《思维是物质信息活动的高级形式》一文比较长,当年兰州大学《学生论文辑刊》(1981年第1期)发表该文时把这最后一个部分删除了。《哲学认识论的信息中介论探讨》和《分析综合——统一的认识过程、方法及逻辑》两篇论文发表后分别被人大复印资料《哲学原理》(1984年第22期)和《逻辑》(1985年第1期)全文转登。

1985年,邬焜教授以《哲学信息论要略》为题发表了《哲学信息论》一书的基本观点。之后的两年多时间,邬焜教授在信息的哲学本质基础上,陆续发表了《论自在信息》《论自为信息》《论再生信息》《论社会信息的三态统一性》《关于信息论研究中几个问题的探讨》《申农相对信息量的哲学拓广》《信息与物质世界的进化》《从哲学看申农和维纳信息量公式的差别和统一》《对几对哲学范畴的再认识》等论文,分别论述了信息的质、量、形态、特性与功能等信息本体论思想。

尤其需要指出的是,1986年,邬焜教授发表了《存在领域的分割》文章,首次提出了"物质和信息的双重存在"[①]的世界观,对存

---

① 邬焜:《存在领域的分割》,《科学·辩证法·现代化》,1986年第2期。

在领域进行了新分割，确立了信息本体论的理论根源，从源头上廓清了信息存在的价值。这样，信息本体论思想就为我们提供了新的世界图景，为哲学研究开辟了新的领地和视角，为各门科学研究提供了新的规范和范例。

1987 年 6 月，陕西人民出版社出版了署名邬焜、李琦合著的《哲学信息论导论》著作，此书就是 1982 年邬焜教授提交的本科毕业论文《哲学信息论》一书的修改稿。此书从存在论的意义上，在学术界第一次全面系统地提出了信息的哲学本质、哲学分类、信息的三个不同性级的质、绝对信息量、相对信息量、信息与相关哲学范畴的关系、哲学本体论的概念层次论、哲学认识论的信息中介论、社会的信息进化论、力的哲学与信息的哲学的异同，以及信息在哲学变革中的作用等诸多方面的问题。这些开创性研究，比较系统地建立了一种区别于实用信息论的哲学信息论，正式宣告了一种崭新的时代哲学——信息哲学在中国的创生。

从以上论述可知，邬焜教授创立信息本体论思想的主要标志性学术成果是：《哲学信息论要略》论文以及《哲学信息论导论》专著。如果以相应理论的提出为标准，那么，1982 年 4 月邬焜教授完成并提交的学士学位论文《哲学信息论》可以成为信息本体论和信息哲学创立的标志。如果以相应理论的公开发表为标准，那么，1985 年《哲学信息论要略》一文的发表以及 1987 年《哲学信息论导论》一书的出版，是信息哲学在中国正式创立形成的标志。

2. 邬焜信息本体论思想的成熟完善期（1988—2005 年）

第二阶段的 17 年，邬焜教授主要是对已经创立的信息本体论思想的反思、完善与发展，以《现代系统科学中若干问题的哲学探讨》论文和《信息哲学——一种新的时代精神》《信息哲学——理论、体系、方法》专著为标志，标明邬焜教授信息本体论思想的完善与成熟。黑格尔指出：哲学的认识方式是一种反思。这种反思，实质上就是对人处理和驾驭自己同外部世界的关系的认识活动和实践活动及其所创造的成果的总结、概括。这种总结、概括就是哲学把握人与世界的总体性关系的基本思维方式，它必然具有高度的概括性和抽象性的特点。自从创立了信息本体论后，邬焜教授就不停地对信息进行反思，深化对信息世界的认识。

1988年，邬焜教授发表了《新的综合：信息世界的发现》文章，进一步探讨了信息世界的存在方式、价值和本性，揭示了信息世界给我们这个信息时代所带来的全新的革命性变化。1989年，邬焜教授接着发表了《信息对哲学的突破》，进一步阐明了信息对哲学所具有的全面开拓的革命性作用，并强调指出辩证唯物主义的信息哲学将会成为辩证唯物主义的新形态。

1989年，邬焜教授在其出版的第二本学术专著《信息哲学——一种新的时代精神》中强调了信息哲学的元哲学性质，并大致提出了信息哲学应当研究的范围。书中写道："信息哲学首先是一种元哲学，由它的基础理论的拓展又可以延伸出许多亚层次的哲学来。就目前来看，还没有哪一个现有的哲学领域是信息哲学绝对不能涉足的。""现在，我的研究还基本局限在从一种元哲学的角度来阐发信息哲学的一般性基础理论。就在这样一个层次上，我们应该做的工作就很多。诸如，信息的哲学本质，信息的哲学形态和形式；信息的不同性级的质，信息的哲学量度；信息与以往诸哲学范畴的关系；信息本体论，信息认识论，信息方法论；信息世界的进化，信息进化与物质进化，信息与社会进化；全息现象，演化和全息现象，相似与全息现象；信息社会学，信息心理学，信息美学，信息价值论；……上面所列的这众多课题领域中的每一领域都仍然存在着极为丰富的、大量的分支课题。"①

1992年，邬焜教授发表了《现代系统科学中若干问题的哲学探讨》。文中，邬焜教授在前三次信息的定义基础上，第四次、也是最

---

① 邬焜：《信息哲学——一种新的时代精神》，陕西师范大学出版社1989年版，第31—32页。

终给出了科学、准确、严密、完整的信息的哲学定义："信息是标志间接存在的哲学范畴，是物质（直接存在）存在方式和状态的自身显示。"① 这里，邬焜教授去掉了强加在"间接存在"头上的"物质"。这样，信息首次摆脱了"物质"的"枷锁"，独立出来，以"间接存在"的面貌与"直接存在（物质）"并列同时存在，世界的面貌也"焕然一新"。邬焜教授又把"间接存在性"的"性"去掉，更加科学地阐明了信息的"间接存在"的傲然风貌。

至此，我们可以清晰地看出，邬焜教授对信息的哲学本质的探索，经历了 12 年 4 个阶段的艰苦求证：信息—物质存在方式和状态的显示—物质存在方式和状态的自身显示—物质间接存在性，物质存在方式和状态的自身显示—间接存在，物质（直接存在）存在方式和状态的自身显示。这个漂亮的历史轨迹，见证了邬焜教授作为哲学理论家对信息孜孜以求的抽象思考与科学严谨的精神，不能不让人油然生起敬意。黑格尔说："真正讲来，只有思维才配称为哲学的仪器或工具。"又称："离开抽象思维，任何一门科学的任何一个规律都不可能被发现。"② 邬焜教授用抽象思维这个哲学的仪器，经过严密的逻辑论证与推理，发现了信息的间接存在的科学本质。这是邬焜教授的伟大发现，他敏锐地抓住了信息这个信息时代的"关键词"，创立了信息哲学这个信息时代精神的精华和信息文明的活的灵魂。若不带任何偏见，或不受某种国家哲学的桎梏与羁绊，从信息哲学作为辩证唯物主义的第二个历史形态的意义上说，邬焜教授所作的贡献是巨大的。我们可以说，邬焜信息哲学思想是属于信息时代的、属于科学的、属于全人类的。

1995 年 7 月，邬焜教授参加了在北京召开的"全国信息科学技术与哲学学术研讨会"，他为会议提交了题为《科学的信息科学化》

---

① 邬焜：《现代系统科学中若干问题的哲学探讨》，《西北大学学报》，1992 年第 4 期。

② ［德］Hegel, *Shorter Logic*, Bei jing: China Social Sciences Publishing House, 1999, p. 47.

的论文，并作了大会报告。该文后来在《青海社会科学》（1997年第2期）发表，并以《现代科学的范式——信息科学》为题被收入刘克选、周桂如主编的会议文集《信息高速公路与信息社会》（北京邮电大学出版社1998年版）。在该文中邬焜教授强调指出："信息哲学是信息科学的哲学理论的层次，是对信息问题的哲学方面的考察，是对信息概念和信息原理的哲学层次的概括。诸如信息的哲学本质、哲学分类，信息的质和量的哲学表述，以及信息作为一种普遍化的存在形式、认识方式、价值尺度、进化原则的一般性理论等等，都是信息哲学所应考察的方面。"①

1996年，邬焜教授发表了《试论信息的质、特性和功能》和《信息社会及其对人类文明的全面变革》等论文，进一步深入阐述了信息所具有的三个不同性级的质及其特性与功能等信息本体论思想，再次强调用信息改造哲学的意义。

2003年，邬焜教授发表了《亦谈什么是信息哲学与信息哲学的兴起——与弗洛里迪和刘钢先生讨论》，文中对信息哲学的性质的表述更为清晰、明确："信息哲学乃是区别于所有其他哲学的一种元哲学或最高哲学。""信息哲学把信息作为一种普遍化的存在形式、认识方式、价值尺度、进化原则来予以探讨，并相应从元哲学的高度建构出全新的信息本体论、信息认识论、信息价值论等，在这些信息哲学的大的领域之下还可以再包括若干分支哲学，从而派生出第二、第三或更深层次的信息哲学学科。"②

2005年，邬焜教授独立承担的国家社科基金项目，综合其25年的研究成果，出版了集大成的长达70万字的《信息哲学——理论、体系、方法》专著，全面建立起了信息本体论、信息认识论、信息生产论、信息社会论、信息价值论、信息方法论、信息进化论等思

① 邬焜：《科学的信息科学化》，《青海社会科学》，1997年第2期。
② 邬焜：《亦谈什么是信息哲学与信息哲学的兴起》，《自然辩证法研究》，2003年第10期。

想，标志着邬焜教授以信息本体论为基础的信息哲学思想完全建立起来了，达到了完善与成熟。负责对该成果进行鉴定的五位国内知名专家都给出了"一级"评价的成果鉴定结论，并在其"鉴定结项审批书"的综合评价中写道："该成果在概括总结信息科学最新成果的基础上，构建了信息哲学的理论体系……全方位、多角度地对与信息相关的哲学问题进行了具有独到见解的探索，创建了以信息维度认识世界、解释世界、进而改造世界的一整套比较完整的哲学理论"；"该成果是一项具有原创性、开拓性、自成一体的学术巨著，该著作的学术观点之新颖、内容之丰满、逻辑之自洽、论述之简洁，均达到了很高水平。在名为'信息的哲学研究'的同类论著中，该成果不仅立论独到、前后贯通，而且涉及面宽、结构化程度高，确已成为一家之言"；"本成果是国内第一部信息哲学的系统之作，对学科发展具有奠基作用，具有重要的理论价值。该成果不仅在国内处于领先地位，在国际上也处于先进水平"。《科技日报》的记者张雨先生认为，"由于该成果在元哲学（第一哲学）层面上全面建构了信息哲学，是哲学现代化的一种具体形式，所以该成果无论在发展马克思主义哲学，还是在全面批判和改造传统哲学，或是在全新建构新的时代哲学等方面都具有极高的理论创新的学术价值。"[①]

黑格尔说："哲学若没有体系，就不能成为科学。"[②] 而邬焜教授的信息哲学有完整宏大的理论体系，因此可以称之为科学的思想理论。

二　邬焜信息本体论思想的丰富内涵

20 世纪 80 年代以来在中国由邬焜教授创立的信息哲学，从一般

---

① 张雨：《信息哲学理论的全方位展示——〈信息哲学——理论、体系、方法〉一书评介》，《科技日报》，2005 年 7 月 6 日第 3 版。

② ［德］黑格尔：《逻辑学》（上），杨之一译，商务印书馆 2003 年版，第 59 页。

存在论层面揭示了信息所具有的普遍性品格,并重新解读和阐释了信息科学研究纲领对当代科学和哲学所具有的根本范式革命的非凡意义和价值。当代信息科学和信息哲学的新范式可以成为当代信息文明发展的科学前提和哲学基础。

对于信息哲学的性质,邬焜教授的表述不仅深刻,而且清晰:信息哲学乃是区别于所有其他哲学的一种元哲学或最高哲学,它把信息作为一种普遍化的存在形式、认识方式、价值尺度、进化原则来予以探讨,并相应从元哲学的高度建构出全新的信息本体论、信息认识论、信息生产论、信息社会论、信息价值论,信息方法论、信息进化论等,在这些信息哲学的大的领域之下还可以再包括若干分支哲学,从而派生出第二、第三或更深层次的信息哲学学科。基于对信息本质的不同认识,信息哲学也可能产生众多学派。

黑格尔说:"概念不清,分类能力就低,也不可能产生范畴,也就不会产生抽象思维的推理办法,难以产生哲学和科学体系。"① 尼斯贝特说:"中国人对范畴不感兴趣,这就使得他们难以发现真正可以解释各种事件的规律。"② 但是中国信息哲学家邬焜教授的信息本体论思想,不但信息概念清楚,而且信息范畴界定鲜明,真正发现了信息世界的规律和奥秘,因此具有普适性、科学性、时代性。邬焜教授信息本体论思想是一个完整的世界观,内容十分丰富。可以说,邬焜教授的主要信息哲学思想都是从信息本体论展开而成理论体系的,没有信息本体论的理论基石,就没有信息哲学思想的诞生。

1. 物质和信息的双重存在

在存在论领域,以邬焜教授信息本体论思想看来,传统哲学把整个存在世界分割成:存在=物质+精神,是不周全的。早在1961年,

---

① [德] 黑格尔:《法哲学原理》,范杨,张企泰译,商务印书馆2010年版,第126页。

② [美] 理查德·尼斯贝特:《思维的版图》,中信出版社2006年版,第16页。

东德的哲学家格奥尔格·克劳斯（Georg Klaus）就曾指出：在意识和物质之间存在着一个"客观而不实在"的信息领域，但他并未对此作出详尽论证。邬焜教授认为，现代信息科学与信息哲学则揭示了一种区别于物质世界与精神世界的自在信息的世界，并且精神世界又是信息活动的高级形态。于是关于存在领域分割的理论便有必要重新予以阐释：存在＝物质（直接存在）＋信息［客观间接存在＋主观间接存在（精神）］，见图5—1。这样，世界以及世界上的一切存在都不能简单的归结为、还原为直接存在的物质世界，因为在这个物质世界中载负着另一个显示着这个物质世界多重规定性的信息世界。整个世界以及世界上的一切存在物都只能是直接存在和间接存在的统一体，都既是物质体，又是信息体。信息本体论的建立，阐明了一种全新的存在领域分割模式，从根本上改变了哲学基本问题的具体表述方式，并因而使信息哲学真正成为区别于所有传统哲学和现代哲学的一种全新的世界观、历史观、社会观、认识观、实践观、价值观、科技观和方法论。

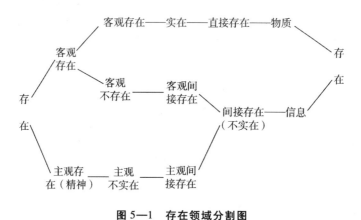

图5—1 存在领域分割图

2. 信息的间接存在本质

邬焜教授在《哲学信息论要略》一文中对信息本质的思想有明确的阐述：他认为，从信息的存在方式来看，信息并不是一个具体的直接物质存在形式，信息是在表征、表现、外化、显示事物及其特征的意义上构成自身的存在价值的。信息是它所表现的事物特征的间接存在形式。邬焜教授从哲学的角度，给信息下了一个本质性的定义：信息是标志间接存在的哲学范畴，它是物质（直接存在）存在方式和状态的自身显示。

应该说，信息的这个定义是科学的。第一，这条定义没有采用在实用信息科学的已有解释或哲学的已有范畴间进行简单比附的方法，而是直接从信息自身存在的方式上把信息规定为"间接存在的标志"，这就不仅摆脱了实用信息定义的种种束缚，而且也跳出了以往哲学概念的重围。

第二，间接存在是和直接存在相对的概念，直接存在指的是物质，间接存在指的是信息，这两个概念揭示了信息与物质在存在方式上的本质区别。而世界上所有的事物和现象都可以归入这两类存在的范围。这就意味着除了客观实在的物质世界之外的一切存在都应当归于信息世界。这一信息定义不仅抓住了信息的最为本质的方面，而且也无疑已经将信息的范围扩展到了不能再扩展的极为广泛的领域。

第三，此定义的前后两个分句的表述，都坚持了运用本体描述的直接性方法，坚持了信息本质的唯物论立场。这两个分句实质上是同一个意思。"显示"着的东西必然是"间接存在"的，而"间接存在"的东西，又必然是"显示"着的。但是两句话比较起来，前一句话不能不更为抽象，而后一句话则可看成是前一句话内容的具体化。所以，此定义的两个分句都可以分别拿来作为信息的本质规定。

按照邬焜教授的理论，间接存在归纳起来无非是三个方面：一是关于事物自身历史的反映，包括曾经发生过的与它物之关系；二是关于自身性质的种种规定，这些规定在其展示的时刻是一种直接存在的过程，但是，在其未曾展示的时候还只能是一种现实的间接存在；三是关于自身变化、发展的种种可能性。这便是关于事物历史、现状、未来的三种间接存在。这三种间接存在就具体凝结在一个具有特定结构和状态的直接存在物中。任何物的直接存在的结构和状态都是由它所凝结的间接存在所规定的，同理也可以说，任何物的结构和状态都映射和规定着关于自身历史、现状、未来的信息。如此，任何物体都是一个直接存在和间接存在的统一体，亦即都既是物质体，又是信息体。由此，邬焜教授揭示和论证了世界的物质和信息相互嵌套的双重存在的性质。

在邬焜教授看来，意识作为一种主观呈现着的现象，它本身就是显现着的，所以，它本身就是信息活动的一种高级形式。另外，作为符号的信息又可以显示信息，这便构成了多级间接存在或多级信息显示的现象，亦即信息的信息。这也是我们可以认识信息本身的根据。恰恰是在"间接存在"和"自身显示"的意义上，信息获得了自身在本体存在论层面上存在的意义和价值，同时也获得了在哲学认识论层面上与认识主体和认识客体相区别的独立性存在意义和价值。

3. 信息的不同性级的质

邬焜教授认为，信息具有三种不同性级的质：信息第一性级的质是物质直接存在的一级客观显示，亦即一级客观间接存在，它是信息的原生质，对于信息的产生、运动和发展来说，具有本源性、基础性、绝对性和自在性，对于这一层面的信息，我们可以以自身的认识方式进行部分的认识；信息第二性级的质是直接存在的多级客观显示，亦即多级客观间接存在，它是信息的潜在质，与信源的结构和状态中所同化的信息内容有关，要把握这部分信息，就必须进行某种类似于翻译和挖掘的工作；信息第三性级的质是人类认识赋予信息的一个崭新的创造性的主观约定质，它使人们有可能在认识中将外界信息普遍抽象化、符号化，并借助于人的思维信息加工活动的过程创造出新的主观信息。如果这类主观创造的信息符合世界的本性和规律，且又具备了实现的现实条件，那么，就可以通过人的劳动实践外化出来，转化为人类生产的创造。

信息第一性级的质决定于信源物的直接存在本身；信息第二性级的质决定于信源物中所同化的信息方面；信息第三性级的质则决定于信息接收者的目的规定性。信息第一、第二性级的质是信息的客观自在质,第三性级的质是信息的主观代示质;信息第一性级的质是信息的原生质,第二、第三性级的质是信息的系统质(客观自然关系系统,或主客观关系系统);信息第一性级的质是信息的本源质,第二、第三性级的质是信息的派生质。信息第二、第三性级的质归根到底是物体(或主体)同化信息第一性级的质的内容的结果,且又必须通过某种信息的第一性级的质才能表现自己。

从信息三质的规定中,我们看到,事物的质并不简单地由其孤立的自身来规定,事物的质不能和它所处的环境(系统)相脱离,而同一事物相对于不同的系统又往往会呈现出不同的质或不同的质的方面。马克思把人的本质看成是一切社会关系的总和,这就不是简单地从人的孤立的个体出发来定义人的本质的。信息第二、第三性级的质都是某种特定关系质,信息第二性级的质是在事物的客观自然关系中得到规定的,而信息第三性级的质则是在主客观关系中得到规定的。

从意识的角度来分析,外在储存、传送的符号本身是信息第三性级的质,而它所揭示的内容却是信息第一,第二性级的质,但是,反过来,如果从作为社会信息的信息世界三客观存在的形式来看,也可以说,符号的形、色、声是信息第一性级的质,而其中内含的意才是第二、第三性级的质。如此看来,这个信息世界三达到了信息三质统一的互逆的完满性。

4. 信息的形态和形式

从产生过程来看,间接存在只能在直接存在的相互作用中产生。然而,间接存在虽然产生于直接存在的相互作用,但是,间接存在一旦产生便以自身独具的特质超越了直接性的本性,并由此展开了自身运动和发展的历程。在此历程中,信息呈现出了自身的不同的形式和形态。依据邬焜教授对信息的本质规定,信息通过自身运动和发展的历程,呈现出了自身的不同的三种基本形态、一种综合形态和六种基本形式。(见图5—2)即:

(1)自在信息,是客观间接存在的标志,是信息还未被主体把握和认识的信息的原始形态。在这个阶段里，信息还只是以其纯自然的方式，自身造就自身、自身规定自身、自身演化自身，从而展开其自身纯自然起源、运动、发展的历程。信息场以及信息的同化与异化是自在信息的两种基本形式。

物体的相互作用是通过物体自身辐射或反射的中介粒子场来完成的。正是这个中介粒子场，载负着反映物体自身存在的方式和状态的信息。任何物体，一方面比较与其他物体具有无限差异性；另一方面作为物体本身，又存在着内部成分、结构、层次的无限差异性。由于这两方面无限差异性的存在，便使任何物体所产生的场都会具有相应的与其他物体所产生的场相区别的差异的结构、状态和特性，正是这个场的差异性与产生场的物体本身的差异性的相关对应性，使物体本身与他物、与自身无限差异的特质得以显现。正是这种场的无限差异的特性使物体本身的存在方式和状态显示了出来，外化了出来，从而，赋予了物质场携带产生这个场的物体的信息的能力。

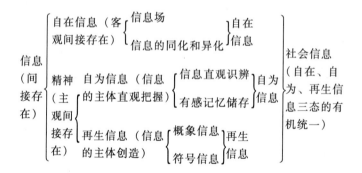

图 5—2　信息的哲学分类

物质场本来是物质的一个直接的、具体的存在形式，物理学正是在这个直接存在物的意义上把它定义为物质场的。但是，这个物质场又不是一个简单的直接存在物，在这个场的直接存在的结构、状态、特性中已经间接地映射着它由以产生的那个物体本身的某些状况。邬焜教授正是由此看到了场的二重化存在的特性，把场规定为物质场和信息场、直接存在和间接存在的统一体。

信息场一经在某物的基础上产生，就展开了信息自身的运动。当这个信息在其运动中作用于它物，并对它物产生了影响时，这就发生了信息的同化和异化现象。某物体（信源）扩散的信息为另一物体（信宿）所接收，对于某物体来说就是信息的异化过程，而对于另一物体来说则是信息的同化过程。

"记忆"，则是信息同化和异化所产生的直接结果。这个结果在信息同化物和异化物双方都具有意义。因为二者都会在这一过程中改变自身的内在结构、运动状态或性质，以这种有所改变的"痕迹"保留了某种"异化"过或"同化"着某些信息的"记忆"。从理论上讲，任何物体在信息同化或异化时都是可以保持记忆的，有感觉和无感觉机体记忆的区别，就在于是否具有自我意识和回忆的能力。

信息场本身不仅是信息异化的产物，而且也是信息同化的产物。信息场的载体，作为信源辐射或反射出来的它物，首先就具有了和信源相互作用的性质，正是在这种相互作用的过程中，信源给信息场的载体留下了某种特定的"痕迹"，以此映现出信源本身的某些特征。正因为信息场作为信源信息的同化物，它才能在与信宿发生作用时，将这一同化了的信息再异化给信宿，以完成信宿同化信源信息的过程。信息同化和异化的普在性，恰好说明了事物的普遍联系和相互作用的性质。

（2）自为信息，是主观间接存在的初级阶段，是自在信息的主体直观把握的形态。这个形态包括信息的被识辨（感知）和可回忆的储存（有感记忆）两种基本形式。

人体首先是一个直接存在的物质体，它与外界的任何信息交换，都只能是在服从信息同化和异化的基本规律的前提下才能成为可能，只有在自在同化信息的过程中，主体才可能谈及对被同化信息的把握和认识。究竟怎样的信息才能在同化的过程中被主体识辨，这不仅依赖于所同化的信息的质和量，而且也依赖于主体感官、神经，脑的内在结构状况，亦即依赖于主体信息控制系统中凝结着的信息的质和量。外界对象信息正是在与主体信息控制系统中凝结着的信息的相互同化、匹配、整合、重组的过程中被感知识辨的。就这一过程来看，信息的同化既是感知的基础，也是感知发生的过程。

记忆，则是信息储存和积累的一个过程。任何记忆"痕迹"的建构，都是一个信息自在同化的过程。感知、思维、情绪、动作的活动信息，只有化为神经系统的内在结构和状态的特定"痕迹"才能被储存，但是，这些"痕迹"却并不为我们的意识明确把握，它所把握的只是呈现着的信息的内容。这就告诉我们，在这些特定"痕迹"的基础上，必然还有一个自在信息的活动层面的存在，只有通过这个自在信息活动的中介，意识才可能在不明确意识"痕迹"的条件下，将信息的具体内容直接再现出来。这个信息自在同化的过程是在主体认识结构中进行的，而主体认识结构本身正是一个特定的质和量的信息的凝结体。在这里，这个主体认识结构中的信息仍然首先处于客观自在的状态。

（3）再生信息，是主观间接存在的高级阶段，是信息的主体创造性的形态，它的基本形式是概象信息和符号信息。

概象信息是人类思维的信息加工过程中创造出的新的形象信息。概象信息已经不是个别外界认识对象的直观反映，而是诸多同类认识对象共同本质特征的形象反映（称类概象），或是不同类认识对象不同特征的硬性组合的形象反映（称幻概象）。

符号信息是人类抽象思维创造的用以代示各类信息关系的主观约定的符号。真正意义的抽象思维，并不在于个别、偶然的符号信息的显现，而在于符号信息的合乎逻辑的推演。

（4）社会信息，并不是一个独立的信息形态，它是自在、自为、再生三态信息在的人的社会实践所创造的文化信息中达到的自身完成的、本质的统一。人类通过实践活动所创造的所有产品，包括精神产品和物质产品都具有信息三态统一的性质，就其外在于人的精神活动的存在而言，它是自在的，但是，就其以其相应的结构承载着人的目的信息和主观约定的关系而言，它又是自为、再生的。

三 邬焜信息本体论思想与中外
学者主要观点的比较①

太阳在照耀,书本在招手,电报嘀嗒响……这一切都是不同种类和形式的信息。信息概念的含义极为广泛和深刻,可以从不同的角度和层次上对之进行探讨。可作通信技术上的考察;可作神经学、遗传学方面的考察;可作系统科学和哲学方面的考察。

信息哲学的基本研究对象是信息。自从 1948 年申农的信息论及维纳的控制论发表以来,信息的概念已具有全新的含义,它已不同于日常生活中所理解的"消息"、"报道"、"音信"等意义了。在控制论、信息论中之信息概念与概率、不确定性、有序性、差异性、熵等概念有了联系。再加上遗传工程研究领域的成果,发现了进一步解释生命奥秘的途径——遗传信息,这就更加扩大了信息的含义。生物、机器、社会等不同物质运动形态之间的界限打破了,从而找到了共同的信息联系,这是具有重大的哲学意义的。那么,信息的本质是什么?哲学上如何解释?

中外学者从哲学角度探寻信息的本质已逾 60 多年,做了许多开创性的探索。但这些学者的探讨只是集中在信息的哲学定义上,还不曾深入到信息本体论的其他方面,与邬焜教授的"物质和信息的双重存在世界观"等信息本体论思想相比,显得单薄、无力,无法进一步形成信息哲学理论体系。即使仅就对信息的哲学理解上,中外学者也不如邬焜教授的"间接存在"更抽象、更科学。下面将一些有代表性的信息本质的观点,作以简要的介绍和评述,以便与邬焜教授的信息哲学定义相比较,理解其中的差异。

_____

① 本节主要内容发表在:李国武:《关于信息概念的研究述评》,《重庆邮电大学学报》(社会科学版),2012 年第 1 期。李国武:《中国信息本体论研究》,《西安交通大学学报》(社会科学版),2011 年第 5 期。本书收录时略有删节。

1. 信息即消息

在人们的日常生活中，在一般的资料文件中，信息指的就是具有新内容、新知识的消息、新闻、情报、资料、数据、图像、密码以及语言、文字等所揭示或反映着的内容。如果将上述定义中的"消息"作广义化的理解，将所有其他形式的信息载体都看作是"消息"，那么上述定义的真实含义便是：信息乃是消息中的新内容。显然，这一理解是在消息能否给接收者带来新内容的意义被规定的。这种对信息概念的日常经验性的理解，显然具有相对性和功能性。此类规定并不能作为信息是什么的本质性解释。

据《辞源》解释，信息就是"消息"。早在唐代李中的《碧云集——暮春怀故人》一诗中，就有"梦断美人沉信息，目穿长路倚楼台"的句子，距今已有千余年的历史。如果把西汉扬雄《太玄经》中的"阳气极于上，阴信萌乎下"中的"信"也作为信息理解，它的历史还要古老得多。"信息"这个古老的字眼频繁地出现在我们的报刊、文件、广播、电视之中，信息时代、信息社会、信息经济、信息资源、信息技术以及冠以各个专门名词的信息（如商品信息、市场信息、人才信息、科研信息等）成了谈话的热门。在信息论看来，信息现象充满天地之间，我们面临的是一个以声音、形态、色彩、气息、电波、光线、元素等构成的大千信息世界；在自然世界与人类社会、无机物与有机物、生命现象与非生命现象中间，都存在着信息的发射、传播与接收的过程。人类早已发现，蜜蜂会用不同舞姿向同伴们表示蜜源的方位，蚂蚁发现了需要用集体力量搬运的食物，会用触角相互传递这一信息，而"嘤其鸣矣，求其友声"，证明鸟族是可以用鸟语呼朋引类的，等等。即便是一块不声不响的岩石，也向人们传递着丰富的史前时期地球物理信息①。

我国古代相传有两句诗说道："花如解语应多事，石不能言最可

---

① 杨教：《信息定义纵横录》，《情报杂志》，1986 年第 4 期。

人。"但从现在看来，石头和花卉虽没有声音的语言，却有它们自己的一套结构组织来表达它们的本质。自然科学家的任务就在于了解这种本质，使石头和花卉能说出宇宙的秘密。而且到现在，自然科学家已经成功地做出了不少工作。以石头而论，譬如化学家以同位素测定的方法，使岩石能表白自己的年龄；地球物理学家以地震波的方法，使岩石能表白自己离开地球表面的深度；地质学家和古生物学家以地层学的方法，初步地摸清了地球表面，即地壳里三四十亿年以来的石头历史。何况花卉是有生命的东西，它的语言更生动、更活泼……像贾思勰在《齐民要术》里所指出那样，杏花开了，好像它传语农民赶快耕土；桃花开了，好像它暗示农民赶快种谷子。春末夏初布谷鸟来了，我们农民知道它讲的是什么话，"阿公阿婆，割麦播禾"。从这一角度看来，花香鸟语统是大自然的语言，重要的是我们要能体会这种暗示，明白这种传语，来理解大自然，改造大自然。

我国著名科学家竺可桢从物候科学的角度对自然世界的信息现象，作了非常生动的令人信服的科学说明。他认为，月、露、风、云、花、鸟都是大自然的一种语言，我们可以从中了解大自然的本质，即自然规律。他还以人的胚胎为例，说明"有机体的细胞是能存贮无数代个体的经验或信息，而分别加以废置、应用或进化的"。"生物细胞的直径一般不超过几十个微米，而生物界亿万年的进化所形成的关于遗传信息的编码、存储和传递的机制即存在于其中。"

这样一来，就出现了一种有趣的社会现象，人们大量使用、社会广为流行的"信息"原来还是一个说不太明白的概念。概念的产生，本来就是对感觉、知觉、印象这类直观认识形式的抽象，它反映了事物的本质属性，是一种理性认识形态，但现在却需要回过头来对这种抽象的理性认识形态进行再研究。面对这个为人们大量使用、社会广为流行的概念，理论工作者们几乎同时提出了一个相同的问题，"信息究竟是什么？"并且从各个不同的角度对信息提出了各种不同的定义，试图探索一个能说明信息本质属性而又为多数人愿意接受的定义。

社会科学家和自然科学家都普遍认为，"信息"已经远远大于"消息"的外延，成了一个跨学科、跨领域，统摄性极强、包罗范围极广的概念，它可以表现为消息、情报、通知、书信、编码、指令、资料、数据、程序等这些具体的信息形式，但任何一种具体的信息形式以及这些形式的简单总和，都不足以说明信息的本质，离邬焜教授的信息是"间接存在"的抽象含义，相去甚远。

2. 信息是消除了的不确定性

通信信息论的创立者申农认为"信息是消除了的不确定性"①。其含义是说，通信前，消息接收者对发送消息的内容存有不确定性的了解，收到消息后，消息接收者原有的不确定性就会部分或全部消除了。所以，信息就是消除了的不确定性。在这里，消除了的不确定性是一个相对意外程度的量，所以有人也说"信息是两次不定性之差"。

信息，当初仅仅是一种通信系统的模型，随着科学技术的发展，人对客观事物认识的深化，就逐渐发展成为一种科学思维模式，主体与客体之间、主体内部结构各部分之间，都存在"信源—信道—信宿"的过程，它揭示了一系列互相关联和相互转变的运动形态。而信息理论，正是分析与研究这种互相关联和相互转变的运动形态的科学。当人们越来越自觉地运用信息观点和方法去认识从自然世界到人类社会的各种规律性时，原来仅仅用于通信系统的"消息即信息"的传统看法就被突破了，通信系统的这只小水盆，再也容纳不下信息这头庞然大物的鲸鱼。正是在这种情况下，人们需要重新认识信息概念，以便对它作出新的评价，于是信息的定义问题就被提出来了。

信息问题与通信系统有内在联系，但已经不是纯粹的通信系统范

---

① ［美］申农：《通信的数学理论》，上海市科学技术编译馆编 1965 年版，第 1—34 页。

畴的问题。在研究信息问题时，我们一方面应借鉴通信应用理论；另一方面又不应局限于通信应用理论，而要使我们的视野更加广阔些，不然就会削足适履。信息是与"信源—信道—信宿"这一系统过程形影相随的，脱离了这一系统过程，或者只从这一完整过程的某一局部（或信源，或信道，或信宿）去研究信息，都不可能认识信息的本质属性。纵然对某一局部的研究很深刻，仍然会使人有不得要领之感。

从上面的讨论中可以清晰地看到，"信息是消除了的不确定性"这一定义，实际上是从信息对信宿的作用的角度对信息所作的一种相对性的量上的功能性定义，并没有揭示信息的本质。

3. 信息即负熵

控制论的创始人维纳认为"信息即负熵"[①]。在物理学中（与热力学第二定律相关）熵值是标志系统的不确定性程度或混乱度的概念。不确定性的消除就意味着熵值的减少，所以信息就可以被称为负熵。由此又派生出了"信息是系统组织程度（或有序性、秩序性）的标志"[②] 等说法。

"信息是负熵"，能作为信息的定义吗？众所周知，负熵是熵的对偶范畴。而熵这个概念最早是由克劳修斯在对热力学第二定律作定量分析时提出的，他认为在孤立系统中发生的实际过程总使该系统的熵增加，或自然过程朝着熵增加的方向变化。后来，波尔兹曼对熵首先提出了微观解释。科学家们认为：在由大量粒子（原子、分子）所构成的系统中，熵就代表这些粒子之间无规则排列的程度，或者说代表这个系统"乱"的程度。系统越"乱"熵就越大，系统越有秩序熵就越小。普里戈金说："所谓熵，就是对'分子无序'的度量。

① ［美］维纳：《控制论》，商务印书馆1963年版。

② ［美］Norbert Wiener, *The Human Use of Human Beings*：*Cybernetics And Society*，New York：Doubleday Anchor Books Doubleday，1978.

由此，熵增加的定律就是逐步无序的定律。"① 美国著名的科普作家阿西莫夫说："我们可以把熵看作是衡量宇宙中存在的无序程度的一个量。"② 和熵相对的是负熵。明确提出负熵这个概念的是薛定谔。但是在他之前，波尔兹曼在对熵作微观解释时，已经包含有负熵的思想。负熵的含义和熵相反，就是说明系统的有序、组织、进化的程度。那么，负熵和信息又是什么关系？能否说信息就等于负熵？

负熵是个量，而量不等于质。熵是一个量值，和熵相对的负熵同样是个量值。负熵是一个数量概念，这在学术界是公认的。薛定谔说："'负熵'……本身是有序的一个量度。"③ 在信息论诞生以后，负熵是作为对信息的一种量度。维纳曾经说过："信息量……实质上就是负熵。"无论负熵是对有序的量度，还是对信息的量度，反正负熵是个量值。认为信息等于负熵，也就是把信息说成是一个量值。我们知道，任何事物都有质和量两个方面，信息也不例外。在信息论中，研究信息的量确实是非常重要的。但是对信息量的研究，不能代替对信息质的探讨。量和质虽然有内在的联系，但并不是互等的。认为信息等于负熵，就是把信息等同于一个量，抹杀了信息的质和量的差别，实际上是用信息的量代替了信息的质。信息的量相等，质不一定相同。信息总要有信息符作为载体才能传达。我们以英文字母作为信息符，对 AET 三个字母按不同顺序排列，就得到 EAT（吃）、TEA（茶）、ATE（吃过了）、ETA（希腊语的第七个字母 H、g）、AET 和 TAE（均无意义）六种不同的排列。排序改变，信息的意义也变，也就是信息的质也变。AET 的不同排列，就有不同的质，而如果计算它们的信息量却是相同的。相反，相同的信息，也可能有不同的信息量。同一个信息用不同的信息符来表示，如计算不同信息符的信息量，结果可能不同。所以不能用信息的量代替信息的质。而信息的定

---

① ［比］伊雅·普里戈金：《生命的热力学》，《摘译》，1974 年第 2 期。
② ［美］阿西莫夫：《你知道吗？——现代科学中的一百个问题》，《科学普及》，1980 年第 4 期。
③ ［奥］薛定谔：《生命是什么？》，上海人民出版社 1973 年版，第 81 页。

义主要是从质上对信息加以规定，负熵没有揭示信息的本质、因此不能作为信息的定义。

负熵是对有序的量度，负熵又是对信息的量度，按照 A = B，B = C，则 A = C 的逻辑，信息量就等于有序量。如果把"量"字去掉，则信息等于有序。有序量则是信息的量，有序则是信息的质。许多人就是按照这个逻辑进行思维的，用有序来定义信息，说明信息的本质。信息等于有序吗？为了回答这个问题，必须分析有序的含义。有序有两种不同的含义，第一是泛指世界上万事万物的有序性；第二是特指信息载体的有序性。但无论指哪一种有序性，都不能作为信息的定义。

负熵是指事物的有序，而事物的有序不等于信息。有序是指事物的结构，结构是事物的重要特性，但结构没有概括事物的全部特性。就热力学系统来说，除了说明结构的有序和无序之外，还有温度、体积和压强等许多属性。信息不仅要反映事物的有序，而且还要反映事物的其他属性。把信息的内容局限于事物的有序性，这就难免以偏概全。

信息等于负熵的说法是把信息等于一个量值，这是不合适的。无论把信息等于负熵理解为事物的有序性，还是理解为信息载体的有序性，这都还只是注意到了信息的语法方面，而忽视了信息的语义和语用的方面。诸如此类的观点都是片面的。显而易见，"信息等于负熵"不能作为信息的本质定义。

4. 从信源、信道、信宿角度定义信息

从目前学者研究的情况看，信息主要有三种定义：一是信源定义。这种定义着重研究的是信息的发射体或本原问题，也可以称之为本原定义；二是信道定义。这种定义着重研究的是信息传播过程与传播状态，也可以叫作传播定义；三是信宿定义。这种定义着重研究的是信息对接收者所产生的功能，有人也称之为功能定义。

很多研究者都承认，虽然目前还没有一个大家公认的信息定

义，但已有的多种关于信息定义的说法，实际上是从不同角度或侧面触及到信息的属性问题。为什么会这样呢？主要是因为它们分别各自着重从信源—信道—信宿三方面对信息定义进行了研究，否则就不会产生这样的效果。但如果我们单从"信源—信道—信宿"这一系统过程的某一方面去研究定义，这种定义仍然是不完整的。

显然，我们既不能用信息的本原问题来代替信息是什么的问题，也不能用信息的具体来源来规定信息的本质属性。于是有的研究者把注意力转向信道，即从信息的传播过程与传播状态来研究信息的本质属性，试图从中找到信息的定义。例如，有这样一些代表性的说法，如"信息是物质和能量在时空中分布的不均匀度"、"信息就是按一定方式排列起来的信号序列"、"信息是由物理载体与语义两者构成的统一体"，等等。这类定义抓住了信息的一个突出特征，那就是传播，并从量度、方式与形态对传播进行了描述，这无疑是正确的。但这还不足以说明信息是什么，信息具有传播的特性，而这种特性并不是信息本身，这正如人有思维功能，但思维功能并不就是人本身一样。这种定义有两个缺陷：一是它没有说明信息的来源，就像信息是一群"幽灵"，莫名其妙地在时空中游荡，纵然有影有踪，但不知仙乡何在？二是它没有说明信息的归宿，尤如一个漂泊的游魂，不知魂归何处？因此，这类定义没有体现客观物质世界是一个由种种事物相互联系、相互作用、相互依赖、相互制约的整体这种规律性，没有说明信息通过信道在信源和信宿之间所起的作用。正因为如此，这种定义使我们无法对信息功能进行价值评估。传播特性是信息的一个重要属性，它在主客体之间起着"由此及彼"的作用，其位置应该是主客休之间的结合部。但如果脱离"信源—信道—信宿"这一完整系统过程，抛开两端而单一地从信道做文章，虽然抓住了信息的一个重要属性，仍不能得到一个完整的信息定义。

那么，可不可以单从信宿做文章，从中找到信息的本质属性呢？

例如有这样一些说法，"信息是指人类社会共同享有的一切知识、学问，以及从客观现象中提炼出来的各种消息的总和"；"信息是一种能创造价值和能交换的知识，是一种社会化的知识，即信息就意味着知识、经验、技术和智力"；"信息是指具有新内容、新知识的消息，是系统确定程度的标记"；"信息是关于认识事态的消息，是关于自然的、社会的客观世界的关系报道"，等等。这些说法，一般是人的感性经验所能接受的，但问题的症结也在这里。这类说法的最大特色是带有较浓的主观意识色彩，忽略了信息的客观性、物质性与自然属性，最多只能算是对人类社会信息的一般形态与功能的描述。由于它们没有交代信息的来源与传播途径，即使是对人类社会信息，这种描述也是不完整的，更不能概括出信息的共同属性。很多人之所以把信息的本质属性归结为是精神、意识与观念的东西，不能与这种纯然从信宿——而且仅仅是从人类对信息的接收、利用出发来观察问题的偏颇有关。所以，抛开信源、信道而单从信宿做文章，同样是行不通的。

从上述三个方面对信息本质的界定中，我们可以看到，实用信息论中对信息进行的规定具有相对性、功能性和量化性特征。虽然，这类规定在实用信息论范围里具有较大的实用价值，但是，这类规定却很难揭示出信息所具有的普遍性品格的本质和意义。

因此，从信源、信道、信宿角度定义信息，都没有体现客观物质世界是一个由种种事物相互联系、相互作用、相互依赖、相互制约的整体这种规律性，没有说明信息通过信道在信源和信宿之间所起的作用，更不能概括出信息的共同属性。

5. 信息就是信息，不是物质也不是能量

许多科学家和哲学家试图从哲学角度对信息的本质加以概括。维纳在从实用信息论的角度把信息比作负熵的同时，又试图从哲学角度讨论信息的本质。他有两个很有影响的提法：一是"信息就是信息，不是物质也不是能量"；二是"信息是我们适应外部世界，并且使这

种适应为外部世界所感到的过程中，同外部世界进行交换的内容的名称"。维纳虽然没能恰切地从正面规定出信息的本质到底是什么，但是，他却十分正确地强调了信息与物质、能量相比所具的独立性价值和意义，同时它还看到了应该从"交换的内容"上来把握信息，这是向信息的本质探讨迈出了重大一步。

6. 把信息简单定义为事物的属性或某种属性

苏联乌尔苏尔、塔拉先柯等学者认为，"信息是一切物质的属性，承认信息的客观性，是唯物主义的"①。我国著名的信息学专家钟义信认为，"信息就是事物的存在方式或运动的状态以及这种方式/状态的直接或间接的表述"②。后来，他又认为，"信息是泛指以任何形式表现的事物运动的状态和方式，包括它的内部结构的状态和方式，以及外部联系的状态和方式"③。1986 年，他从本体论和认识论意义上又分别给出了不同的信息定义。"本体论意义上的信息是泛指以任何形式表现的事物运动的状态和方式，包括它的内部结构的状态和方式，以及外部联系的状态和方式。认识论意义上的信息是关于事物运动状态和方式的表述，或者，等效地说，是关于事物运动状态和方式的广义化知识。"④应该说，他看到了信息的与众不同的独立意义的方面，但是仅仅用"表述"这一概念还不能恰当地说明信息的物质本体上的客观自在的本质的。要说明这一点，就必须揭示这种"表述"的客观自在性，以及产生这种"表述"的物质自身所具有的动力性根源。信息固然是物质的属性，也固然是物质的存在方式，但是仅仅把信息定义为此，是远远不能揭示信息的本质的。因为从唯物本体论出发，任何事物、现象都可以归结为物质及其属性，从这一点

---

① ［苏］杜·甘，"Философия информации н основы будущей китайской философ"，*Вопросы Философии*，1963（4）.

② 钟义信：《信息科学》，《自然杂志》，1979 年第 3 期。

③ 钟义信：《信息科学原理》（第一分册），北京现代管理学院 1984 年版。

④ 钟义信：《论信息：它的定义和测度》，《自然辩证法研究》，1986 年第 5 期。

出发，人们有理由把信息与相互作用、运动、时间、空间等概念放到同一个并列的位置。但是，在事实上，相互作用、运动、时间和空间这样一些物质的属性和物质的信息属性有着质的不同，因为，相互作用、运动、时间和空间都只能通过一定的方式把自身化为信息显示出来才能够被认识、被"表述"，这就揭示着，信息比其他物质存在方式有更为特殊的质。

黎鸣先生指出，"信息即事物运动的外化"①。后来，他认为，"信息是物质的普遍属性，它表述它所属的物质系统在同任何其他物质系统全面相互作用（或联系）的过程中以质、能波动的形式所呈现的结构和历史"②。这不仅把信息定义在物质的本质属性"运动"的基础之上，而且用了"外化"这个字眼，已经接近了信息意义独特的质的方面。但是，值得注意的是，物质的本质属性是多方面的，它除了"运动"之外，还有时空、质量、能量，等等，这其他的物质属性方面仍有一个"外化"的问题。虽然，物质的属性必须在物质的运动中外化自己，但是，物质的运动仍然不能脱离时空、质量、能量等物质的其他属性，它们之间是相互规定着的。其他的物质属性虽然必须通过运动而外化自身，但是，这种外化所揭示的其他属性本身却并不与简单运动等同。另外，"运动"已经在物理学中被单独抽象而纯量化了，它有它自己的各种形式的量度，而物理学中所揭示的物质的其他属性并不从这种关于运动的量度中简单得到说明。所以，这一定义仍然不能很好体现信息本体上的丰富的内容。另外，这一定义也未明确说明"外化"的动力问题。

王平认为信息是物质的属性的属性。他说，"信息是以物质的属性或运动状态为内容的物质的一种存在形式，不同于时空这类存在形式，因为后者是物质的属性本身。作为物质的存在形式，信息正是表

---

① 黎鸣：《试论唯物辩证法的拟化形式》，《中国社会科学》，1981 年第 3 期。
② 黎鸣：《试从信息的观点看认识论》，《四川大学学报》（哲学社会科学版），1984 年第 3 期。

征客体的变化或客体之间相互差异或关系的东西，而这些东西都具体地表现为事物的各种属性和运动状态"①。从唯物本体论的角度来看，任何事物和现象都可以归结为物质的某种存在形式，所以，定义的头一分句并不能揭示信息和其他物质的存在形式区别着的特殊的质的方面；定义的后两个分句只是对信息内容及信息存在方式的现象描述，并不能算作本质性的定义，尤其在哲学中，更不符合哲学定义高度抽象性、概括性的要求。

应该说，钟义信、黎鸣、王平等学者，都看到了信息的与众不同的独立意义的方面，但是仅仅用"表述"这一概念还不能恰当地说明信息的物质本体上的客观自在的本质。信息固然是物质的属性，也固然是物质的存在方式，但是仅仅把信息定义为此，是远远不能揭示信息的本质的。因为从唯物本体论出发，任何事物、现象都可以归结为物质及其属性，从这一点出发，人们有理由把信息与相互作用、运动、时间、空间等概念放到同一个并列的位置。但是，在事实上，相互作用、运动、时间和空间这样一些物质的属性和物质的信息属性有着质的不同，因此，他们都不能算作本质性的定义，尤其在哲学中，更不符合哲学定义高度抽象性、概括性的要求。

7. 把信息定义为事物某种具体属性的反映或表征

刘伸认为，"信息其本质仍然是物质的一种属性，是反映的一个方面"②。肖洪均把"信息仅仅看作与有机体相联系的现象"③。他们根据实用信息论往往仅涉及社会、人、生物等领域的情况，认为反映概念大于信息概念。反映只是信息过程的某种抽象描述，任何反映都必须有它的内容，这个内容就是信息，只要有反映就必然有信息。按照列宁的说法，反映不仅在有机界存在，与之相对应，信息也不仅仅

---

① 王平:《信息概念初探》,《自然辩证法论文集》,人民出版社 1983 年版,第 56—68 页。

② 刘伸:《信息与情报》,《情报科学》,1980 年第 4 期。

③ 肖洪均:《信息的本质和认识论》,《哲学研究》,1981 年第 8 期。

与有机界相联系，客观世界中存在着的历史"痕迹"就是无机界信息活动的最好见证。另外，在受体（信宿）未接受（反映）信息之前，信息就客观存在了。所以，信息只可能大于反映，而绝不可能小于反映。

刘长林把信息定义为"反映出来的属性，要全面地认识信息，必须超出间接方法的限制，同时采取直接的研究方法"①。用"反映"来描述信息的存在方式虽然是正确的，但是，"反映"的着眼点还仅仅在于"信宿"，这是哲学认识论方法的一种推广。"反映"对于信息的定义还是间接的。在哲学上，直接性是和本体论相联系的，所以，只有本体论的方法才是真实意义的直接性的方法。对于信息来说，直接性的意义只能从信源自身的质的考察中才能得到，虽然我们必须坚持信息自身的存在方式必然是反映着的。

8. 信息作为物质与意识的"中介"而存在

有些学者认为信息既非物质又非精神，是独立存在的第三态，是物质与意识的中介。贡泰尔在《机器的意识·控制论的形而上学》一书中提出，"在物质和意识之外，应设定第三种根本的东西，即信息。这第三种根本的东西既不可完全还原为单纯的客观事物，也不可完全还原为单纯的主观事物。他认为，现实世界存充着独立的三种根本的东西，即物质、意识、信息"②。克劳斯认为，绝没有三种独立不依的实在因素，也从来没有两种独立不依的实在因索。并认为信息是由物质成分与意识成分完全按照特殊方式融合起来的特殊新质。新托马斯主义者认为，信息是神与物质世界的中介。沈致远认为，"信息并不等同于物质或能量，是一个独立概念，反映的是物质系统的某种可能状态。信息起了客观与主观、物质与精神之间的媒介作用。"③

---

①　刘长林：《论信息的哲学本性》，《中国社会科学》，1985 年第 2 期。

②　［德］贡泰尔：《机器的意识·控制论和形而上学》，上海人民出版社 1957 年版。

③　沈致远：《什么叫信息科学》，《人民教育》，1980 年第 11 期。

钟焕懈说，"信息是主观与客观的媒介"①。应该说，物质世界的唯一
特性是客观实在性，它存在于人们的意识之外，在自然界、生物界
（人类除外）或机器中所进行变换的信息、作为主体与客体媒介的信
息，虽然是一种系统相互联系的特殊形式，是一种相互联系的有目的
或无目的的反映现象，具有物质和意识相互渗透的"中介"特点，
但"中介"仅仅是信息所起的某种作用，并不是全部作用，也不
是对信息是什么的界定。信息到底是怎样的一种存在，它与物质和
精神之间的关系怎样？我们从上述学者的这些定义中并不能清晰地判
明。

9. 从信息与物质、能量的关系来定义信息

冈瑟认为信息既非主观的，也非客观的，而是"第三性"的。
郭金彬认为，"信息是关系，这是在哲学基本问题的范围内，对本来
意义的信息本质的确切理解"②。陈忠指出，"信息不是一切事物都具
有的普遍属性，信息只是一类特殊事物——信息系统的特殊运动和联
系方式，它只存在于信息系统之中，信息系统是由信源、信道和信宿
构成的，是否被称为信息系统关键在于信宿，信宿必须是具有目的和
'价值观念'（广义的）的生命体，自组织系统（自复制系统）
等"③。梁桂全认为，"信息是物质世界中物质之间相互联系、相互作
用中的内容，信息过程就是物质之间在相互联系、相互作用中进行的
内容交换（传递）过程"④。尹勇胜认为，"信息不是什么虚无缥缈
的东西，它是物质在其存在、相互联系、运动、变化、发展中所表现
出来的实在特性。信息是物质系统的普遍的存在方式；信息是物质系
统间相互联系的普遍形式；信息是物质系统自组织过程的模式；信息

---

① 钟焕懈：《信息与反映》，《哲学研究》，1980 年第 12 期。
② 郭金彬：《信息的本质是什么》，《福建论坛》，1982 年第 4 期。
③ 陈忠：《信息究竟是什么?》，《哲学研究》，1984 年第 11 期。
④ 梁桂全：《信息的哲学探讨》，《华南师范大学学报》（社会科学版），1984 年第 3
期。

是人类认识客观世界的中介"①。在这之后，刘尚军又写道，"客观性决定了信息存在的普遍性，信息作为物质的存在状态，只有通过物质间的相互作用改变物质的存在状态来传递"②。1994年，沈骊天发表了一篇很有影响力的文章《热寂与发展》。沈先生认为，"信息作为物质世界三要素物质、能量和信息之最活跃的一员，将以其不完全附属于物质、能量的特殊面目展现在人们面前。信息之所以能够使系统从无序变为有序，决定于信息的性质，以及信息、物质能量、有序性三者之间的关系"③。肖峰认为，"信息是思想对对象的建构，是人为的或为人的，是一种属人现象。信息不过是人与对象的一种信息关系，一种扩大了的反映和认识关系"④。这些学者把信息理解为"关系"的偏颇之处在于，"信息是关系"这一提法不能正确地反映信息的独立本质，这种关系是依赖于物质和意识的东西，它不是相对独立的世界存在。

10. 信息有待阐释，无法定义

中国社会科学院刘钢先生从2002年起先后在相关学术刊物和学术网站发表了若干篇译文和综述性文章，具体介绍了国外信息哲学研究的代表——英国牛津大学哲学家弗洛里迪（Luciano Floridi）先生在信息哲学方面所做的研究工作。从刘钢把弗洛里迪先生于2002年在西方哲学界权威性期刊《元哲学》（*Metaphilosophy*）上发表的论文《什么是信息哲学？》（*What is the philosophy of information*）译为中文，在中国刊物《世界哲学》2002年第4期上发表，以及2010年刘钢翻译弗洛里迪主编的《计算与信息哲学导论》中的内容来看，其实，弗洛里迪并未给出与他所倡导的"第一哲学"的地位相适应的关于

①　尹勇胜等：《辩证唯物主义信息观初探》，《新疆大学学报》（哲学社会科学版），1986年第1期。

②　刘尚军：《信息本质特征及其有关哲学问题》，《情报学刊》，1986年第1期。

③　沈骊天：《热寂与发展》，《自然辩证法研究》，1994年第11期。

④　肖峰：《重勘信息的哲学含义》，《中国社会科学》，2010年第4期。

信息本质的规定，并且，他甚至认为没有必要给出信息的哲学定义，因为他写道："信息哲学的任务不是要发展一种关于信息的统一理论，而是一个整合的理论体系"；"信息尚无一个达成一致的单一统一的定义。这并不值得惊诧。信息是一个具有极大影响力的概念，作为一个有待阐释的术语，它与数个解释相关联，这要看理论定向的需求和迫切程度。"① 然而，作为信息哲学的最基本范畴的"信息"仍然不能给出一种具有普遍性意义的存在论层面的本质规定，并且还能够容忍它的多意化倾向，这样的"信息"范畴又如何能够作为哲学的最基本范畴引入哲学？其实，弗洛里迪的研究纲领并不是一个严谨的研究纲领，很多内容不具有作为"元哲学"或"第一哲学"所应有的一般抽象性，有些内容则干脆是从某些一般信息理论或领域、门类信息学，甚至是分支信息学、工程技术信息学中直接平移过来的，其中大多内容并不具有哲学的性质。2008 年，弗洛里迪先生在西安交通大学讲学时，曾承认自己还没有建构出信息哲学。因此，国外至今仍没有一种具有超越与创新价值的"信息本体论"意义上的信息哲学理论学说。

综上所述，关于信息本质问题的哲学解释还只是停留在与已有的实用信息科学的解释或哲学的已有范畴间的简单比附上。截至目前，从 2010 年 8 月在北京召开的第四届国际信息科学基础大会的研究成果和有关信息哲学文献的检索来看，除了邬焜教授的信息哲学思想外，国内外学者对信息哲学的研究仍是零散的、不清晰的，没有形成任何理论体系。目前，世界上具有理论体系，可以称之为信息哲学的，只有邬焜教授所创立的信息哲学。

四　邬焜信息本体论学术思想的地位与作用

恩格斯说："每一时代的理论思维，从而我们时代的理论思维，

---

① ［英］Floridi, L. （ed.），*Blackwell Guide to the Philosophy of Computing and Information* （*Under*），Blackwell Publishing Ltd, 2004.

都是一种历史的产物，在不同的时代具有非常不同的形式，并因而具有非常不同的内容。"① 邬焜教授的信息本体论思想就是信息时代的理论思维，是信息时代历史的产物，具有极其深刻的内容，给哲学带来了新的时代精神的精华和广泛深刻的研究空间。邬焜教授的信息本体论思想揭示，信息在存在论意义上所具有的普遍而独特的品格，恰恰是信息哲学可以成为"元哲学"、"最高哲学"、"第一哲学"的依据。由于间接存在的信息世界与直接存在的物质世界截然不同，从而揭示了一个新的存在领域，使得哲学在本体论层面上发生了根本性的革命，几千年来传统哲学关于"存在与思维"或"物质与精神"关系的基本问题的内涵发生了改变，信息不仅是在个别特征、个别因素或某种描述方式上对哲学的改变，而是从根本上改变了人们对存在世界的看法，提出了全新的事物存在与演化的世界图景和思维方式。不仅具体呈现着哲学本体论和认识论的统一性关系，而且也具体揭示着在本体承诺的前提下，哲学中的所有问题、领域、观点和理论本应具有的统一性关系。邬焜教授进而认为，在对信息进行存在论意义的本质规定时，可能会出现实质性的分歧，由此又可能派生出十分不同的信息哲学流派。邬焜教授的信息哲学成为区别于传统哲学和现代哲学的一种全新的世界观、历史观、社会观、认识观、科技观和方法论，它在整体上对人类历史的所有形式的哲学都进行了批判，并使这些哲学在邬焜教授的信息哲学所突现的新的全球化信息时代精神面前黯然失色。

只有对本体论的创新，才会有哲学理论的创新。邬焜教授信息本体论建立在物质和信息双重存在的基础上，据此创立的信息哲学思想也具有革命性意义。邬焜教授在《哲学基本问题和哲学的根本转向》中写道："哲学理论的创新并不简单在于其关注的问题领域或其涉及的学科范围的转换，而更在于其固有的基本领域中的相关论域、观点、理论内容的推陈出新。在哲学研究中，本体论、认识论、方法

---

① 《马克思恩格斯选集》第5卷，人民出版社1972年版，第465页。

论、语言论、实践论、价值论、生产论应当是统一的。迄今为止的所有哲学理论、所有哲学派别所阐释的理论都是根植于其对一般存在领域范围的理解及其对人与对象关系的理解的基础之上的。这一理解方式主要是围绕物质和精神的关系、主体和客体的关系展开的。不同哲学理论、不同哲学派别的区别仅仅在于或将这两种关系中的某些方面予以拒斥或悬置，或更著强调这两种关系中的对立项的某一方面的更为重要的主导性地位，某些较为极端化的理论则是把精神或主体中的某些活动要素和活动方式推崇到了绝对至上性的地位，因而呈现出绝对化、片面化和简单性的特征。如，哲学的认识论转向的主要特征是将认识活动中的主体认识形式的参照维度予以了特殊张扬，实践哲学是将主体实践活动的维度予以特殊张扬，语言哲学是将思维活动的符号载体的形式和逻辑的地位予以特殊张扬，而现象学则是将主体意识中的意向性因素予以特殊张扬。如此看来，迄今为止人类哲学理论的发展虽然在某些研究领域中实现了研究重点和关注问题的转换，但是在其存在论和认识论的根基上却从未实现过任何根本性改变，这就是对物质和精神的二元对立关系、对主体和客体的二元对立关系的基本性承诺和具体化解读。依据这一分析，迄今为止，人类哲学的发展从未发生过真正意义上的根本性的理论转换。"① 邬焜教授认为，由于把信息概念作为哲学的最基本概念之一引入哲学，信息哲学阐明了一种全新的存在领域分割模式，从根本上改变了哲学基本问题的具体表述方式，所以，信息哲学实现了人类哲学的第一次根本转向，并因而导致了人类哲学的全方位的根本性变革，是人类历史上哲学形态的全新革命。

---

① 邬焜：《哲学基本问题与哲学的根本转向》，《河北学刊》，2011 年第 4 期。

第六章　邬焜的"信息与认识"
——信息认识论思想

人类生活的全部历史就是处理人与世界之间关系的历史。人们不仅通过认识活动观念地把握世界，而且还通过认识指导实践从而改造世界。认识就是在主体与客体间、人与世界之间发生的以信息为中介的信息活动。

马克思主义哲学认识论认为，认识的本质是主体与客体之间的相互作用，是主体对客体的能动反映。但是，正如列宁所说："仅仅'相互作用'＝空洞无物，需要有中介。"① 邬焜教授在总结和吸收人类哲学认识论成果的基础上，在"信息是间接存在、世界是物质（直接存在）和信息的双重存在"的信息本体论基础上，提出了哲学认识论的信息中介论，与信息本体论统一了起来，揭示了人的认识活动是以信息为中介的奥秘，对有关认识的一系列重大理论问题作出了科学的解决和正确的回答，创立了真正科学的信息认识论。

一　邬焜信息认识论思想的形成历程

邬焜教授信息认识论与其信息本体论思想是同步研究、同时创立、同时发展完成的。大体说来，邬焜教授信息认识论思想的形成经历了两个历史阶段。

---

① ［苏］列宁：《哲学笔记》，人民出版社1974年版，第172页。

1. 邬焜信息认识论思想的创立形成期(1980—1987 年)

这第一阶段的 8 年，主要探讨"认识发生的信息中介说"等理论问题，以《思维是物质信息活动的高级形式》《哲学认识论的信息中介论探讨》论文和《哲学信息论导论》著作为标志，表明邬焜教授信息认识论思想的创立形成。

1980 年 7 月，邬焜教授在其关于信息哲学的第一篇学术论文《思维是物质信息活动的高级形式》中，不仅给出了信息的哲学本体意义的规定，而且详细阐述了人的认识发生的神经系统基础，以及感知、记忆、思维过程的信息活动本质。邬焜教授说，"感知是人类将自在信息变为自为的被识辨的信息过程"；"记忆就是在感知、思维、情绪、动作等活动发生时，信息活动在神经组织的有关部位建立起来的联系，在大脑皮质神经细胞中所留下的一定的'痕迹'"；思维是"自为的自然信息向再生的概象信息"、"再生的概象信息向再生的符号信息及其逻辑推演过程的转化"，是"物质信息活动的高级形式"①。这篇论文不仅初步规定了人类认识不同形式的信息活动的意义和价值，而且还初步揭示了信息认识的神经生理过程和机制，具有开创性的意义。

1981 年春，邬焜教授在《信息在哲学中的地位和作用》中，首次明确提出了信息中介的思想。他说："在认识过程中，主客体之间是通过载有信息的粒子场发生有中介的间接联系的。要准确地描述认识过程，就必须重视反映这个中介联系的信息因素，不仅物到思维，而且精神反作用于物，也必须通过信息。如此，在传统认识论的两大范畴之间，就不能不又加进一个信息的范畴。"② 由此，我们可以清晰地看出，邬焜教授的以信息为中介的信息认识论思想萌芽产生了。

---

① 邬焜：《思维是物质信息活动的高级形式》，《兰州大学学生论文辑刊》，1981 年第 1 期。

② 邬焜：《信息在哲学中的地位和作用》，《潜科学杂志》，1981 年第 3 期。

1982 年 4 月，邬焜教授完成了《哲学信息论导论》一书的初稿，并以此书作为其大学本科毕业的学士学位论文。在该书中，专门写了"哲学认识论的信息中介论"一章。该章的全部内容在 1984 年以"哲学认识论的信息中介论探讨"为题用"方元"的笔名发表，比较完整地提出了信息中介论的思想。邬焜教授认为，"主体、信息、客体构成认识过程的基本要素或环节，信息场是主客体联系的中介环节，认识主体的产生必须以信息凝结为中介，个体认识结构的建构仍然必须以信息凝结为中介，认识是一个以信息为中介的信息活动过程"①，这些思想比较集中反映了邬焜教授信息认识论的信息中介理论的整体风貌。

1984 年，邬焜教授再次用"方元"的笔名发表了《分析综合——统一的认识过程、方法和逻辑》的理论文章。提出了"人类的认识活动是高级形态的信息活动过程，它以人的神经系统为基础，以对象信息为来源。既然认识的方法和逻辑只有在认识过程中才能显示其意义，那么它们便不能不具有统一的、不可分的时间和空间的规定。时间是指过程而言，空间是指客体信息源、客体信息和人体神经系统组成的系统的客观存在而言。认识的过程、方法和逻辑三者在时空规定中的不可分性，证明了三者的密切关系"②。在这里，邬焜教授把分析综合看作是信息认识的过程、方法和逻辑的统一，这是认识的方法论。

1985 年，邬焜教授发表了《论再生信息》，进一步阐明了思维过程是对自为信息的一种主观改造活动，思维的本质在于信息的主观创造。虽然邬焜教授没有明确指出再生信息是人的信息活动第四层次，但实际上，这已经初步揭开了信息的认识活动层次。他说："人有一种独特的能力——高超的能动性，对于自然的任务，不仅在于认识，

① 邬焜：《哲学认识论的信息中介论探讨》，《兰州学刊》，1984 年第 5 期。
② 邬焜：《分析综合——统一的认识过程、方法和逻辑》，《社会科学》，1984 年第 6 期。

而更重要的是改造。人的这种对自然的能动的改造作用，是人脑对感知记忆的信息，通过分析综合的加工改造，创造出的新信息，反作用自然的结果。"① 这也正应了马克思在《关于费尔巴哈的提纲》中那句著名的结尾："哲学家们只是用不同的方式解释世界，而问题在于改造世界"的思想，认识世界的目的全在于改造世界。

1986 年，邬焜教授相继发表了《论自为信息》《论自在信息》两篇文章，详细阐述了信息其他的两个形态及信息认识活动的两个层次。他说："必须指出的是，人类的精神活动也首先是一个信息同化和异化的过程。人们的感知、记忆和思维，说到底也只能是在对外界信息进行同化的过程中呈现出的现象，而人们说话、书写，人们对自然的改造，又都是信息异化的过程。没有信息的同化和异化，任何信息活动都将无从展开。"② 他又指出，"自在信息的被识辨和可回忆的储存是自为信息的两种形式，它是信息活动的第二层次的态"③。可见，人的认识离开了信息的中介，便将一事无成。

1987 年，邬焜教授发表了《论社会信息的三态统一性》，他说："再生信息的可感性外在储存集中表现着人对自然的改造能力，它将它所把握、改造了的自然进一步符号化、理论化，赋予了自然以普遍代示、人为中介的自然关系意义。"④ 在这里，他把信息的自在、自为、再生，完美地统一在一起，在社会信息上得到了最终的实现，从而改造世界。

1987 年 6 月，陕西人民出版社出版了邬焜、李琦的《哲学信息论导论》著作。此书从存在论的意义上，在学术界第一次全面系统地提出了信息的哲学本质、哲学分类、信息的三个不同性级的质等信息本体论的理论。同时，又集中论述了"哲学认识论的信息中介论"，社会的信息进化论等诸多方面的信息认识论问题。这些开创性

---

① 邬焜：《论再生信息》，《思维科学》，1985 年第 4 期。
② 邬焜：《论自在信息》，《学术月刊》，1986 年第 7 期。
③ 邬焜：《论自为信息》，《人文杂志》，1986 年第 6 期。
④ 邬焜：《论社会信息的三态统一性》，《社会科学》，1987 年第 6 期。

研究，正式宣告了邬焜教授信息认识论的创生。

列宁说，"一切都是经过中介，连成一体，通过转化而联系的"。而邬焜教授所提出的"认识发生的信息中介说"，以及"哲学认识论的信息中介论"，就是按照辩证哲学的过程论的理论来科学地建构哲学认识论的体系的。他吸取了黑格尔的"中介论"的思想，改变了简单、贫乏和空洞的"两极相互作用"模式，建立了科学的体系化的现代信息认识论。

从以上论述可知邬焜教授创立信息认识论思想的艰难历程。我们可以清晰地看出，信息在哲学认识论中具有怎样重要的地位和作用。认识主体怎样在漫长的自然进化过程中产生；主体怎样认识客体，客体怎样被主体改造；物怎样达到思维，思维又怎样反作用于物？在这其中起着微妙的、桥梁作用的东西，起着过渡的中介环节的东西就是处于不同层级，具有不同形态的信息。正是在这个客体⟷信息⟷主体三者的相互作用、相互转化的运动中，人类才完成了认识世界、改造世界的过程。

2. 邬焜信息认识论思想的成熟完善期(1988—2005年)

第二阶段的17年，主要探讨"人的信息活动的层次及相互作用"和"认识过程和机制的信息建构和虚拟说"。在这一阶段，邬焜教授对他已经创立的信息认识论思想又进行了反思、完善与发展。以《主体信息活动的层次和层次间的相互作用》《凭差异而识辨、依中介而建构、借建构而虚拟——信息认识的一般过程和机制》论文和《信息认识论》专著为标志，表明邬焜教授信息认识论思想的完善与成熟。

1989年，邬焜教授发表了《论人的认识方式》，探讨了人所面临的对象世界是怎样进入人的意识领域的？人是通过怎样的途径和方式完成客体认识的？明确指出，"认识是主客体相互作用的过程，并且是一个多级中介的过程"①。进一步阐述了人是以人自己的方式来认

---

① 邬焜：《论人的认识方式》，《求是学刊》，1989年第3期。

识世界的，人不仅是认识世界的客观条件，而且这个世界只有在人的主体结构的规范下才能被认识。人的认识方式充分显示着主体对客体认识的积极能动性。

1989 年，邬焜教授在《认识：在多级中介中相对运动着的信息建构活动》一文中，首次论述了在多级中介中的信息建构理论。他说："主客体的相互作用是被多级中介着的，而客体对象本身则无论如何也不可能进入对之进行认识的主体，那能够进入主体意识的仅仅是已在诸多中介中几经变换、选择、建构的关于客体对象的信息。"①这就是信息认识论的"凭差异而识辨、依中介而建构、借建构而虚拟"的理论核心思想或精髓。

1989 年，邬焜教授发表了《试论人的生理、心理、行为本质的全息统一》，探讨了人的本质问题。他不满意马克思所描述的"人的本质并不是单个人所固有的抽象物，在其现实性上，它是一切社会关系的总和"② 这样一种论述，他认为人的本质是复杂的，不能仅仅以自然的或社会的某一方面来界定人的本质，也不限于人的本质是自然和社会属性的统一。他说："人是其生理、心理、行为本质的全息统一。"③

1993 年，邬焜教授发表了一篇《主体信息活动的层次和层次间的相互作用》的重要文章，首次明确提出了信息活动的五个基本层次及其相互作用关系。他说："认识是一种高级信息反映的信息活动过程。信息的自在活动、信息直观识辨、信息记忆储存、信息主体创造、主体信息的社会实现，依次由低到高地构成了主体信息活动等级的五个基本层次。在主体信息活动的不同层次之间存在着复杂的相互作用。主体信息活动的层次递进建构关系、主体信息活动层次由上到

---

① 邬焜：《认识：在多级中介中相对运动着的信息建构活动》，《长沙水电师院学报》，1989 年第 3 期。

② 《马克思恩格斯全集》第 6 卷，人民出版社 1966 年版，第 5 页。

③ 邬焜：《试论人的生理、心理、行为本质的全息统一》，《青海社会科学》，1989 年第 5 期。

下的全息制控关系、主体信息活动的层次综合参与关系、主体信息活动层次的相互转化关系,是主体信息活动层次间发生着的统一的相互作用过程的四个侧面。"① 这样,邬焜教授的主体信息活动的层次及相互作用理论完全形成了。

2000 年,邬焜教授在《试论人的信息活动的生理基础》中,明确了人的信息活动的物质基础。他说:"从主体内容操作的过程来看,人的认识是以人体神经系统为中介的信息加工过程;从主体的社会实践过程来看,人的认识还要以参与实践过程中的种种客观工具(仪器、仪表、工具、机械、设施等)为中介。这样,人体神经系统和实践工具便构成了人的信息活动的物质基础。"② 从邬焜教授的论述来看,人体神经系统的物质形态结构是人的信息活动的最深层级的生理基础,人体神经系统的心理机制结构则是这个物质形态结构在其综合运用中所体现出来的某种功能性结构,构成了人的信息活动的浅层生理基础。

2002 年,邬焜教授发表了《信息认识论》专著,全面论述了信息的认识基础、信息层次、相互作用、信息中介、信息建构和人的本质等理论。教授把他创立的信息认识论称为"信息中介论",这一理论包括两个部分,一个是"认识发生的信息中介说";另一个是"认识过程的信息建构与虚拟说"③。这标志着邬焜教授提出的信息认识论的理论发展到了一个新阶段。

2004 年,邬焜教授在经过深入思考后,发表了《凭差异而识辨、依中介而建构、借建构而虚拟——信息认识的一般过程和机制》的重要理论文章,用"凭差异而识辨、依中介而建构、借建构而虚拟"三句话概括了人的信息认识的过程和机制。他说:"正是在信息显示的差异关系对应的意义上,认识是'凭差异而识辨'的;正是在多

---

① 邬焜:《主体信息活动的层次和层次间的相互作用》,《西北大学学报》,1993 年第3 期。

② 邬焜:《试论人的信息活动的生理基础》,《哈尔滨师专学报》,2000 年第 4 期。

③ 邬焜:《信息认识论》,中国社会科学出版社 2002 年版。

级中介的信息变换、选择与建构的过程的意义上，认识是'依中介而建构'的，而在中介建构的过程中所发生的认识形式或内容的变态、扭曲，思维加工中的主观设计与创新，以及虚拟现实对信息中介与感知体验的模拟等则又充分展示着人的认识活动'借建构而虚拟'的情景。"[①] 正是"凭差异而识辨"、"依中介而建构"、"借建构而虚拟"的相关活动构成了人的信息认识活动的一般过程和机制。

2005 年，邬焜教授综合其 25 年的研究成果，出版了 70 万字的《信息哲学——理论、体系、方法》专著。书中用 2 编 7 章的篇幅全面阐述了信息认识论思想，标志着邬焜教授信息认识论的哲学思想完全建立起来了，达到了完善与成熟。

综上，邬焜教授信息认识论以主客体关系为主线，运用信息的观点和方法对认识活动的本质、起源、过程和机制进行了全方位的研究，思想深邃。无论是"信息中介论"的思想，还是"凭差异而识辨"、"依中介而建构"、"借建构而虚拟"的"信息认识过程与机制"的理论；无论是"信息活动的五个层次及相互作用"理论，还是"人的本质"的新论述，都具有开创性、科学性、宏观性、抽象性和综合性的特点，值得人们深刻领会。

二　邬焜信息认识论思想的丰富内涵

邬焜信息哲学建立了一种哲学认识论的信息中介论，并在多维中介建构和虚拟的意义上对认识发生的过程和机制进行了全新阐释。邬焜信息认识论学说认为，人的认识的发生是一个在多维信息中介的综合中产生出来的复杂涌现现象，参与这一综合的信息中介的维度最起码应当包括五个方面：客体对象通过信息场与主体相互作用的维度、主体生理结构的维度、主体认识结构的维度、社会实践物化工具的维

---

① 邬焜：《凭差异而识辨、依中介而建构、借建构而虚拟——信息认识的一般过程和机制》，《科学·认知·意识》，江西人民出版社 2004 年版，第 349—369 页。

度、历史发生学的维度。在这一多重维度的现实活动中，深刻蕴涵着多重信息中介的选择、识辨、储存、阐释、监控、匹配、重构、建构与虚拟的复杂性活动。哲学认识论的信息中介论能够有效批判和揭示当代西方意识哲学的简单性、单极化、绝对化的偏颇与失当之处。

邬焜教授信息认识论是把人的认识当作一种高级的信息活动过程来进行研究的哲学理论。认识的本质、认识的起源、认识活动的层次、认识活动的过程、认识活动的具体逻辑、认识活动的模式、机制和规律等，都是邬焜信息认识论的丰富内容。

1. 关于信息认识活动的层次

邬焜教授认为，人的认识是信息的自为、再生的形态，是一种高级的信息活动过程。这种高级信息的形态是从自然界普遍存在的自在信息自身运动、进化的过程中产生和发展起来的。既然，高级信息活动是在低级信息活动的基础上产生的，并且，又是以低级信息活动为其展开之基础的，那么，人们的认识的发生和展开就必然是一个高度综合的、复杂的信息活动过程。认识活动的这种高度综合的复杂性，同时就使人自身的信息活动具有了多层级的高度复杂综合性的特征。

邬焜教授指出：人可以在不同的水平和层次上与环境打交道。通常，人是以三重身份与环境进行相互作用的。首先，人以一般物的存在性在自在的水平上与外界不断地交换着信息；其次，人又以认识主体的身份在自为、再生的水平上把握和加工处理着环境的和体外的信息；最后，人还通过自身的社会实践改造环境，并在这一改造过程中实现着自己的目的性信息。在这三重身份的意义上，人的信息活动的多层级的高度复杂综合性的特征同样会得到充分地显示。具体考察人的信息活动的这种多层级的复杂结构不能不是信息认识论的体系赖以建构的最基础性的重大课题。

在对人的信息活动的层次结构进行具体考察时，有一条线索应当引起我们的重视，这就是生命的信息活动的种系起源和进化。人的信息活动的层次、人的信息加工的能力，都是在生物种系进化的过程中不断、次第建构和发展起来的。人作为信息活动的最高级形态的体现者，在其自身的活动中无疑便会以某种全息综合的方式将所有层级的信息形态具体地映射、包容、统一起来。对人的信息活动的层次结构的考察，就是要具体地揭示人的信息活动的这种全息综合，将所有层级的信息形态具体映射、包容、统一起来的性质。

据此，邬焜教授将人的信息活动分为五个基本的层次：

第一层次是信息的自在活动。信息的自在同化和异化是信息活动的最基本、最普遍的形式。任何一种自为信息的感知识辨的活动，都首先必须以相应的一个较低层次的自在信息的活动为其活动的现实背景。

第二层次是信息直观识辨。人体神经系统、人脑在同化外界信息的过程中，能够将所同化信息的一部分转化为"内部主观呈现"的主体识辨的形式，这就是通常所说的感知现象（包括感觉和知觉两种形式）。

第三层次是信息记忆储存。这是个体对其经验的信息的识记、保持和通过再现而形成表象的记忆活动，正是因为发展起了高超的记忆能力，更为高级的信息活动过程才有可能发生。

第四层次是信息主体创造。这就是创造和运演再生信息的活动，其过程便是通常所说的人之思维过程，作为主体创造的再生信息已经超越了与具体对象的直接的直观对应性。

第五层次是主体信息的社会实现。实践的真正内涵是主体信息在客体中实现的过程，即主体创造的目的性信息通过主体创造的计划性信息实施的中介潜入客体，化为客体的特定结构和状态被生产出来了。人们通过社会实践的过程所实现的正是主体创造的再生信息（目的性信息）向直接存在的形态（客体的特定结构和状态）的转化。正是在这种转化的意义上，我们说实践是主体创造的再生信息的社会实现，或简称为主体信息的社会实现。主体创造的再生信息的社会实现还在另一种意义上构成，那就是个体创造的再生信息进入了社会化的人际之间的交流。如，某些文字、概念、符号、艺术作品、神话故事、科学幻想、假说、理论往往都是首先产生于某些个别的个体的信息创造，这些信息又会通过某种方式得以表达、叙述，从而转化为社会中人共享的信息。

2. 关于信息认识活动层次间的相互作用

邬焜教授认为，人的信息活动的不同层次之间（包括各子层次之间）存在着复杂的相互作用，通过复杂的相互作用，不同层次的信息相互过渡、转化、规定和控制。在总的意义上，邬焜教授把人的信息活动的层次间的复杂相互作用分为四种相互关联的关系：

一是由低到高的层次递进建构关系。从信息自在活动的层次向信息直观识辨的层次的递进，再向信息记忆储存的层次的递进，进而向信息主体创造的层次的递进，最终向主体信息的社会实现的层次的递进，都是以不同的信息加工操作步骤为中介的人的信息活动。

二是由上到下的全息"制控"关系。这种全息"制控"关系表现在"导向"和"抑制"两个相反相成的方面。任何一种"导向"作用都必须以相应的"抑制"作用为保证条件，而任何一种"抑制"作用都必然会带来一定程度的"导向"效应。通过"导向"和"抑制"的双重作用，高层信息活动对低层信息活动实施着某种全息意义上的"制控"。因为有了这种来自高层的"制控"关系，人的低层信息活动得到了某种全息意义上的改造。在人这里，低层信息活动已经在其生物进化的原始发端水平上实现了某种超越和升华。

三是信息认识活动的层次综合参与关系。这一关系具体体现在两个方面：一是人的所有层次的信息活动都为任一层次的信息活动提供活动的参照背景；二是人的所有层次的信息活动都直接或间接地普遍渗透或交织到任一层次的信息活动之中。由于人的信息活动的不同层次之间是普遍相互联系、内在统一着的，所以，当主体信息认识结构发挥其背景参照作用时，它总是在不同层次的综合的水平上，以某种整体相关的方式来起作用的。这种综合的、整体相关的作用方式所导致的便是人的所有层次的信息活动都为任一层次的信息活动提供活动的参照背景；同时，这种综合的、整体相关的参照背景作用又是通过不同层次的信息活动普遍渗透或交织到某一层次的信息活动之中来实现的。在实践活动中，处于不同层级的自在、自为、再生信息达到了某种有机的、全息性的统一，这种统一集中体现着人的信息活动的综合性、整体性、全息性的特点。

四是信息认识活动的层次相互转化关系。人的信息活动层次的相互转化指的是某一特定层次上的信息活动在与其他层次上的信息活动的复杂的相互作用中引起的自身活动内容和方式上的变化。其中既有低层信息活动方式的高层化，又有高层信息活动成果的低层化。所谓低层信息活动方式的高层化，指的是低层信息的活动总是通过某些高层信息的活动来完成；所谓高层信息活动成果的低层化，指的是某些高层信息活动的结果直接转化成了低层信息活动的内容。

邬焜教授强调指出：人的信息活动层次间的四种相互作用关系是人的信息活动层次间发生着的统一的相互作用过程的四个侧面。在具体的过程中，这四个侧面是不能割裂的，它们总是在统一的、综合的水平和层次上发挥作用的。

3. 关于认识发生的信息中介说

邬焜教授认为，认识的起源和认识的本质是以信息为中介的信息活动过程。一切经过中介，没有信息的中介，认识便无从谈起。

第一，构成认识过程的基本要素是主体、信息、客体。人的实践活动中的目的、计划都是主体思维创造的再生信息，并不仅仅是现实的物质活动；认识的客体、实践活动并不直接"积淀"到人的心理结构之中，而是通过信息同化的过程，"积淀"到人的心理信息结构之中的，在这里，"积淀"的是信息，而不是客体物或实践活动的物的承担者。真正使认识能够得以发生，真正把认识构成一个现实的过程的主客体之间的"中介"是信息。这样，我们便得到了一个被信息所中介着的主客体相互作用的崭新模式：客体←→信息←→主体。

第二，信息场是主客体联系的中介环节。主客体的相互作用首先被各种不同的信息场所中介着。在主客体相互作用的中介面（场）上，同时存在着互逆的两种信息流的运动。一种是主体信息向客体方向的运动，一种是客体信息向主体方向的运动。这互逆的两种信息流的运动使客体和主体都会发生某种相应的变化。主体正是在客体信息作用引起的自身变化（生理结构、认识结构的变化）中完成对客体把握的认识过程的。在认识过程中，主客体之间没有直接的接触，而信息场构成了主客体联系的中介环节。

第三，认识主体的产生必须以信息凝结为中介。邬焜教授认为，任何物体的结构和它所凝结的信息都是相互统一和规定着的。任何物的结构和状态都映射和规定着关于自身的历史、现状、未来的信息，任何物的直接存在的结构和状态都是由它所凝结的间接存在（信息）所规定的。这就意味着，结构决定性质和功能，信息又决定结构，所以，物所凝结的信息便最终决定着物的性质和功能。人类的产生归根到底是一个以信息凝结为中介的种系进化过程。从信息活动的角度来考察，人体完全可以看成是自然信息活动的产物，它是适宜信息不断同化和异化、不断凝结积累、不断选择自构，不适宜信息不断淘汰、不断耗散而引出的一个必然结果。正是人体中同化凝结着的这些特定的质和量的信息，规定了人体的认识主体的特性。人体是一个最高级的、特殊的自然信息控制系统。它一经在信息活动中产生，就以新的、更高层级的姿态出现，甚至凌驾于自然信息之上来识辨、把握、加工、改造、创造信息，从信息的产物变为信息的主人，从一般的自在之物变为对自在之物进行认识的认识主体。

第四，个体认识结构的建构必须以信息凝结为中介。人的个体认识结构建构的"先天中介"（遗传信息）和"后天中介"（适宜环境信息）是互为中介的，特定遗传信息程序的表达需要以相应适宜的环境信息为中介，个体对适宜的环境信息的同化则须以遗传信息所编码的可能性程序为中介。人的个体认识结构的建构必须以"受之父母"的人类遗传信息和"发之天地"的适宜环境信息为中介。邬焜认为，在人的遗传基因结构中编码着两种截然不同性质的个体发育信息的程序：一种是决定论式的，它保证个体最一般的基础性生理、心理和行为活动方式和模式的形成；另一种是非决定论式的，它只规定了某些可能的生理、心理和行为活动方式和模式的建构方向，而某一建构方向的实现则依赖于个体后天所处的环境条件。遗传基因中编码的个体发育的决定论式的程序是个体初级生成的最基础性的第一维的结构，而遗传基因中编码的个体发育的非决定论式的程序则是在第一维的结构之上特化建构的第二维的结构。第二维的结构虽然必须根植于第一维的结构之上，并且是第一维结构中所编码的信息按照特定程序的展开，但是，在第一维的结构之上可能形成的第二维结构的模式却不是唯一的，亦即不是单一决定论的。在这里，第二维结构的建构遵循着分叉演化的规律，而分叉演化方向的选择则依赖于个体所处的具体环境。人与兽的区别主要并不表现在按照决定论方式所建构的人的个体的第一维的结构之中，而是主要表现在按照非决定论方式，在第一维的结构之上建构出来的第二维的结构之中。在这里，建构成人还是建构成兽的遗传信息的表达是以环境信息为中介的。在人的遗传基因中编码的个体发育的信息结构中，还可以区分出三个不同的结构层面，这就是生理结构的层面，心理结构的层面和行为结构的层面。在这三个不同的结构层面上都分别具有各自的第一维结构和第二维结构。事实上自然只是使人走完了一半，另一半尚待人自身去塑造、去建构。人与兽的区别既是本体论性质的（就其遗传基因结构的深层可能性基础而言），又是超本体论性质的（就其必须以后天的社会文化环境为中介的性质而言）。人的多维存在性表明，人的本质既是决定论的又是非决定论的，同时又是开放的。人只能是一种在多维的综合中生成、建构和创造着自身本质的存在。

第五，认识的本质是一个以信息为中介的信息活动过程。人的认识是一个以自在信息、主客体信息的相互作用、主体认识结构中凝结着的信息为中介的对信息识辨、储存、加工改造、再生性创造的信息活动过程。从感知到思维的信息传递过程是一个物质化过程（神经细胞膜内的电传导和神经细胞突触间的化学传导）。但是，这一物质化过程仅仅是作为信息的载体形式存在着。在感知思维活动对外界客体信息和主体认识结构中凝结着的信息进行识辨、加工、改造的时候，神经系统内部的载体的物质性活动并不在感知、思维中被明确地意识到。人们要认识这些载体的物质性活动，不得不通过另外的途径，把载体的运动作为客体，通过捕捉载体运动所生发出来的信息，才能认识载体运动本身。所以，要揭示认识的本质特征，便只能用信息活动的过程，而不能用物质活动的过程来规定人的认识。

第六，实践活动是一个主体信息向客体运动的过程，同时也是客体信息向主体运动的过程；是主体信息在客体中实现的过程，也是客体信息在主体中实现的过程。在这一过程中起中介作用的是主体为完成这一过程而设计的计划信息的实施，以及客体在此过程中生发出来的信息对主体的反馈。邬焜强调说，人的行为"活动"、"实践"不仅是一个物质性运动的过程，而且也同时就是一个信息运动的过程。对于主体认识结构的建构、认识产生的过程、认识"格局"的变化等方面来说，"活动"、"实践"的信息运动的意义是更为重要的。实践虽然在信息活动的意义上成了认识产生的中介，但是这个中介对于认识的产生来说却不是唯一的，因为还有实践活动所不能包括的使认识产生的信息活动方面。那种仅仅把实践看成是能动的物质性活动的观点，是远远不能把握实践的深刻本质的。

4. 关于认识过程和机制的信息建构或虚拟说

邬焜教授用"凭差异而识辨、依中介而建构、借建构而虚拟"三句话概括了人的信息认识的过程和机制。

事物总是处在复杂的相互关系和相互作用之中，从而构成了显现着这些事物的信息的普遍差异性和普遍关系性。正是事物和信息的这种普遍差异关系，构成了人对信息把握的一般性机制，这就是信息只有在特定差异关系中才能被人们所识辨、所认识。对于宏观以外的世界客体信息还必须通过工具中介的选择、变换、改造和重新建构才能到达人之感官，才能被人们所认识。而认识正是一个在多级中介中相对运动着的信息建构或虚拟的活动。因此，认识主体既有能动性和创造性，又有认识发生的客观性的一面。

邬焜教授关于人的认识过程和机制的论述有几个核心的观点：

第一，信息在差异关系中被识辨。由于事物普遍差异性的存在，也就构成了事物的普遍关系性，从而构成了显现着这些事物的信息的普遍差异性和普遍关系性。正是事物和信息的这种普遍差异关系，构成了人对信息把握的一般性机制，这就是信息只有在特定差异关系中才能被我们所识辨、所认识。规定性只有在差异关系中才能获得，这就是没有差异就没有信息，没有信息之间的差异就没有对信息进行识辨性认识的信息显示、信息把握的相对性命题。信息只有在差异关系中才能被识辨、被认识的一般性原则，充分昭示着所认识对象的环境信息，以及认识主体的神经生理和认知心理的结构对认识产生所具有的关键性作用。

第二，主客体间没有直接的接触。在我们感知的过程中，认识对象本身并不曾进入我们的感知系统，我们的感官也并不与认识对象直接接触；在感知过程中，直接刺激我们感官的并不是客体本身，而是客体反射或辐射出来的信息场，这就是说，主客体的相互作用首先被各种不同的信息场所中介；主客体之间没有直接的接触，而那些直接接触的刺激物并不能成为这一过程中的客体，它只能扮演向主体传递另一物的信息的载体角色，换句话说，我们永远只能借助于第三者来把握我们的对象。

第三，被多级中介的认识。主客体的相互作用是一个复杂的多级中介的过程。客体信息场乃是主体认识客体的第一个中介环节。主体认识客体的第二个中介环节是主体自身的神经系统的生理结构。我们的神经系统是在生理上高度特异化了的。一般而论，神经生理结构的差异是造成一般精神活动上的差异的最为本质的基础。我们每个人的神经系统，从感受器、神经通路，直到脑皮质，都与所有其他人的神经系统在生理结构上具有某种具体的差异。由于存在着这种具体的差异，所以，我们每个人在对同一对象的同一方面的信息进行感知和处理时的具体感受在实际上是并不完全相同的。主体认识客体的第三个中介环节是主体先已建构起来的认识结构。这个认识结构既包括经验的认知图式、框架，也包括理论的思维模式、方法等，还渗透着情感、意志、价值、审美等因素，显然，无论是潜意识的活动结构，还是意识的活动结构都已融会在这个认识结构之中了。主体认识客体的第四个中介环节是主体认识的物化手段（工具、仪器、设施等）。要认识特定的事物，要认识特定事物的特定层次、特定方面的特性，就必须运用与之相适应的认识工具、方法和途径。在人的成熟的、完整的、从感性到理性的认识活动中，它实质上是以客体信息、主体神经系统的生理结构、主体内在凝结的信息认识结构、主体认识的物化手段为此认识过程产生和展开的中介环节的。认识过程的这种被多级中介的性质充分显示了主客体相互作用的间接性，以及认识过程产生的复杂性。主体认识客体的诸多中介环节，不是一成不变的。事实上，随着客体本身的运动变化，随着个体生理结构的发育，随着个体认识结构模式的转换，随着主体认识的物化手段的不断进化，主体认识客体的诸多中间环节本身也在不断变化、进化。

第四，在中介中建构的认识。既然主客体的相互作用是被多级中介的，既然这诸多中介环节本身的变化和发展乃是认识本身变化和发展的原因，那么，主体对客体认识的规模、程度和样态就不能不依赖于这诸多中介环节本身。在人的所有水平的认识过程中都存在着某种复杂交织的不可控制的相互作用过程，意味着人们无法超越认识的诸多中介环节去直接认识客体，这诸多中介环节在实质上构成了认识产生的参照系背景。客体信息在这个参照系背景中被选择、变换、改造和建构。这样，人们通常所把握了的客体信息都总是不可避免地、在不同程度上受到了某些扭曲、变态，这其中必然渗透着来自这些中介环节本身的某些规定性。就这一意义上，我们宁可说认识是一个不断地在中介中建构自身的过程，亦即是说，我们所认识的信息虽然与客体本身存在着某种对象性关系，但是，到达于我们主体的，被我们的认识把握着的客体信息本身则只能是通过多级中介的多级建构而产生出来的。

第五，在建构中虚拟的认识。考虑到主客体相互作用中多级中介的情况，我们可以说，认识的产生是在一系列相互作用的中介环节中完成的。我们必须明确，这些中介环节本身并不是这一认识过程中要把握的对象，它们的存在是要对就要产生出来的认识的建构作出自己的贡献。中介环节似乎是一个信息的转运和加工站，它们对客体生发出来的信息进行了某种适应自身特性的选择、变换和建构，然后又逐级传递到后续的中介环节，由此构成了一个逐级信息变换、选择和建构的链条。在这一链条的每一环节上，客体信息都将是一种相对重建后的再现。每一中介环节中的信息选择、变换与建构都是一种信息匹配、重组与综合意义上的再造，其中必然会发生种种不可遏制的信息扭曲、变态、畸变、失真、丢失或彰显，在这里，建构也就是改变或重塑、生成或创新。认识是一个在多级中介中相对运动着的信息建构或虚拟的活动。在中介中建构的认识乃是依中介之性质被中介所虚拟的认识。颜色、声音、触感、气味等，都是以物之信息场，人之感官、神经、大脑为中介，并依这些中介的性质所虚拟出的与对象之差异关系相对应的主体认识的形式或方式。如果说，在人直接凭借其感官对宏观对象的感知活动中虚拟的还仅仅是认识的形式和方式的话，那么，在人通过复杂工具对宏观或微观对象进行感知的活动中，以及通过思维的信息加工创造再生信息的活动的过程中所虚拟的则不仅是认识的形式和方式，而且还将涉及认识的内容本身，当然，此类关于认识内容的虚拟仍然是基于信息差异关系之对应显示或感知经验信息所提供的相关信息材料之上的。主体神经生理结构、主体认识结构，以及主体认识的物化手段对认识产生的中介建构或虚拟作用，充分显示着认识发生的主体能动性和创造性，而客体信息场的中介建构或虚拟作用，以及认识与客体特性的某种对应性，则又显示着认识发生的客观性的一面。

第六，虚拟现实对认识的虚拟。邬焜说，虚拟现实的实质是通过直接模拟信息环境、感受体验，直接操纵感受体验的转换，进而实现对人的认识的虚拟。可以预见的是，虚拟现实不仅为人的认识的可能方式开辟了极为广阔的前景，而且还有助于从根本上阐明作为信息活动的人的认识活动的一般过程和机制。而信息认识论的创立则可以为虚拟现实奠定哲学认识论的基础。

三 邬焜信息认识论思想与马克思主义认识论的比较

1. 关于哲学本体论基础上的认识论的比较

邬焜教授信息认识论与马克思主义认识论都是辩证唯物主义的认识论，二者的认识论与本体论是统一的。但由于二者的哲学本体论基础是不同的，对存在的理解是不同的，所以认识论的理论内容也是有所区别的。

马克思主义认识论是辩证唯物主义认识论的第一个历史形态，是建立在世界是物质的基础上，其认识的来源、动力、本质等，都离不开客观物质性活动，是在实践基础上的能动的反映。而邬焜教授信息认识论是辩证唯物主义认识论的第二个历史形态，其信息认识论的信息中介论理论则是建立在物质和信息双重存在的世界基础上，其认识的来源、动力、本质等，既有客观物质性活动，同时也有以信息为中介的活动。因此，更具有复杂性意味，是一个具有综合性和复杂性的学说。它涉及人的认识活动的多个层级及其相互作用、认识过程的多条路径及其交织与互动，它对人的无意识的和有意识的信息活动，对人的非实践性认知和实践性认知现象，对人通过实践对对象进行改造的信息活动的机制，都能包容、解释和说明，具有极其广泛、深刻、强大的理论说服力、解释力。

2. 关于认识的来源的比较

马克思主义认识论认为，实践是认识的唯一来源，实践出真知。无论是物质生产的本质和规律，还是物质的结构和性质，要认识这些事物对象的本质和规律，就只有亲身参加变革这一对象的实践，除此之外，别无他途。而邬焜教授的信息认识论认为，认识的来源既有实践，也有信息活动，而实践本身又具有物质活动和信息活动的双重属性。因为，从认识发生的角度来讲，无论是认识主体的产生，还是个体认识结构的建构，抑或是主客体之间的相互作用，都必须以信息为中介才能进行，离开了信息，认识便无从谈起。而实践活动本身也可以从主体信息的客体化实现和客体信息对主体作用的双向信息活动的尺度上加以规定。

3. 关于认识的动力的比较

马克思主义认识论认为，实践是认识的动力。人们要改造世界就必须认识世界，认识是适应实践的需要而产生的。世界上的事物多种多样，并不是所有的事物都进入了人的认识领域，只有人们关注和认识的对象才成为认识的客体，而这也是由实践活动的需要所决定的。而邬焜教授信息认识论认为，实践固然是人类认识发生的最重要的动力，但同时，信息也是认识发生的动力，并且，认识的信息动力又具有实践性和非实践性两种形式。其一，人的所有的实践活动都具有信息活动的意义和价值，因为，人的实践活动必须从主观设计的目的性和计划性信息开始、并由主体行为启动的指令信息引导、组织、调动和调控，还必须以主客体间的信息反馈和调节为保障，而实践的结果本身又只能由主体的目的性信息的客体结构化来承载。这就是邬焜教授所说的实践活动乃是主体的目的性信息转化为客体的结构性信息的过程的真实意蕴。其二，人的所有的实践活动都必须由相应的非实践性信息活动为其条件性基础。因为，人们首先必须存在于世界的自在信息之海中才能展开其认识和改造世界的活动，其间必然有大量的认识活动是在自在信息的偶然性刺激下随机发生的，这便是非实践性的认知活动，而只有那些具有明确意识选择和导引的活动才属于实践性认识活动的范围。其三，从人的个体认识发生的过程来说，其最初认识能力的发生和发展更多具有非实践性活动的性质，因为，那时他还并不具有实践活动的能力。

4. 关于认识的本质的比较

马克思主义认识论认为，认识的本质是在实践基础上的能动的反映。这种主体对客体的能动的反映，具有摹写性与创造性两个基本特点。反映是摹写与创造的统一，它既具有客观性又具有主体性。而邬焜教授信息认识论认为，人的认识活动就其本质而言，是一个以信息为中介的信息活动的过程，亦就是一个以自在信息、主客体信息的相互作用、主体认识结构中凝结着的以信息为中介的对信息识辨、储存、加工改造、再生性创造的信息活动过程。当然，实践活动也在其中，只不过这里的实践活动也应该有一个信息活动维度的阐释。这样，邬焜教授关于认识本质的信息活动的规定便不仅能够很好地包容马克思主义认识论关于实践基础上的能动反映论的学说，而且还更能科学地阐明人的认识的创造性的一般过程和具体机制。肖前主编的《马克思主义哲学原理》中说："实践是人与世界之间实际的相互作用过程，而认识作为实践基础上的能动反映，则是人与世界之间的信息变换过程。"① 这实际上就是信息中介的思想。

5. 关于认识的辩证过程的比较

马克思主义认识论认为，认识的辩证过程就是在实践基础上由感性认识到理性认识、又由理性认识到实践的能动飞跃。也就是毛泽东所说的实践、认识、再实践、再认识，循环往复以至无穷的运动过程。通过这一辩证运动过程，人的认识不仅反映世界，而且创造世界。而邬焜教授信息认识论认为，认识的过程和机制是"凭差异而识辨、依中介而建构、借建构而虚拟"。正是这样一种信息活动过程，人的认识才得以产生、对客体才得以识辨和把握，进而才能对客体信息进行某种意义上的变换、选择、建构和虚拟，甚至进行加工改

---

① 肖前：《马克思主义哲学原理》，中国人民大学出版社 1994 年版，第 501 页。

造、再生性创造，从而实现改变世界的目的。邬焜教授认为，人所创造的目的性信息并非都是可以客观实现的，只有那些符合事物之本性，并且具有了实现的现实条件的目的性信息才可能通过人类实践的过程在客体中实现。由此看来，邬焜教授所阐释的认识过程和机制的原则以及其关于实践活动的信息考察维度，比较起相关的传统哲学理论更具有微观描述的科学性韵味，且能更好地包容传统哲学的相关理论。

6. 关于检验认识真理性标准的比较

马克思主义认识论认为，实践是检验认识真理性的唯一标准。这里首先要清楚马克思的实践观点是什么？他说，"所谓实践，就是人类有目的地进行的能动地改造和探索现实世界的一切社会性的客观物质活动"①。因此，一种认识是否正确，是否具有真理性，只有人们以关于客观事物的认识为指导去进行变革实践，其结果如何才能作出回答。列宁说："实践高于认识，因为它不仅具有普遍性的品格，而且还具有直接现实性的品格。"② 可见，实践兼具主观性和客观性，又兼具直接现实性和普遍性的双重品格、双重优越性，它才能理所应当地成为检验认识是否具有真理性的唯一标准。邬焜教授信息认识论并没有否认实践的检验标准，只是对实践的解释不同于经典马克思主义的理论。邬焜教授认为，"实践活动是一个主体信息向客体运动的过程，同时也是客体信息向主体运动的过程；是主体信息在客体中实现的过程，也是客体信息在主体中实现的过程"③。在这一过程中起中介作用的是主体为完成这一过程而设计的计划信息的实施，以及客体在此过程中生发出来的信息对主体的反馈。如果没有这几方面信息的活动，实践就不能产生、展开、完成，主体有目的改造世界的深刻

---

① 《马克思恩格斯全集》第 7 卷，人民出版社 1966 年版，第 55 页。
② ［苏］列宁：《列宁全集》第 55 卷，人民出版社 1965 年版，第 183 页。
③ 邬焜：《信息哲学——理论、体系、方法》，商务印书馆 2005 年版，第 165—166 页。

本质也不可能揭示出来。因此，邬焜教授说，实践不仅是一个物质性运动过程，而且也同时是一个信息运动的过程。那种仅仅把实践看成是能动的物质性活动的观点，是远远不能把握实践的深刻本质的。

在邬焜教授看来，由于人的实践活动具有多级信息中介活动的性质，所以，人对真理的实践活动的检验便具有了依中介的性质和活动方式而变化的相对性。这种相对性便规定了人只能以自己的现实认识方式来认识世界，而这种现实的认识方式乃是一个不断发展变化着的人的认识赖以展开的复杂的参照总系。这一参照总系包括诸多方面的相互作用的因素：认识主体自身的生理的和认识结构的状态；人类的历史的、社会的认识水平和认识程度；所利用的物化认识工具的水平和程度；用以引导和解释实践过程、方式和结果的科学理论发展的水平和程度，等等。由于这一参照总系是历史的、变化着的，所以，由这一参照总系所决定的人对真理进行检验的实践活动的检验结果也便具有了相对性的特征。但是，无论如何，在邬焜教授看来，虽然，任何一种实践检验的结果都具有相对性，但是，我们所面对的这个世界仍然是可知的，当人们通过自己实践活动的方式实现了自己的目的、再现了某种客观现实的时候我们便达到了相应的真理性认识，同时我们又必须承认，这种认识仍然是以人的当下现实的认识和实践活动方式所实现的，它仍然具有某种相对性的限度。也许，随着人的现实认识方式的改变，在以往的现实认识方式的参照下获得的真理性认识也可能会有所变化，甚至被否定。

四 邬焜信息认识论思想与西方主要哲学认识论的比较

西方哲学从本体论到认识论的转向，主要发生在近代，在这之前主要是本体论中的唯物与唯心之争。近当代西方哲学中代表性的认识论有经验论、唯理论、先验论、语言学、现象学。这些或者没有哲学本体论的支持，成为半截子哲学；或者有本体论的支持，但对认识无法正确阐释；或者陷入唯心主义的泥潭，而不能自拔。

近代西方哲学经验论的主要代表人物有英国的弗兰西斯·培根（Francis Bacon，1561—1626）、霍布斯（Thomas Hobbes，1588—1679）、洛克（John Locke，1632—1704）等。经验论者坚持唯物论立场，承认物质世界不依赖于人的思想而存在的独立性，把感觉经验看作是认识的来源，对人们的认识的起源、性质和机制进行探讨，反对唯理论的"天赋观念"论。

近代西方哲学唯理论的主要代表人物有法国的笛卡儿（Rene Descartes，1596—1650）、荷兰的斯宾诺莎［Baruch（后改名为 Benedictus）Spinoza，1632—1677］、德国的莱布尼兹（Gottfried Wilhelm Leibniz，1646—1716）等。唯理论沿袭古希腊学者柏拉图的不死灵魂的回忆学说，以及西方中世纪宗教神学中的神启和信仰学说的传统，提出和论证了人的认识发生的"天赋观念"理论。尤其是被看作西方"近代哲学之父"的笛卡儿，提出了"我思想，所以我存在（我思故我在）"[①] 的命题，认为天赋观念是上帝赋予我们的，"已经在我心中"的东西，它具有完满性、明白清楚性，人们关于外物的感觉印象只有和相应的天赋观念相符合时才是可靠的。

近代西方哲学先验论的主要代表人物康德（Immanuel Kant，1724—1804）是德国古典唯心主义哲学的创始人，试图超越传统唯理论与经验论，提出了先验论。康德认为，决定我们对世界的认识的是人的认识形式，而不是外部对象，在人们未经验之前，相应的认识形式便已在认识主体内部先行（先天）存在了。康德说："有一种关于对象的先天知识，在对象向我们呈现之前，就确立了某种关于对象的东西。""经验本身就是一种需要理智的知识，而理智的规则我是必须假定为在对象向我呈现以前就先天地在我心中的，它先天地表现在概念里，所以经验的一切对象都必然是依照概念的，必定与概念符合

---

① 北京大学哲学系外国哲学史教研室编译：《西方哲学原著选读》（上卷），商务印书馆1981年版，第369页。

一致。"康德的先验哲学改变了传统哲学的认识论路线，他把从客观对象到主观精神的认识路线倒过来转变为从主观精神的认识形式到客观的认识对象。

当代西方哲学语言学的主要代表人物有哥特洛布·弗雷格（Gottlob Frege，1848—1925）、乔治·穆尔（George Edward Moore，1873—1958）、贝特兰·罗素（Bertrand Russell，1872—1970）、路德维希·维特根斯坦（Ludwig Wittgenstein，1889—1951）。被西方学者称为"分析哲学之父"的弗雷格认为人的主观精神或意识的具体发生，依赖于逻辑形式及其规律，而逻辑形式及其规律"是不依赖于人类和人的思维的客观存在"[①]。维特根斯坦作为语言哲学的最重要的标志性人物，早期提出了语言表征世界的"图式论"。他说："语言是世界的界限"、"我的语言是我的世界的界限"[②]，语言不能表达的东西不在世界之中，而我所能理解的语言的内容便构成我的世界，我的语言未曾揭示的东西便不在我的世界之中，这就难免陷入片面性。后期维特根斯坦提出了著名的"语言游戏说"和"生活形式说"，更注重在语言的实际交流、使用和理解的场景中去探讨语言与世界的整体性关系。他说："行为方式是先于语言的：语言游戏建立在它基础上，它是一种思维方式的原型而非思考的结果。"

当代西方哲学现象学的主要代表人物是德国的哲学家、现象学的创始人胡塞尔（Edmund Husserl，1859—1938）。胡塞尔用纯粹意识的意向性来解释意识的本质和性质，用意识意向的构造来说明现象的生成，并把这一由意识自身构造出来的现象，以及对现象进行描述的概念、判断等都看作是意识的自身显示，看作是意识的对象和内容。并宣称，这一切意识的活动、意向的运动都和外物无关。与此相应，他主张在考察意识活动时必须反对"自然主义"的态度，把关于外

---

① 赵敦华：《现代西方哲学新编》，北京大学出版社 2001 年版，第 66、71 页。

② 张学广：《维特根斯坦与理解问题》，陕西人民出版社 2003 年版，第 120 页；赵敦华：《现代西方哲学新编》，北京大学出版社 2001 年版，第 89—90 页。

在自然的任何命题都予以"悬置",或者直接就把意向构造的现象看作是自然本身。胡塞尔说,"意向性是涉及整个现象学中的一个问题名称。这个名称正好表达了意识的基本特性;一切现象学问题……都可纳入其内。因此,现象学以意向性问题开始"①,"实际上只有一个自然,即在事物现象中显现着的自然。所有那些被我们在心理学的最宽泛意义上称作心理现象的东西,自在和自为地看,都只是现象,而不是自然"②。邬焜教授认为,"胡塞尔把意识发生的原因归结为意向活动的意向构造,这一理论具有单维度、单极化的简单性特征。他晚年提出的'主观间性'与'生活世界'的理论仍然是单维度、简单性的,其关键在于人际之间的关系并非仅只是主观性的,人际间的主观交流必须通过客观的载体物和自在信息的中介,人们也不可能生活在一个纯粹的、绝对封闭的主观化场域之中"③。

从以上论述可知,西方哲学中的种种"天赋观念"、"先验综合判断"、"自然悬置"、"语言是存在的界限"等理论,具有虚设性、片面性、简单化、绝对化的特性。由于邬焜教授信息认识论的信息中介的介入,传统哲学的主体和客体的二元对立和分割的格局被打破,客体到主体的过程,主体对于客体的认识活动,都成了依赖信息中介实现现实转换的双向统一运动的过程。西方现代意识哲学的片面性、简单性和绝对化的倾向,主要在于未能找到物质作用于精神、精神作用于物质、客体通达主体、主体作用于客体的信息中介环节。由于没有中介的联系和过渡,物质和精神、主体和客体或者是绝对割裂的,或者是将其一方悬而不论,这就使西方现代意识哲学沦为了片面化的哲学。

---

① ［德］Husserl, *A purely phenomenological theory*, Shanghai: Shanghai Foreign Languages Press, 2009, p. 139.

② ［德］胡塞尔:《哲学作为严格的科学》,倪梁康译,商务印书馆1999年版,第16—17、31页。

③ 邬焜:《试论认识发生的多维综合"涌现"的复杂性特征——对胡塞尔现象学还原理论的单维度、简单性特征的批判》,《当代科学哲学与心灵哲学的交叉及前沿问题国际研讨会——突现、进化与心身问题》(广州—澳门 2010.12.13—17)。

邬焜教授的认识发生的信息中介说,"凭差异而识辨、依中介而建构、借建构而虚拟"的认识过程和机制的信息建构和虚拟说,是对人的认识起源和发生、过程和机制的全新阐释,是对人类认知内容的中介性、主体性、相对性、不确定性、建构性、虚拟性以及与客体特性既对应又不可简单归约或还原的一系列问题的全新解释。这使得邬焜教授信息认识论,既区别于传统马克思主义认识论,又不同于西方哲学中的种种认识论,是一种全新的、综合的、复杂的、科学的和极具解释力、说服力的理论。

第七章　郧焜的"信息与进化"
——信息进化论思想

古今中外的进化观都只是单纯考察物质世界的演化。而郧焜教授提出了物质和信息双重存在的理论后，就改变了这种面貌，自然形成了物质形态和信息形态既同时，又内在统一的双重演化理论，从而揭示了宇宙事物演化的丰富多彩、复杂多变的绚丽情景。

一　郧焜信息进化论思想的形成历程

郧焜教授信息进化论与其信息本体论思想基本是同步研究、同时创立、同时发展完成的。大体说来，郧焜教授信息进化论思想的形成经历了两个历史阶段。

1. 郧焜信息进化论思想的创立形成期(1980—1990 年)

这第一阶段的 10 年，主要探讨"自然的信息进化"等理论问题，以《信息与物质世界的进化》《试论自然演化的方向、条件和根据》论文和《自然的逻辑》专著为标志，表明郧焜教授信息进化论思想的创立形成。

1980 年，郧焜教授在他关于信息哲学的第一篇学术论文《思维是物质信息活动的高级形式》中，主要探讨了信息的哲学本质和人的认识过程的信息活动本质，同时也首次提出了物质和信息双重进化的韵味。郧焜教授说："有物质就有信息，有信息就有物质。物质和信息随时随处同在。宇宙是物质的宇宙，也是信息的宇宙。人类就生活在信息的海洋中。"这篇论文初步表明了物质和信息同时进化的意义。

1984 年，邬焜教授在参加陕西省哲学学会的年会时，提交了一篇大会论文，题为《信息·人类·社会》。文中不仅给出了关于社会本质的信息规定，而且指明了社会进化的信息尺度，由此初步提出了关于社会的信息进化理论。

1986 年，邬焜教授相继发表了《关于信息论研究中几个问题的探讨》《生物进化的信息凝结说》和《信息与物质世界的进化》3 篇论文，详细阐述了物质和信息双重进化、社会的信息本质与信息进化等相关理论。他说："以往的生物史只注意描述生物的物质活动，而忽略了生物的信息活动。其中生物起源和进化的物质活动和信息活动是同一进化过程中相互平行的两个方面。"[1] 说明了生物进化的真正动力是信息凝结。他又指出："能动地把握、利用、开发、创造和实现信息是人类社会的本质。"[2] 邬焜教授又论述道："物质性活动是信息载体的活动，信息活动所呈现出来的则是物质性活动的历史、性质和未来发展的趋势。"[3] 进一步从物质和信息两个维度上同时考察世界的进化问题。

1987 年，邬焜教授在《哲学信息论导论》中说："自然的进化并不仅仅是物质形态进化的过程，而且也同时就是信息形态进化的过程。把握、利用、开发、创造和实现信息的间接化程度是社会进化的尺度。"因此，由于揭示了信息进化的奥秘，我们对宇宙世界的演化观发生了改变，从单纯的直观的物质进化轨迹，"进化"到物质和信息的同时同在进化，世界进化观因而更丰富多彩、更具科学性。

1988 年，邬焜教授连续发表了《试论自然演化的方向、条件和

---

[1]　邬焜：《生物进化的信息凝结说》，《潜科学杂志》，1986 年第 3 期。

[2]　邬焜：《关于信息论研究中几个问题的探讨》，《社会科学评论》，1986 年第 1 期。

[3]　邬焜：《信息与物质世界的进化》，《求是学刊》，1986 年第 6 期。

根据——关于自然演化机制的探讨之一》《演化和全息现象》2 篇文章，进一步探讨了演化的全息律和自然演化机制问题。他说："自然、自然系统在总体上具有有序化和无序化两种演化方向。而自然、自然系统的开放性、非平衡性和非线性的相互作用，乃是自然演化的条件和根据。"① 他又说："相互作用是事物存在的方式，是事物演化的原因，又是信息产生、传递、交换、凝结积累的过程。这样，宇宙万物都必然已经在与其他事物普遍、漫长的相互作用中，把各方面的广泛信息融汇、重构、凝结积累到自身的特定结构之中。"②从自然信息形态进化的角度对全息现象进行考察，无疑进一步深化了演化理论。

1990 年，邬焜教授出版了《自然的逻辑》专著，从哲学的高度，探讨了自然存在和演化的内在逻辑。这本著作的实际构想和写作开始于 1985 年下半年，当时邬焜教授在为硕士研究生讲授《自然辩证法概论》课程时，从信息哲学的层面上开始进一步深入思考自然演化的问题。1987 年 3 月，邬焜教授完成了该书的初稿，并以此书作为研究生的教材使用。但由于种种原因，直到 1990 年 5 月，才由西北大学出版社出版。书中提出了"以自然的名义表述自然"的哲学本体论的方法，将整个自然界描述为物质和信息双重存在和双重演化的世界，并对这一双重存在和双重演化的内容、过程和机制进行了具体的规定、阐释和讨论。这些成果，标志着邬焜教授信息进化论思想的正式创立。

2. 邬焜信息进化论思想的成熟完善期（1990—2005 年）

第二阶段的 15 年，邬焜教授主要探讨"社会的信息进化"等理论问题，对已经创立的信息进化论思想进行完善与发展，以《物质

---

① 邬焜：《试论自然演化的方向、条件和根据——关于自然演化机制的探讨之一》，《陕西机械学院学报》，1988 年第 4 期。

② 邬焜：《演化和全息现象》，《自然信息》，1988 年第 5、6 期。

和信息：统一而双重的世界》论文和《信息世界的进化》《信息与社会发展》专著为标志，表明邬焜教授信息进化论思想的完善与成熟。

1991 年，邬焜教授相继发表了《物质和信息：统一而双重的世界》《在循环中永生——"宇宙热寂论"批判》和《相互作用、演化与信息》3 篇论文，进一步探讨了演化的全息、宇宙循环演化和新的时空观、相互作用的双重演化观理论。他说："宇宙演化的任何一种状态对宇宙的过去、现在和未来都是整体全息的，因为宇宙演化的任何一种状态既承接着宇宙循环演化的全部结果，又体现着宇宙演化的现时状态，还潜在规定着宇宙后续循环演化的全部根据。"① 所以，在全息规定的世界里，既复杂多变、生机勃勃，又简单循环、终而复始。他又说："时空是历史的、互变的、具体的统一着的。""相互作用是一切事物演化的终极原因，并因此完成了物质形态和信息形态的双重建构。"②

1994 年，邬焜教授又连续在《演化范畴的双重规定》、《论自然演化的全息境界》《相互作用与双重演化》等文章里进一步着重阐明了演化的进退互依、演化过程中的信息活动、相互作用与双重演化与自然界的全息演化理论。

1994 年 10 月，邬焜教授在综合以前研究成果的基础上，出版了《信息世界的进化》专著，全面论述了信息世界的发现过程，人类种种演化观念的进化以及从单纯的物质进化观向物质和信息双重进化观的转换，用信息论的视角诠释宇宙世界的演化，并指明了信息世界进化的一般机制和过程，详细阐述了宇宙信息的自在进化、生命的信息进化、从猿到人的信息进化和人类社会的信息进化等理论问题，标志着邬焜教授信息进化论思想趋于完善。

1998 年 11 月，邬焜教授在《信息与社会发展》的著作中，又用 3 章的内容进一步补充完善了社会的信息进化理论，从信息规定和信

---

① 邬焜：《物质和信息：统一而双重的世界》，《西北大学学报》，1991 年第 2 期。
② 邬焜：《相互作用、演化与信息》，《西北大学学报》（增刊），1991。

息进化的尺度上，对社会进化的一般机理和方式进行了理性审视，标志邬焜教授的社会信息进化论思想的成熟。

2005 年，邬焜教授综合其 25 年的研究成果，出版了 70 万字的《信息哲学——理论、体系、方法》专著。书中用 2 编 10 章的篇幅全面阐述了信息进化论思想，标志着邬焜教授信息进化论的哲学思想完全建立起来了，达到了完善与成熟。

二　邬焜信息进化论思想的丰富内涵

传统科学和哲学的演化论学说仅仅关注了物质形态的进化或退化。邬焜教授所提出的物质和信息双重存在的理论，必然导致物质和信息双重演化的理论。因而具有更加丰富科学的内容。这一理论不仅阐明了演化范畴的物质和信息双重维度的规定性，而且也阐明了物质形态和信息形态相互协同的同步演化性。这样，在宇宙、宇宙事物的进化或退化的两个分支上，都存在着物质形态或信息形态的相互对应的进化或退化现象，并且，在两种形态之间还具有相互协同、载负或映现的性质。物质形态和信息形态双重演化的理论从根本上改变了人类的演化观念。

1. 相互作用与双重演化

邬焜指出，世界上的事物都是直接存在和间接存在的统一，既是物质体又是信息体，都以其演化生成的结构自身编码着关于自身历史、现状和未来的信息。相互作用是事物存在的方式，又是事物演化的根本原因和动力，而所有的相互作用同时又是物质形态的改变和信息同化和异化的过程，这就必然导致物质形态和信息形态的双重建构与双重演化：一是直接存在物向另一直接存在物的转化，这便是直接存在物的运动、变化和演化；二是直接存在物通过相互作用将自身的存在本身外化出来、表现出来、显示出来，这便是直接存在向间接存在的转化，亦即是物质向信息的过渡，由此，又同时构成了信息产生、转化和演化的过程。相互作用既是物物相互过渡、相互转化的环节，同时又是物质与信息相互过渡和转化的环节，还是物质形态和信息形态同时演化的过程。这为我们揭示了一种更为复杂变幻的新的演化观。

2. 时空内在融合统一的全新时空观

邬焜教授认为，人类的时空观念经历了从牛顿的时空绝对割裂的时空观，到爱因斯坦的时空外在协变的相对时空观的变革。当代复杂信息系统自组织理论揭示了事物在普遍相互作用中通过空间结构的变换凝结、编码和储存信息的时空转换的具体机制，从而建立了一种全新的时空内在融合统一的时空观，这就是在现存的时空结构中普遍凝结着事物的多重信息关系的时间的空间化（时间凝聚成了空间的构造）和空间的时间化（空间的结构拥有了自己的时间维度）的理论。这种全新的时空观是把演化的观念、历史的观念、信息的观念，以及事物普遍相互作用和普遍联系的过程、机制和相应的结果引入了对时空关系的考察。

由于邬焜教授将演化和信息的观点引入了对时空结构关系的考察，使得我们可以在结构生成的信息凝结的意义上来揭示时间和空间的具体的内在融合的复杂性关系。即时间的空间化，空间的时间化。这为我们提供了一个全新的时空演化观。"时间上的历史"在现实中的"保存"，实现着时间在空间中的驻留，或者说，时间转化成了空间的结构，消失的时间在后续的空间结构中被储存了。因此，消失了的时间的直接存在以间接存在的方式在后续的空间结构中保留了下来。时空转化并不仅仅是针对历史而言的，它还指向未来。事物现存的时空结构本身就规定着事物未来演化的路径。只有把时间的流逝、空间的结构和事物的演化、演化信息的历史统一起来考察之后，时间和空间所具有的内在统一性关系才逐步被揭示了出来。并且，只有这样，我们才能更深刻地理解当代复杂性科学所揭示的时间的空间化和空间的时间化的真实韵味。

3. 演化范畴的双重规定

邬焜教授信息本体论的双重存在规定着信息进化论的双重演化，双重演化又带来了对演化范畴的双重规定。从物质活动的层面上来看，演化是事物秩序展开中之进化和退化相统一的过程；从信息活动的层面上来看，演化是信息产生、耗散和积累的过程。从这双重维度的规定也可理解两种不同的演化方式和方向：向上的有序化演化——物质形态的进化、信息模式的创生和积累；向下的无序化演化——物质形态的退化、信息模式的消解和耗散。

物质和信息双重存在和双重演化的理论、时空内在融合统一的时空观，以及事物演化的全息现象的理论，不仅具体揭示了事物的普遍相互作用和普遍联系的性质和内容，而且也揭示了事物通过普遍相互作用所产生的普遍效应性关系，而这种效应性关系便是价值。这样，我们就有可能在自然本体的全新维度上建立一种全新的价值哲学，这一全新价值哲学首先是一种自然价值和天道价值的理论，同时又能解释传统价值哲学中的人道价值和主体价值，另外，它还是一种关于物质价值和信息价值的双重价值的理论。这样的新的价值哲学能够为信息生态文明和可持续发展理论提供理论基础。

4. 宇宙自在的双重进化

以往的宇宙进化论、元素进化论、星系进化论、地质进化论，生物进化论、社会进化论等进化理论，基本上都还只是关于宇宙不同层次和领域中的物质形态进化的理论。这种仅仅是物质形态进化的演化观远不能揭示出真实演化过程的丰富的、深刻的全貌。而邬焜的双重存在、双重演化，以及演化范畴的双重规定的理论要求我们对以往的进化理论重新予以审视。按照邬焜教授的描述，现代宇宙学所揭示的原始宇宙6个不同的演变阶段都具有物质形态和信息形态双重演化的性质。这种新的审视，一方面揭示了信息形态进化的过程和机制；另一方面又揭示了物质形态进化和信息形态进化的具体的、内在的统一性。

5. 演化的全息境界

邬焜教授认为，相互作用所实现的时空转化的信息凝结使所有的物体都具有了物质体和信息体的二重化存在方式，这就导致了事物在进化演化的方向上所呈现出的种种全息现象。全息的含义是指事物在自身结构中映射、凝结着自身现存性之外的多重而复杂的信息关系和内容。我们有理由将全息现象看作是复杂性自组织进化所可能达到的一种相关信息凝结、积累的结果。可以把纷繁杂陈的种种全息现象归为五类：演化历史关系全息；演化未来关系全息；演化系列关系全息；演化内在关系全息；演化结构全息。在这五类全息现象中演化系列关系全息和演化内在关系全息是两类最基本的全息现象。邬焜教授还特别强调了在讨论全息问题的时候应当注意遵循四条原则：一是全息现象仅与演化的进化方向相关，因为在退化演化的方向上信息的耗散具有不可追忆的特征；二是"全息不全"，就是在进化的方向上也存在大量信息内容的畸变和耗散；三是全息所全息的信息内容主要是关于程序型信息方面的，绝大多数表现型信息将会被耗散，就是程序型信息也不可能包罗全部特殊细节和偶然因素的信息；四是不能将全息观点"无限泛化"，全息仍有它的特定层次、范围和内容的限制，并且，某些类型的全息现象仅只是在个别事物和范围内呈现出的特殊情况，并不具有普遍性品格，如，演化结构全息。

三 邬焜信息进化论思想与传统进化论的比较

中国古代和西方的思想家、哲学家对宇宙的生成和进化有很多论述，不管是中国的"道"、"气"、"太极"、"阴阳"，还是西方的"火中心说"、"地心说"、"原质说"、"日心说"、"星云说"、"大爆炸说"等宇宙发生、演化论，基本上都还只是关于不同层次和领域中的物质形态进化的理论。与邬焜教授的双重存在、双重演化和演化范畴的双重规定思想相比，这些以往的演化学说都具有简单而直观的缺陷，都不足以揭示宇宙世界的真实、复杂、深刻的演化过程，都不能揭示信息形态进化的过程和机制，也不能揭示物质形态进化和信息形态进化的具体的、内在的统一性。

1. 中国古代主要进化观

1）"道"论

战国时期的尸佼称"上下四方曰宇，往古来今曰宙"①。这说明整个空间就是宇，整个时间就是宙，宇宙就是具有时空属性的运动着的客观物质世界。老子在《道德经》第四十二章中指出："道生一，一生二，二生三，三生万物。万物负阴而抱阳，冲气以为和。"② 老子的"道"应该就是宇宙之源，自然规律之始祖。

2）"气"论

《淮南子》认为"道始于虚，虚生宇宙，宇宙生气，气分成天地"③。汉代哲学还普遍使用了"元气"这一概念说明宇宙的生成。如董仲舒提到"元气和顺"；王充认为天地万物"俱禀元气"；何休指出："元气者也，无形以起，有形以分。"汉唐诸儒将太极规定为"天地未分"之前的"元气"。孔颖达说："太极谓天地未分之前，元气混而为一，即是太初、太一也。"张载在《正蒙》中写道："气聚，则离明得施而有形；不聚，则离明不得施而无形。方其聚也。安得不谓之客；方其散也，安得遽谓之无。"张载认为，宇宙万物都是一气，所以人与其他的物都是同一个伟大身躯的一部分。南宋朱熹对宇宙自然的化生过程作了进一步的探索。他说："天地初间，只是阴阳之气，这一个气运行，磨来磨去，磨得急了，便拶许多渣滓，里面无处出，便结成个地在中央。气在清者便为天、为日月、为星辰，只在

---

① （春秋）尸佼：《尸子》，华东师范大学出版社1996年版，第20页。

② （春秋）老子：《道德经》，岳麓书社2011年版，第18页。

③ （汉）刘安：《淮南子》，中州古籍出版社2010年版，第45页。

外常周环运转。地便只在中央不动，不是在下。"朱熹在此所论述的宇宙演生过程是具有科学价值的天体演化说。

3）"太极"论

儒家重要经典之一的《周易》将探讨宇宙起源、宇宙过程、宇宙规律作为自己的主要研究对象。《周易》描绘了宇宙起源的壮阔图景：易有太极，是生两仪，两仪生四象，四象生八卦。宋初周敦颐则将《周易》的学说作进一步的发挥，他所作的《太极图说》建立起一个十分完整的宇宙起源学说："无极而太极，太极动而生阳，动极而静，静而生阴，静极复动。一动一静，互为其根，分阴分阳，两仪立焉。阳变阴合而生水火木金土。五气顺布，四时行焉……五行之生也，各一其性。无极之真，二五之精，妙合而凝，乾道成男，坤道成女，二气交感，化生万物。"① 这里展现的是乾元变化、万物化生的宇宙起源和变化的过程。

4）"阴阳"论

春秋战国时期，阴阳家把"阴""阳"作为宇宙形成论的两个主要原则，并认为阴、阳的结合与互相作用，就会产生一切宇宙万物。《系辞传上》说：一阴一阳之谓"道"。继之者善也，成之者性也。这是生成万物的"道"，也是宇宙的成就。董仲舒在《如天之为》中说："天地之间，有阴阳之气，常渐人者，若水常渐鱼者也。所以异于水者，可见与不可见耳。"② 邵雍在《说卦传》中说："立天之道，曰阴与阳。立地之道，曰柔与刚。立人之道，曰仁与义。"又在《皇极经世·观物内篇》上说："动之始则阳生焉，动之极则阴生焉，一阴一阳交而天之用尽矣。"邵雍认为，阳是宇宙的生的力量，阴就是宇宙的毁的力量，亦即宇宙万物都得经过生和毁的阶段。

由此可见，尽管《周易》、周敦颐、邵雍、朱熹等在讨论宇宙的起源和演化等问题时，均是为了论证仁义道德的人文法则与宇宙天地

---

① （宋）周敦颐：《太极图说》，江苏古籍出版社1986年版，第56页。
② （汉）董仲舒：《春秋繁露》，中华书局2011年版，第128页。

的自然法则的根本一致，但是他们提出的有关宇宙起源、天体演化的学说，已经具有了某些科学思想的内容。

2. 西方传统主要进化观

1）"火中心说"

由古希腊哲学家毕达哥拉斯提出。他认为火是最高贵的元素，由此提出宇宙结构的"火中心说"，即宇宙的中心是一团熊熊燃烧的烈火，地球每天一周、月球每月一周、太阳每年一周和五大行星、恒星都围绕天火运行。

2）"地心说"

由古希腊百科全书式的哲学大家亚里士多德提出。他认为宇宙以地球为中心，是球状而且有限的，行星与其他星体是在以地球为中心的球壳上运行。这些球壳可以不同的速度旋转。他在《形而上学》一书中又强调了宇宙产生于混沌，宇宙诸天体各有各的形式，各有各的界限。如若没有界限，宇宙只是一片混沌，也就无天地之始了。有了界限才有了宇宙万物。宇宙的运转也就从这终结处开始，然后回到这个终结，是一个永恒的循环。总的来说，亚里士多德并没有特别明确地阐述宇宙形成的过程。

3）"原质说"

由古希腊米利都学派提出。米利都学派是一个以自然哲学为本的学派。作为西方最早的自然哲学，米利都学派诸学说主要是讨论宇宙起源、演化和结构的宇宙理论。作为米利都派的第一位自然哲学家，泰勒斯提出了宇宙的开端问题，并暗示了作为宇宙开端的东西在宇宙诞生之后依然作为宇宙机体的养料包围着宇宙。后来，泰勒斯的学生和同事阿那克西曼德接受了这一观念，并且进一步补充说，作为宇宙开端的东西也是宇宙的必然归宿，新的宇宙再从其中创生。这就明确了宇宙原质的概念。阿那克西米尼在两位前辈的基础上，提出了宇宙原质创生宇宙的机制和原则，给出了米利都学派宇宙论的完备表述。随着原质概念的出现，物理学才开始从宇宙论中逐步独立出来。米利都自然哲学的真正进化不在于他们各自找出了不同的物质基质，而在于先后出现了宇宙开端、宇宙原质和宇宙创生原则这三个概念。由水、无限到气，真实地反映了米利都自然哲学家一步步由神话观念走向科学实验的历程。海洋之神是众神之父，水便成了万物之本原；混沌之中辟开天地，"无限定"便成了宇宙原质，对立面的分离便成了宇宙的创生过程；只有阿那克西米尼，注意到了空气乃是维持生命的灵魂，注意到了不同的吹气方式可以吹出热的和冷的两种空气，作出了气是宇宙原质，冷的聚集和热的稀松是万物形成的原则的论断。

4）"日心说"

由波兰天文学家哥白尼在 1543 年提出。他将宇宙中心的宝座交给了太阳，认为太阳是行星系统的中心，一切行星都绕着太阳旋转。地球也是一颗行星，它像陀螺一样自转着，同时与其他行星一样绕太阳运行。

5）"星云说"

由德国哲学家康德和法国天文学家拉普拉斯在 18 世纪下半叶提出。他们认为太阳系是一块星云收缩形成的，先形成的是太阳，剩余的星云物质又进一步收缩深化，形成其他行星和小天体。

6）"大爆炸说"

由俄裔美国天文学家伽莫夫在 1948 年提出。他认为，宇宙最初是一个温度极高、密度极大的由最基本的粒子组成的"原始火球"，或称"原始蛋"。这个火球不断迅速膨胀，它的演化过程就像一次巨大的爆炸，爆炸中形成了无数的天体，从而构成了宇宙。

从以上论述可知，邬焜教授的自然和社会的信息进化理论、双重演化、时空内在融合统一的时空观、演化范畴的双重规定等诸多信息进化论思想，是全新的、综合的、科学的理论。既不同于中国古代的进化观，也不同于西方传统的进化论。邬焜教授信息进化论，为我们揭示了一种更为丰富多彩、更为复杂多变、更为全新的演化观。

第八章 邬焜的"信息与人类"
——人的本质论思想

邬焜信息哲学从物质和信息双重存在的意义上，深刻揭示了生命和人类起源的信息进化、人的认识、人的文化进化、人的本质、人的自由发展的理论，具有全新的视角与境界。

一 生命起源的信息进化思想

从双重存在与双重进化的坐标轴上来看，生命的产生、存在和进化也具有物质活动和信息活动的双重化的意义。

1. 适宜生命产生的宇宙环境的演化

邬焜总的认为，对于生命现象的考察，我们能够找到的唯一佐证是地球生命的活动。人类对外星生命活动的探索直到目前还没有取得任何有成效的进展。多数科学家们仍然坚持说生命现象的发生并不是唯一的偶然现象，而应该是一种具有产生必然性的宇宙现象，只要环境条件合适，生命现象的产生和进化将是不可避免的。

对于地球生命的诞生来说，太阳系形成中的元素分化和地球形成中的元素分化是极为重要的，正是这两个元素分化的过程保证了与构成地球生命相关的重元素的凝聚积累。另一个对于地球生命的诞生具有重要意义的则是太阳系形成中造成的各行星间的温度梯度的分化。离中心愈近，温度愈高；愈远，温度愈低。由这个温度梯度的分化，又造成了星云盘物质凝结积聚过程中的元素分化。人类的诞生地——地球，因为离太阳较近，所以它形成之时就积聚了较丰富的重元素。

生命可能由不同的元素构成，并且由不同元素构成的生命所能适应的环境条件是极为宽泛的，它们不一定非要简单与地球生命的组构元素，以及所适应的环境相一致，这就为宇宙中更多区域内存有生命现象的推论更增加了可能性的希望。

邬焜认为，适宜生命产生的宇宙环境的演化具有多方面的信息模式的意义。首先，这种演化依赖于恒星系形成时的恒星星云的总质量、密度分布、较重元素的种类及丰富度等最初形成的初始条件，而这些初始条件又全息编码着之后恒星系演化的程序信息，这一程序信息的依次表达则构成了恒星系演化的实在过程。

其次，恒星系可能形成的总体运行形态也具有信息模式的意义。这就是只要形成恒星系的星云团的质量和范围达到一定规模，那么，演化出有若干个分布于外围的行星绕着中间的恒星做旋转运动的整体模式便是一个一般性的结果。这种模式还可以在行星和卫星关系的小的尺度上获得重复。

最后，以特定初始条件规定的恒星系的演化，以及类地生命的产生和进化都是一个链式反应的过程，这种链式反应过程体现着信息解码和信息表达的纵向相关性。这种纵向相关既包括信息程序的启动，也包括信息模式的建构、复制，扩散和传递。在这一链式反应的过程中，不仅反映赖以出发的初始状态，而且链式反应过程上的任何一个阶段性的状态都具有信息状态的意义。

2. 生命诞生的信模创生过程

对于生命起源过程的考察，以往的科学主要着眼于生命的物质形态起源的方面。这就是构成生命的从元素到有机分子、生物大分子、多分子体系，直到原始细胞的合成，显然是一个物质形态由低级到较高级，由简单到较复杂的综合建构和层次跃迁的过程。就直接存在的物质性活动的角度来讲，这一综合建构的层次跃迁过程是在一系列质

量流和能量流的复杂的相互作用中所形成的质—能凝聚过程中实现
的。

　　但是，邬焜认为，仅仅用这样的一种物质性的质—能凝聚的过程
来解释生命的起源还是十分片面的。因为，生命现象的产生，并不简
单取决于构成生命体的物质性活动的方面，如元素的种类、数量、质
量的大小、能量的多少等。组成生命的元素在无机界中都有，有些微
生物的质—能尺度是非常之小的，小到只有在高倍显微镜下才能被观
察到。如此平常的一些元素，如此微不足道的质—能尺度，之所以能
具有生命的能力，只能从其是一种特殊信息体的角度上来加以解释。

　　从邬焜信息论的角度来看，生物作为一个自然存在物，是一个特
殊的信息体。任何生命现象的产生并不在于构成生命体的元素、质量
和能量的活动有什么特异之处，而仅仅在于这些元素的组构方式与众
不同，也就是在于生命体的结构和状态的特异性。从信息活动的角度
来考察，生命完全可以看作是自然信息活动的产物，它是适宜信息不
断同化和异化、不断凝结积累、不断选择自构，不适宜信息不断淘
汰、不断耗散而引出的一个必然结果。

　　生命的信息模式可以通过自复制的遗传信息的表达再造出与自身
拥有同样信息模式的新的个体，这种自复制的遗传信息的表达使生命
的信息模式在横向上获得了量的扩张，在纵向上获得了历史性的长
存。而在这种自复制的信息模式的扩张和延续中可能出现的有利于生
命发展的信息模式变异现象便构成了生命可能进化的契机。

3. 生命进化的信模跃迁过程

　　邬焜认为，在生物起源和进化的过程中，伴随着生物进化的每一
次质的大飞跃的是地球自然环境的剧烈变化。这一变化，实质是改变
了生物起源和进化的环境信息。正是这个环境信息的改变，迫使生物
体不得不改变它选择、同化、凝结信息的质和量。对这个新质的环境
信息不适宜者退化了，灭绝了；而适应者则发展了、进化了。在这
里，环境信息的改变直接成了生物进化的契机。正因为地球环境不仅

在纵的方向上不断变化着，而且在横的方向上存在着许多具体的差异，所以，才使不同的历史阶段上的、生活于不同的地球具体环境中的生物呈现出普遍差异的千姿百态。这些现象，只能用生物所选择、同化和适应的信息的质和量的不同来说明。

生物与环境之间相互作用的协同进化给生物带来的是一种不断重新建构的全方位改造的效应，这种效应使生物进化在总体上采取了一种全面进化的方式。进化对于生物来说，既是生物活动方式的进化，也是心理活动方式的进化，还是行为活动方式的进化。生物的生理活动方式、心理活动方式和行为活动方式的进化也是相互交织、同步发展的，三者在进化过程中相互制约限定，互为基础、前提、规定和表现。这里呈现的是生物进化的全面性、整体性和系统性。生物的进化就是对其生理、心理、行为的活动进行综合建构的过程，通过这种综合建构，任何生物的生理、心理和行为活动都成了相应生物进化梯级上的一个综合统一的模式，这些模式依次在整个生物进化系列过程中的展现便构成了生命进化的信息模式的跃迁过程。

4. 动物信息活动的形态跃迁

随着物质的生物形态的发生，出现了一系列崭新的信息活动方式，随着这些信息活动方式的产生和进化，信息活动的形态也发生了向上进化的跃迁，这种跃迁最重要的是自在信息向自为信息的跃迁，自为信息向再生信息的跃迁，以及自在、自为、再生信息在社会信息中的综合。

邬焜认为，与人类创造再生信息的非凡能力相一致，在人类中展开的主体创造再生信息的客观实现的活动则成了人类的社会实践活动。通过这种社会实践活动，信息形态的进化实现了一种高层级上的综合，这便产生了自在、自为、再生三种形态的信息在人类社会活动中的有机的综合性的统一，而标志这种统一的便是社会信息。

生命的信息进化最终导致了人类社会的产生，同时也导致了信息的有机综合的形态——社会信息的产生，在这之后便是人类社会的进化、社会信息的进化。

二　人类起源的信息进化思想

人类指人的总称。人或人类，可以从生物、精神与文化等各个层面来定义，或者是这些层面定义的结合。人类是地球上有史以来最具智慧的生物，也是地球目前居于统治地位的物种。人类是动物进化的直接后代，从信息世界进化的一般尺度上来看，从猿到人的进化是一个物质形态和信息形态的双重进化过程。

1998 年，邬焜教授发表了《试论人的信息化》《试论从猿到人的信息进化》两篇文章，详细阐述了从猿到人的生理遗传、心理信息、行为结构的信息模式进化，及其内在统一于动物群体结构模式的进化当中，人类起源是人的生理、心理、行为的相互制约、协同发展的信息进化过程，以及人的信息化等诸多相关理论问题。

1. 从猿到人的进化是动物群体结构模式进化的最高结果

邬焜强调指出：生物进化在总体上采取的是一种生理、心理、行为三个方面协同进化的，全面进化的方式。从猿到人的转变依赖于三个方面的信息活动模式和形式的进化：一是群体生理遗传信息模式的进化；二是群体心理信息活动形式的进化；三是群体行为结构的信息模式的进化。而造成这三个方面向人的方向定向进化的契机则又是环境信息变化的冲击。

作为人类祖先的古老人科生物由森林古猿分化出来的最初的直接诱因是当时地球气候环境的剧烈变化。气候环境的变化使森林古猿原来栖息的森林大面积地消失，从而导致古猿的生存环境从原来的林栖过渡到林地栖，再过渡到地栖。最后则一直过渡到完全过热带草原生活。正是这种所适应的环境信息的演变，迫使古猿不得不采取新的适应性的群体生存方式。应该说，正是这种新的群体生存方式的不断进化实现着猿群的生理、心理、行为活动模式的全方位的、定向性发展，这种定向性发展最终导致了猿向人的转变、猿的群体向人的社会的转变。在新的生存方式的产生和进化中，猿的生理、心理、行为这三个方面的相互作用，导致了三方面的协同进化，从其中引出了人的生理、心理、行为活动的协同萌发，协同生成。

2. 人类起源是一个生理、心理、行为全息进化的过程

邬焜强调，从猿到人的生理、心理、行为的进化是从猿的种群到人的社会的进化这一同一过程中所呈现出来的三个相辅相成的、内在统一的方面。这三个方面在具体的进化过程中存在着相互制约、互为基础、前提和规定的复杂的相互作用关系。这种进化的内在统一性、复杂的相互作用性，深刻表明从猿到人的生理、心理和行为进化的全息协同统一性。全息协同的进化首先表现为进化的诸方面在进化过程中的全方位的展开；其次表现为进化的诸方面在全方位展开中的相互规定；最后表现为进化的诸方面在全方位展开的相互规定中的相互改变的同步发展。进化是全方位展开的，又是诸进化因素相互制约、协同发展的，在这里，生理、心理、行为构成一个进化着的系统，在这一系统中，三者相互规定、制约、相互全息，共同在一个相互作用着的进化历程中由猿的生理、心理和行为出发，一步步地增长着人的生理、心理和行为的因素，而任何一种新的人的因素的增长，又同时就改变着生理、心理和行为三者相互作用的方式，而这种新的相互作用的方式又引出了新的人的因素的协同性增长。正是这样一个人的因素的诸多方面的协同萌生，又相互作用的同步发展，最终导致了人的生理、心理和行为活动的全面而同步的生成。

三 人的认识方式的进化

1989年，邬焜在《求是学刊》上发表了《论人的认识方式》。他论述道：人所认识的自然界是产生了人，人生活在其中的自然界。人作为科学目标的建树者，取决于人正是一切科学的对象——客体世

界——的重要组成部分。

邬焜说，事物并不是随随便便就向我们呈现它自身存在的真谛的。要认识特定的事物，要认识特定事物的特定层次、特定方面的特性，就必须运用与之相适应的认识工具、方法和途径。这就是说，特定的事物只有在特定的主体面前才呈现它的客体性。事物之所以成为客体就在于它要求主体认识能力的内在结构和外在手段与之相一致。不具备高深认识结构，不拥有特殊认识工具的人，只能凭借他的可怜的自然感官、自然脑力在很狭窄的范围和层次上来了解事物。要探究宇观及其以上（或微观及其以下）层次的事物，就要拥有相应的极为复杂的、甚至是庞大的工具（仪器、设施）系统，而认识主体也必须在自己神经生理的内在结构中同时凝结着相应水平和程度的认识结构。因为客体要求主体状态和它保持一致性，所以，在不同的主体状态面前，客体将会呈现不同的特性方面。某一特定状态的主体只能从一定深度上把握某些事物的、某些层次上的特性，而其他一些事物，以及这些事物的其他一些层次上的特性对这一特定状态的主体将是封闭的。由此我们可以看到：主体自身的状态（包括主体创造和利用的物化工具）本身规定着自身认识的限度。

认识的主体相对性不仅仅是指人的认识是相对于人的大脑、神经、感官结构而成立的，而且是指相对于人的历史的、社会的认识水平和程度而成立的。主体在差异关系中把握信息、主体的认识的客观条件性、认识的主体相对性，从几个不同的侧面揭示着：人是以人自己的方式来认识世界的。人不仅是认识世界的客观条件，而且人还是在与对象世界进行实质性相互作用的过程中，并在人的主体结构（生理的、心理的）的规范下来认识这个世界的。人的认识方式充分显示着主体对客体认识的积极的能动性。正是这种积极的能动性把人的认识方式和动物的原始萌芽的认识方式从本质上区别开来了。

在这里，邬焜教授强调了人的认识方式的进化与人的认识的物化工具的进化的一致性关系。结合邬焜教授关于人的认识发生的多级中介建构和虚拟的理论,我们能够更清晰地看到人的认识方式的进化乃是人的信息化发展程度进化的过程。

四　人的文化进化

邬焜教授强调指出:社会是一个不断进化着自身的具体的、历史的存在。社会的历史具体性,规定着人类把握、利用、开发、创造和实现信息的方式的不断发展和进步,此正是人类社会本质的自身的进化。

文化人类学家们已经区别出了两种不同的进化,一是生物进化;二是文化进化。生物进化是遗传基因的进化,是体内进化,文化进化则是文化传统和模式的进化,是体外进化。文化人类学家们强调指出的是,人类的进化主要不是生物进化,而是文化进化。

邬焜教授认为:在文化进化的这种体内和体外进化的相协并进中,存在着一种明显的趋向,这就是人的心理活动方式的进化也日渐从体内进化向体外进化过渡,这就是,最初还是纯粹在体内进行的心理活动过程,随着科学技术的发展,也便日益更多地借助于体外的活动来完成。这不仅是指人类的感知、记忆的体外工具的发展,而且是指人的思维的体外工具的发展。人的心理活动方式对体外工具的依赖性的加强,标志着人的心理进化的新方式。

五　人的多维存在的本质

1994 年,邬焜教授又发表了《多维存在的人》的论文,进一步阐述了人的本质是一个自然与社会,生理、心理与行为的多维存在的统一。他说:"人的本质并不简单直接地来源或存在于某一独立的单维之中,而是来源或存在于多维之间相互作用的综合建构。人的生理、心理和行为结构都具有二维统一的性质。人是一种多维的存在:自然的、社会(文化)的;生理(肉体)的、心理(灵魂)的、行为的。"① 人的多维存在性表明，人的本质是非决定的、开放的，人只能是一种在多维的综合中生成、建构和创造着自身本质的存在。至此，邬焜教授关于人的本质理论已经完全创立完成，并发展成熟。

邬焜教授认为，人类、人类社会的起源是一个生理遗传信息模式、心理信息活动模式、行为信息结构模式全息协同进化的过程。人是一个自然与社会，生理、心理与行为的多维存在的统一。人的本质并不简单直接地来源或存在于某一独立的单维之中，而是来源或存在于多维之间相互作用的综合建构。在最为抽象的意义上，人是自然存在和社会存在的统一。自然的人只有在社会关系中才能成为真正意义上的人，社会关系只有根植于人的自然遗传的结构之上才是人的社会关系。在具体活动的意义上，人是生理（肉体）、心理（灵魂）和行为活动的统一。在人的自然存在和社会存在与人的具体活动的生理、心理、行为形式之间存在着某种全息规定和普遍映射的复杂的统一性关系。无论是人的生理，或是人的心理，或是人的行为，都有其自然生理、自然心理、自然行为的方面，也都有其社会生理、社会心理、社会行为的方面。

邬焜信息进化论提供了对社会本质和社会进化尺度的全新解释：能动地把握、利用、开发和创造信息是人类社会的本质；把握、利用、开发和创造信息的间接化（中介环节的强化）程度是人类社会进化的尺度。信息哲学还对人类的信息经济、信息社会的发展提供了某种解释原则。邬焜信息哲学认为：人类的不同文明时代是以不同的信息处理、创制和传播方式为其技术前提的。计算机的网络化乃是一种信息处理、创制和传播的全新方式，这一全新方式的普及化导致一种新的网络文化的诞生，导致了人类价值观念体制的多元化发展，从而引发了各类传统集权体制的消解，这就有可能产生一种人类建构政治秩序、发展经济模式、组织生活方式的新型体制。正是计算机网络化的发展成了信息社会文明得以诞生的技术前提。

---

① 邬焜：《多维存在的人》，《社会科学研究》，1994 年第 2 期。

六　人的自由全面发展

个人支配时间的自由化，个人活动空间的全球化，个性发展的自由化、多样化与全面化将可能成为信息时代人的自由和发展的新特点。

邬焜教授认为，在信息文明时代，人类的教育事业也面临着全面信息化的发展，改变教育思想、教育观念，对现行教育体制、教学体制进行全方位的改革已成当务之急。随着人类社会文明形态的改变，人类的教育观念的变革先后经历了三个大的阶段：教育的目的从传授知识到培养能力、再到注重人的全面发展。信息时代的培养全面发展的人的全新教育观，在传授知识、培养能力之外，更注重塑造人格、陶冶性情、解放个人的自由自觉的创新精神。

在邬焜看来，知识、能力、人格的三元互动统一运作乃是学习过程的内在方式。在这样一个学习的过程中，最初的知识仅仅为加工过程提供被加工的对象性材料，这些材料可以通过外求习得，也可以通过对内储存相关信息的回忆而获得；能力则为加工过程提供相应的规则、逻辑、方式、方法；人格则为加工过程提供意志、价值、态度、方向、情趣等方面的考虑。通过这样一种学习最终生成的便是那种作为个体体验而呈现出来的结构化了的知识、观点、方法、逻辑、信念、禀赋、志向、情感等。显然，这种结构化了的内容不仅是关于知识的，而且是关于能力和人格的。

因此，邬焜认为：一个全面发展人才的合理素质结构应当是渊博知识、高深能力和健全人格的全面综合；宽基础、广交叉，淡专业、多综合，重能力、倡方法，兴人文、塑人格应该成为新的课程结构设置的一般原则，根据这一原则，在今后的大学教育中，尤其是在单科性学院中，人文、社科、交叉学科类课程的地位将会进一步得到提高，并且，学生在大学期间开设课程的时间结构应当是：基础性综合类课程—专业性课程—高层次综合类课程；由于信息在量上的极度扩张，以及科学在自我批判中进化的本质，这就要求我们在对课程内容的选择上有必要采取"以质取胜"、"兼评各家"的原则；新的教学方法应该着眼于在问题的自觉探寻中唤起学生自主学习的冲动；新的考试方法则应该采取考核学生综合创新能力的非标准化命题及评判方式。

人类教育事业的信息化发展，新的人—机传播以及信息网络的发展和普及，将会产生一种新型自导式学习体制，以及大规模的网络教育体制，这类新的学习和教育体制将可能从根本上改变现有的教学体制和方法，从而成为21世纪人类教育发展的主导方式。

把个人的全面而自由的发展看成是人类的全面发展和达到自由王国的前提，把社会的发展看作是对个性自由程度的不断的解放，这一直是马克思和恩格斯反复强调的重要思想。也许正是信息社会的成熟发展可能为马克思、恩格斯所憧憬的那个美好的未来社会——共产主义社会的到来提供一般性的前提和条件。

第九章 邬焜的"信息与社会"
——信息社会论思想

　　邬焜信息哲学从信息活动的层次上深刻揭示了人、人的类、人的社会的统一本质的信息规定，以及个人、人的类、人的社会的统一本质的进化的信息尺度。人和人的类，以及由人的类所构成的人的社会是内在统一的，从此内在统一性出发，人、人的类、人的社会三者便获得了统一的本质规定。人的进化、人的类的进化、人的社会的进化便是这个内在统一的本质的进化。

一　信息经济与信息社会的发展历程

1. 关于信息在经济活动中的地位和作用

　　社会信息化的端倪首先出现在人类经济产业结构的变化方面。为了反映这一变化，西方学者在 20 世纪 60 年代以来先后提出了信息经济、知识经济、数字化经济、网络经济、智能经济、后工业经济等理论。这些理论的实质是关注信息和知识在经济发展中的特殊地位和作用，并由此揭示由于信息和知识在经济发展中作用的增强所导致的经济结构和经济体制的变化。由于信息具有比知识和智能更为普遍性的品格（知识和智能仅仅是高级形态的信息），所以，信息经济的提法完全可以集中概括上述各类提法的基本要义。

　　重视知识与信息在经济、社会、生活中的重要价值的思想由来已久。早在 300 多年前，英国著名的哲学家费朗西斯·培根（Francis Bacon，1561—1626）就讲过"知识就是力量"的名言。100 多年前，马克思提出了"科学技术是生产力"的著名论断。18 世纪，英国古典经济学创始人亚当·斯密（Adam Smith，1723—1790）也曾明确指出知识为经济发展作出重要贡献。进入 20 世纪后，发达国家的众多学者对技术、知识、信息在经济发展中的重要作用的认识日趋深刻和系统化。

1912 年，美籍奥地利经济学家约瑟夫·熊彼特（Joseph A. Schumpetes）在其出版的《经济发展理论》①一书中提出了"创新"假说理论。在熊彼特看来，经济发展的决定因素既不是社会消费偏好，也不是其他生产要素，而是生产方式的某个领域的创新。创新的最高形式是建构新的产业组织形式，即进行制度和组织的创新。这就是说，熊彼特已经看到了生产方式、组织模式的变革对于经济发展的关键性作用。而在我们看来，信息化正是一种生产方式、组织模式和发展模式。

有人认为，美国经济学家弗兰克·奈特（Frank Hyneman Knight，1885—1972）是最早的信息经济学启蒙思想家之一。他于 1921 年出版的《风险、不确定性和利润》一书，为后来的经济学家在信息商品、信息产业及信息价值理论等信息经济学思想领域点燃了第一支明烛。奈特认为，由于认识到知识（信息）可以用于处理经济活动中的各种不确定性，因而企业家和厂商也就自然而然地收集各种可以为厂商经营带来利润的信息。这样，大量的公共资金和巨大的社会资本，将被投入到企业的信息处理活动中。结果，随着人们对信息（系统）价值认识的加强和经济竞争活动的日益发展，经济组织在利润和竞争优势地位的刺激和推动下，将逐渐由纯粹工业生产活动转向经济信息活动。奈特的这些观点，预见了自 20 世纪 60 年代以来被马克卢普和波拉特等人证实了的信息经济的发展事实。

1945 年 9 月，经济自由主义学说的另外一个代表人物弗里德里希·哈耶克（Friedrich Hayek，1899—1992）在《美国经济评论》发

---

① 　熊彼特：《经济发展理论》，何畏、易家详译，商务印书馆 1990 年版。

表《社会中知识的利用》一文，提出人们在社会生产、市场交易、价格体系、以及管理依据等方面所掌握和体现出来的信息都具有不完全和不确定的性质。这在实质上已经体现了信息活动给经济带来了不确定性和风险性。

1949 年，雅各布·马尔萨克（Jacob Marschak）在《美国经济评论》上发表《完全与不完全信息条件下流动性的作用》一文，专门以"完全信息和不完全信息"为主题讨论了经济问题，并以他所提出的信息度量标准讨论了各种信息形式下资产的流动性和需求流动性等经济问题。到了 20 世纪 70 年代，这种完全与不完全信息的划分思想和方法才逐渐发展为一种所谓的"完全与有限信息方法"。

1960 年，赫伯特·西蒙（Herbert A. Simon）在《管理决策新科学》（赫伯特·西蒙：《管理决策新科学》，中国社会科学出版社1982 年版）中，对信息技术的宏观经济影响进行了卓越的分析。他认为，信息技术的进步导致美国就业结构发生了重大的变革。他指出一个世纪前占美国劳动力 80% 的蓝领工人（包括农民和农业工人），现在已占不到40%。他强调说：我们可以把白领（脑力劳动者）组织看成是加工信息的工厂，信息技术不仅仅是一项新的工业技术，它简直就是足以发动一场"信息技术革命"的时代技术。信息处理技术的不断发展将会提出一些使可得能源和材料做到物尽其用的新的重要的方法。这样，西蒙已经看到了信息技术带来的产业革命的性质，以及信息对于经济的组织和发展模式的意义。

2. 信息经济学科理论的提出和发展

据说美国著名经济学家雅各布·马尔萨克（Jacob Marschak）是最早提出"信息经济学"学科的经济学家。1959 年，他发表了《信息经济学评论》一文，讨论了信息论对经济学的意义，以及信息系统的价值等诸多方面的问题。该文标志着信息经济学的诞生。20 世纪 50 年代，马尔萨克致力于经济活动中的团队信息结构的研究，他发现，信息结构的选择受到多种主观因素的限制，这就引起他对信息结构的选择方式和效益予以关注，并因此而拓展为对信息系统价值和多种信息系统之间的经济比较等问题的研究，从而开创了信息经济学的新时代。

1962 年，美国经济学家弗里茨·马克卢普（Fritz Machlup）出版了其划时代的著作《美国的知识生产和分配》，该书根据美国从第二次世界大战以来至 20 世纪 50 年代末的社会生产力发展和产业结构变化的背景，提出了"知识产业"的概念，并将其外延确定为：教育；R＆D（研究与开发）；传播业；信息设备；信息服务。他还据此计算出了美国在 1947—1958 年期间知识产业所创产值和知识产业劳动力在整个国民经济中的比例，他还预言，在不久的将来，美国知识生产的产值将接近或超过国民生产总值的 50%。正是马克卢普开辟了信息经济定量制度的方向，并由此进而发展为信息经济体制、信息社会、信息文明形态的理论。

1959 年夏季，美国社会学家丹尼尔·贝尔（Daniel Bell）在奥地利的一次学术讨论会上首先使用"后工业社会"的名称，提出了他对未来社会的设想，其后，在 1962 年和 1967 年又写了《后工业社会：推测 1985 年及以后的美国》和《关于后工业社会的札记》，乃至 1973 年又出版了《后工业社会的来临》[①] 一书，此书影响广泛，引起热烈之争论。贝尔认为，"前工业社会依靠原始的劳动力并从自然界提取初级资源"；"工业社会是围绕生产和机器这个轴心并为了制造商品而组织起来的"；"后工业社会是围绕着知识组织起来的，其目的在于进行社会管理和指导革新与变革；这反过来又产生新的社会关系和新的结构"。由于后工业社会的提法含糊，1979 年，贝尔承认"信息社会"的概念较"后工业社会"更为确切。

1963 年，日本学者梅棹忠夫发表了一篇独具特色的论文《信息产业论》，并在文中首次提出"信息社会"的概念。同年，用户电话已突破 500 万台的日本电信电话公司以"信息产业论"为题，征集

---

① 丹尼尔·贝尔：《后工业社会的来临》，商务印书馆 1984 年版。

纪念论文，引起举国各界的关注。在当时的日本，信息产业、信息社会等概念已成为颇具影响的独特观念。在当时，积极汲取马克卢普知识产业论的智慧，不断扩大其影响已蔚为风气。日本朝日新闻社、日本经济新闻社、日本经济研究中心、日本电气、野村综合研究所等分别推进了日本信息产业计量化的研究。通过知识产业和信息产业的重要论辩，日本国民形成了应大力发展知识或信息产业的一致看法。在此背景下，日本才得以推进信息化的政策措施和电气通信的扩大化与高度化。这是日本经济在之后获得杰出成就的重大原因。对此，国际上曾给予过极高的评价。

1977 年，美国年轻学者、信息经济学家马克·尤里·波拉特（Mac Uri Porat）出版了题为《信息经济》的 9 卷巨著。在《信息经济》中，波拉特首先采用农业、工业、服务业、信息业四大产业分类法，成功地分析了美国就业结构的变化，他还以信息产品或服务是否直接进入市场交易为标准，将国家信息部门划分为一级信息部门和二级信息部门。经过计算，波拉特得出 1967 年美国信息工作者收入已占全部就业人口收入的 53%，而 1970 年后，美国信息业人员已超过总劳动人口的 40%。在波拉特之后，宏观信息经济学主要根据两项指标来测度信息经济的规模：一是信息部门或信息产业产值在国内生产总值和国民生产总值中的比重；二是信息劳动者在总劳动人口中所占的比例。

3. 从信息经济理论到信息社会文明形态

1970 年、1980 年、1990 年，美国未来学家阿尔温·托夫勒（Alvin Toffler）分别发表了他那预测未来世界发展的惊世骇俗的著作三部曲：《未来的冲击》（贵州人民出版社 1985 年版）、《第三次浪潮》（生活·读书·新知三联书店 1983 年版）、《权力的转移》（中共中央党校出版社 1991 年版），提出了"超工业社会"、"信息社会文明时代"、"后大烟囱社会"、"超级信息符号经济"、"知识：一种符号财富"、"知识经济"、"以知识为基础的经济"等概念和提法，并预言：随着西方社会进入信息时代，社会的主宰力量将由金钱转向知识。托夫勒写道："我们正处于新的综合时代的边缘"；"第三次浪潮（信息社会文明——引者注）不仅加速信息流动，而且还深刻改变人们赖以行动与处世的信息结构"；"随着超级信息符号经济的发展，无产者成为知识者"；"在超级信息符号经济中，正是那些关于知识本身的知识，才最有价值"。

1982 年，美国未来学家约翰·奈斯比特（John Naisbitt）出版了《大趋势——改变我们生活的十个新趋向》（新华出版社 1984 年版）一书，从 10 个方面论述了美国社会发展趋势。他把"从工业社会到信息社会"看作是这十大发展趋势之首。他认为："信息经济社会是真实的存在，是创造、生产和分配信息的经济社会"，在信息社会里"起决定作用的生产要素不是资本，而是信息知识"。他指出，信息社会的经济将会"从国家经济过渡到世界经济"。他还认为：信息社会的民主制度将会从传统的"代议制民主转变到参与制民主"；信息社会的社会体制结构将会从集权制的"等级结构转变到网络结构"；信息社会中人们的时间观念也将发生变化，人们注意和关心的不再是过去和现在，而是富有创造性的未来。

1985 年，日本堺屋太一出版了《知识价值革命》（东方出版社 1986 年版）一书，提出"知识社会"、"知识价值社会"、"知识价值产业"、"知识价值产品"等概念。并认为："知识与智慧的价值的创造已成为经济发展和资本积累的主要源泉"，并"决定社会结构和人的行为准则"，正如工业产业革命的发展，带来旧的农业社会的崩溃一样，"知识价值革命"将使旧的工业社会走向衰退。

1988 年，邓小平提出"科学技术是第一生产力"，把科学技术提高到生产力的首位，表明知识已成为经济发展的主要动力。

美国多家研究机构联合组建的信息探索研究所，在它出版的《1993—1994 年鉴》中，以"知识经济：21 世纪信息时代的本质"为总标题，发表了 6 篇论文，从 6 个不同方面审视了"明天信息社会"的特征和本质，认为"信息和知识正在取代资本和能源而成为能创造财富的主要资产"。

1996 年,以发达国家为主要成员国的经济合作与发展组织(OECD),在巴黎发表了一份《科学、技术与产业展望报告》,同年,他们又将该报告的有关部分以《以知识为基础的经济》为题独立发表。此报告不仅首次在国际组织文件中正式使用了"知识经济"的概念,而且还对知识经济的内涵进行了界定。此报告把建立在知识和信息的生产、分配和使用基础上的经济称作"知识经济"。同时,此报告还指出:知识是支撑 OECD 国家经济增长的最重要因素,据估计,知识经济已占 OECD 主要成员国 GDP(国内生产总值)的 50% 以上。

美国学者曼纽尔·卡斯泰尔(Manuel Castells)继 1989 年出版了《信息化城市》一书之后,在 1996 年、1997 年、1998 年连续出版了他的《信息时代三部曲》,分别为《网络社会的崛起》《认同的力量》《千年的终结》。这些著作全面展示了信息经济与信息社会的基本特征和全新风貌,并具体探讨了信息化发展模式给城市化发展模式带来的新特点、以及对传统的工业化社会的全方位改造和重组效应,同时,在这些著作中还特别注重强调了信息化发展模式与城市化发展模式、与工业化发展模式、与社会经济的重组、与新兴劳资关系的变化、与信息科技的发展、与经济全球化等诸多层面彼此相互作用和影响的复杂互动关系。

从相关概念、观点、理论提出的过程来看,诸如信息革命、信息产业、信息经济、信息社会;知识价值革命、知识产业、知识经济、知识社会;网络经济、网络社会等方面的理论和实践乃是一个统一的时代之潮,这个时代之潮正是以信息(包括知识)的价值突现为其基本特征的,而信息经济与信息社会的概念则正是对这一统一的时代之潮以及由此引出的一个全新时代的基本特征的理性概括。

毋庸置疑,随着社会信息化程度的进一步发展,关于信息经济与信息社会领域中的相关问题的研讨必将日益显示出它那极为重要的理论和实践的价值,并且信息经济与信息社会的科学也必将会越来越处于经济学与社会学领域中的主导地位。

二　邬焜信息社会论思想的形成
历程(1982—2005 年)

　　信息经济与信息社会的发展带来的是整个社会形态、文明形式意义上的变革。这一变革将会在人类社会的所有层面都引起翻天覆地的变化。遗憾的是,虽然西方社会关于信息经济与信息社会的理论庞杂而丰富,但是,为信息经济和信息社会所作的哲学反思,即从信息活动的层面对人类的生产和实践活动的实质,以及人类社会的本质和发展的规律的探索则相当贫乏。邬焜信息哲学从哲学一般的层面、从信息本质的角度为信息经济与信息社会的发展,为人类的信息文明时代进行论证,创立了信息社会论,极大丰富了信息哲学的内容。

　　1982 年邬焜在其题为《哲学信息论》的本科毕业论文中强调说,仅仅从物质活动的层面来解释人的实践活动不可能揭示实践活动的实质,他从信息活动的维度将实践规定为人的目的信息通过人的计划信息在客体中实现的过程,并对之进行了详细论证。他的这一观点最初公开发表于《哲学认识论的信息中介论》①。

　　1984 年,邬焜在陕西省哲学学会年会上宣读了他的题为《信息·人类·社会》的论文。在该文中,他从信息活动的维度对人类社会的本质,以及人类社会进化的尺度作出了如下规定:"能动地把握、利用、开发、创造和实现信息是人类社会的本质",而"把握、利用、开发、创造和实现信息的间接化程度是人类社会进化的尺度"。在其 1986 年发表的题为《关于信息论研究中几个问题的探讨》② 一文中专门写了"信息与社会进化"一节,集中阐释了他的

---

　　① 邬焜:《哲学认识论的信息中介论》,《兰州学刊》1984 年第 5 期,署笔名"方元"。

　　② 邬焜:《关于信息论研究中几个问题的探讨》,《社会科学评论》,1986 年第 1 期。

这一观点。

1997 年，邬焜发表了题为《信息生产和信息生产力》①的论文，该文从已被科学证明的物质守恒、信息不守恒的基本原理出发，提出人类在生产活动中不可能创造物质，只可以创造信息，人类的生产只能是信息生产，人类的生产力只能是信息生产力的观点，并对之进行了详细论证。

20 世纪 90 年代以来，邬焜发表了一系列论文，出版了若干本专著，具体探讨了社会信息化中的一系列哲学问题。这些相关的著作包括：邬焜：《信息世界的进化》（西北大学出版社 1994 年版）；熊先树、邬焜：《信息与社会发展》（四川财经大学出版社 1998 年版）；邬焜、邓波：《知识与信息的经济》（西北大学出版社 2000 年版）；邬焜：《信息化与西部发展多维互动模式探讨》（西安交通大学出版社 2006 年版）；邬焜，等：《社会信息科学的理论与方法》（人民出版社 2011 年版）。

在这些著作和论文中，邬焜教授认为，20 世纪中叶以来，随着信息科学技术革命的诞生和纵深化的发展，导致人类社会的经济、政治、军事、文化、教育、医疗、生活、观念领域都发生了巨大的变革。这预示着人类社会正在进入一个全面信息化发展的崭新时代。社会的信息化发展乃是一种全新的生产方式、组织模式和发展模式。

信息经济与信息社会的崛起是社会信息化发展的最基础性领域。信息经济并不仅仅指信息产业的崛起和发展，它还意味着对传统产业的信息化的全方位改造。关键是用信息化的方式去生产产品、组织经济和发展经济。像当年工业文明对农业进行了一场机械化、化学化改造一样，正在行进中的信息文明也必将会对机械化的农业进行一番再改造，使其成为信息化的农业。可以想见的一些发展领域包括：农业自动管理智能决策支持系统、农业自动作业智能系统、农作智能机器人、新的优质动植物的培育（生物工程的发展）、无土农业（无土组

---

① 邬焜：《信息生产和信息生产力》，《哈尔滨师专学报》，1997 年第 3 期。

织培养技术、海洋养殖放牧技术、食品合成纳米技术）等。

人类信息技术的发展将把传统的机械化工业改造成信息化的工业。工业领域的这一转变将会在三个方面集中体现出来：一是企业结构将从大实体多等级模式向小实体大网络方向发展；二是机械制造业将向计算机集成制造业转化；三是纳米合成业将会兴起。

信息化的经济乃是全球化、国际化、网络化的经济。它从根本上改变了地球人的生产与交往方式。这一信息化的新的经济已经呈现出了诸多方面的新特点：网络化与分散化；弹性化；即时性；创新性与学习性；全球性交往。

邬焜认为，经济是人类社会的基础，信息经济给人类社会带来的不仅是经济领域的变革，在此基础上必然会在人类社会的政治、军事、科学、文化、生活乃至一般人的观念等极为广泛的领域中引发全方位的、综合性的全新变革。正是这一变革最终导致了一种区别于农业文明社会、工业文明社会的新的信息社会文明体制的诞生。当今世界，信息社会已不再是一种观念，而是一种存在着的现实。信息产业的发展，先进通信网络系统的建立，企业信息化、知识化、智能化，社会生活的全面知识化、信息化，给社会带来了某种前所未有的深刻变化。从产业结构变化的角度，我们可以看出社会进步的一般趋势（见图）。

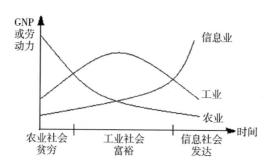

社会进步的一般趋势图示

作为一种全新的生产方式、组织模式和发展模式的信息化浪潮已经和正在改变着人类社会、经济和生活的时间和空间结构。这一时空结构的变革集中呈现在人类城乡结构的变化之中。建立在大规模工业化生产方式基础之上的城市化发展日益呈现出单一大城市化、超大城市化发展的集中化和中心化趋势。这一趋势给人类的城市化发展带来了诸多方面的弊端，造成了种种危害人类的社会、经济和生活的时空结构有序化发展的"城市病"。信息化浪潮给人类的城市化建设带来了全新的战略选择："小实体、大网络"的"去大城市化"战略；城市功能分层定位的"去中心化"战略；"城市群落化"与"多中心化"战略；"辐射式卫星城"战略；"地区性政府迁出大城市"战略；"生态化"战略。

作为一种全新的生产方式、组织模式和发展模式的信息化浪潮在人类政治权力领域已经和正在引起全方位的深刻变化。这些变化集中体现在权力机构的重建、权力重心的转移、新型民主制的建立、网络民主的发展等方面。

邬焜说，随着信息时代的到来，随着更多地将先进的信息技术用于军事目的，军事的信息化日益成为某种必然的趋势。这一趋势不仅改变着各国军队体制的结构，而且全面刷新着现代和未来战争的整体风貌。现代信息战以及未来的信息战一定是建立在电子计算机网络化信息技术基础之上的。这是一种真实意义的通过电脑网络的战争。在现代战争中，准确无误、运作有序的战略和战术指挥完全依赖高性能的计算机网络来完成。一方面是高超的信息通信、信息侦察、信息网络的先进现代信息技术的发展，以及各类电脑控制的精确制导武器的设计、研制和广泛应用；另一方面则是破坏信息通信、信息网络，反对信息侦破的各类高潮的信息侵袭、信息干扰和隐形、伪装技术的发展，以及对付各种精确制导武器的反制导装置的防卫兵器的设计、研制和广泛应用。由于计算机网络系统遍布各行各业、世界各地，所以，未来信息战的控制空间将会是极为广阔和没有国界的、全球性的。网络的脆弱性和易被侵入性也昭示着信息战无所不在的复杂性。

信息处理和传播方式的巨大进步和日益普及化，同样会给人类生活方式和工作方式带来巨大的变革。人们将会更多地通过信息自动化、网络化处理和传播的技术来实现和改善自己的生活过程、工作过程，这便是人类社会生活的信息化。

随着信息时代的到来，在社会信息化大潮的冲击下，人类的文化、教育、医疗事业也呈现出了信息化改造的全方位变革。人类生活方式的趋同化、人类语言发展的趋同化、民族文化日益边缘化乃是文化全球化发展的一般趋势。各类学习智能系统的普及及网络化可能导致一种自导式程序化教学体制的建立，而远程通信、电子网络的普及化可能为人类开辟一种世界规模的崭新意义的大规模的网络教育体制。借助于各类小型医疗智能机系统和相应的网络资源，人们可以足不出户就进行某些疾病的自我医疗，心理疗法、声色疗法、通过计算机及其网络的虚拟化医疗，以及基因技术和纳米技术在医疗领域的开拓和应用也都将可能给人类的医疗事业带来全新的风貌。

这些成果不仅具体展示了信息文明时代已经和将要给人类政治、经济、军事、文化、教育、卫生、生活、观念带来的全面信息化发展的全方位变革，而且还对信息化、工业化、现代化、城市化、全球化、市场化、生态化、以及人本身的信息化的多重发展维度综合互动的信息文明的全新发展模式进行了探讨。

通过这些探讨，邬焜具体揭示和论证了全新的生产方式、发展模式和组织模式的信息化发展对于人类社会的进步所具有的重构和重建的全方位变革的意义和价值。

对于社会信息化发展的哲学反思，不仅有助于我们深刻认知人类生产活动、人类实践活动，以及人类社会的信息本质，而且还能够由此为人类信息文明社会形态的诞生和发展提供哲学依据和前导性的理论探索。

三　邬焜信息社会论思想的丰富内涵

1. 信息经济的内涵

信息科技革命给人类社会带来的最为基础性的变革便是社会经济结构的改变。随着大规模、超大规模集成电路、微型计算机、计算机网络、光导纤维、卫星环球通信等信息处理和传播技术的深刻进步，一类新兴的产业——信息业，在世界范围内迅速崛起，尤其是自20世纪80年代末以来，随着多媒体技术、信息高速公路等技术的提出和发展，更加快了信息业发展的步伐。

现代信息技术的日益成熟、信息产业的崛起和发展，以及各国信息政策的制定和完善，又进而导致了信息经济的形成和发展。邬焜认为，对于信息经济的含义可以从五个层面上予以讨论。

第一，信息经济是一种区别于农业经济、工业经济的经济体制。在信息经济中，经济活动对于信息活动的依赖已达到优势突出的地步，一方面是在信息业部门中就业的劳动人数，以及信息业所创造的产值都远远超过其他三个产业部门；另一方面是在其他三个产业部门的活动也在很大的程度和范围上依赖于信息产业部门的活动。如，计算机网络化管理、设计；信息自动化技术的广泛采用；更多利用各类信息传播媒介来完成自己的经济活动等。

第二，信息经济是一种区别于物质经济部门、能源经济部门的独立的经济部门。物质经济以物质形态的开发、转换、生产为其主要特征；能源经济以能量形态的开发、转换、生产为其主要特征；信息经济则以知识、信息形态的收集、存储、开发、转换与生产为其主要特征。一般说来，信息经济是关于信息和知识的生产、管理、传播、交换、消费和分配等过程的经济部门或经济领域，随着经济领域中的信息因素的日渐增加、信息作用的日趋扩大，信息经济部门逐步从传统的物质经济和能源经济部门中分化出来，从而形成一个具有自身规定性的，区别于后两者的独立的经济部门。

第三，信息经济是区别于第一、第二、第三产业经济的第四产业经济。存在一种最为一般化的理解，这一理解认为，信息经济直接就是信息产业经济，亦即是前已提到的第四产业的经济。但是，仅仅把信息经济看作是第四产业经济的观点是较为狭隘的，因为在其他三个产业中同样存在着实际的信息经济活动的方面。

第四，信息经济是对经济行为中的一切信息活动的总概括。这是对信息经济作出最为广泛意义规定的一种理解。按照这种理解，信息经济不仅指谓第四产业（信息业）经济，而且还指谓信息产业之外的其他产业中的信息活动的方面，此外，它还指谓着关于经济运行情况、规律、趋势等方面的信息活动。在这样一个含义的层面上，信息经济指谓的范围将与经济信息指谓的范围在很大的程度上相互吻合。

第五，信息经济乃是一种崭新的人类社会文明体制。这是在信息经济对人类社会发展所起的全面变革的意义上对信息经济的一种理解。信息经济的崛起首先给人类社会带来的是一种经济体制、经济模式的转变，在这一意义上，我们说信息经济开辟了一个新的人类经济时代。但是，经济是人类社会的基础，在此基础性变革之上必然会导致人类社会的多层面、全方位、综合性的相应变革。这就是说，信息经济给人类社会带来的不仅是经济领域的变革，而且还是政治、军事、科学、文化、生活，乃至一般人的观念等极为广泛的领域的变革。正是这一全方位的综合性变革最终导致了一种区别于农业文明社会、工业文明社会的新的人类社会文明体制的诞生，这就是信息社会文明体制的诞生。

2. 信息社会的特征

作为一种经济体制，信息经济的崛起首先表明人类经济体制、经济模式的转型和更替，这就是以物质经济为主的经济体制、经济模式，向以信息经济为主的经济体制、经济模式的转变。另外，经济是人类社会的基础，经济体制和模式的转型又直接导致了人类社会文明的转型，这就是从工业文明社会向信息文明社会的转型，亦即是人类的新的社会文明体制——信息社会的出现和发展。

信息社会文明的出现所引起的却是一种全面的人类文明的转型，它对传统社会的冲击是全方位的。新的文明所带来的变革并不仅仅是经济体制的，而且还是观念体制的、生活体制的、文化体制的、科技体制的、政治体制的。从现代社会的科技、政治、经济、文化、生活的高度统一性的发展中也能清晰地揭示出信息社会文明所具有的那种综合性、系统性、全方位变革的性质。

据此，邬焜把信息社会文明的基本特征概括如下：

一是政治与权力领域的变化：

（1）代议民主制逐步让位于参与民主制和直接民主制；

（2）在不妨碍社会和他人利益的基础上，兼容"少数人权利"的新兴民主制的确立；

（3）各类集权制的金字塔式的权力等级结构逐渐过渡到分权制的平行分散的网络式结构；

（4）腐败、臃肿、低效的官僚政府机构向廉洁、精悍、高效的微型化政府机构转变。

造成如上四方面转变的可能性的根本原因在于社会的信息化和信息的社会化的普遍性。现代信息处理与传播技术已能更为简便、及时地传达和收集民意提供技术上的条件，并且也足以打破专制体制和集权垄断体制，并能够更为有效地对充任公职的一般官吏进行监督；同时，权力的分散和缩小，办公室自动化程度的提高，也有助于克服腐败和低能的官僚习气的滋生。

二是经济领域的变化：

（1）劳动力结构出现根本性的变化，从事信息职业的人数与其他部门职业的人数相比已占绝对优势；

（2）在国民经济总产值中，信息经济所创产值与其他经济部门所创产值相比已占绝对优势；

（3）传统产业在较大程度上已得到了知识化、信息化、智能化的改造；

（4）能源消耗减少，环境污染得以控制；

（5）知识创新和知识本身成为社会发展的基本动力和主要资源。

前两点的变化是信息经济时代到来的最基本、最重要的特征指标，它表明信息经济的发展已在社会经济体系中占据了绝对优势的地位。

三是社会文化、生活方面的变化：

（1）社会生活的计算机化、网络化、自动化；

（2）拥有覆盖面极广的远程快速通信网络系统及各类远程存取快捷、方便的数据中心；

（3）生活模式、文化模式的多样化、个性化的加强；

（4）可供个人自由支配的时间和自由活动的空间都有较大幅度的增长。

四是社会观念上的变化：

（1）尊重知识的价值观念成为社会的风尚；

（2）人们具有更积极地创造未来的意识倾向。

邬焜认为，也许上面罗列的这些关于信息社会的基本特征是过于理想化、简单化了，现实的情景一定会比这些罗列的特征要复杂、丰富、具体得多。

在当今的地球上，信息社会已不再是一种观念，而是一种存在着的现实。信息产业的发展，先进通信网络系统的建立，企业信息化、知识化、智能化，社会生活的全面知识化、信息化，给社会带来了某种前所未有的深刻变化。

3. 个人与社会本质的内在统一性

邬焜教授认为，人之所以展示为人是因为人通过了以社会为中介的生理、心理和行为的二维结构的建构。二维结构建构的这种以社会为中介的性质充分说明着人的本质只能是一种类本质，而不可能是脱离了人的类的纯粹的单个人的存在。纯粹单个人的存在不是人的存在，脱离了人的类的人的存在只能是兽的存在。在这里，人的个体和人的类是内在统一的。作为人的个体是内化了的类的存在，这就是人的个体的生理、心理、行为结构的建构必须以人的类的存在形式——社会为中介的原因。以社会为中介的过程就是内化社会的因素、社会的本质的过程。这样，人的个体的存在、个体的本质就与人的类的存在和本质，人的社会的存在和本质统一起来了。

这个社会与个人的统一是双向的作用过程。一方面，人的个体集合形成的类构成了人的社会；另一方面，人的类的存在形式又规定和影响着人的个体的存在。一方面，社会的活动必须以人的个体的活动为基础，并且，社会的活动又只能存在于一个个的个体的活动之中；另一方面，个体的活动又必然会自觉或不自觉地以与社会整体的活动模式相一致的方式来塑造自身，并且，个体的活动又一定会被整合到社会整体的活动模式之中。从起源上来讲，人的个体和人的社会是同时萌生，同步发展的，但是，具体到某一个历史阶段上的某一个个人来说，社会则是先于个人而存在的，而个人又一定是这个先于他而存在的社会的产物。

人的个体的本质与人的类的本质、人的社会的本质的统一性，使我们能够从人的个体本质的方面来推论出人的类的本质、人的社会的本质方面。在这里，人的个体的本质是内化了的人的类的本质、人的社会的本质；而人的类的本质、人的社会的本质则是外化了的人的个体的本质。实现了的人的个体的本质，这样，社会的本质就可以在人的本质中得到解释。

邬焜强调，人的本质是自然本质与社会本质的统一，这种统一又具体地体现在人的生理本质、心理本质和行为本质之中。正是基于人的自然本质之上的人的生理、心理和行为的第二维结构的建构将人的社会本质内化，并从而使人成为人。这样，无论是人的本质，还是人类社会的本质便都可以从这个人的第二维结构的性质中得到，而这个第二维结构本身就是一个自然遗传信息和社会文化信息的一个具体的统一。

社会的本质是外化了的人的本质，从外化的层面上来看，人的心理和行为的方面是直接表现出来的人的本质的方面，而人的生理方面则是人的心理和行为活动能力的生理性基础。在人的心理和行为活动之中便潜在体现和外化着人的生理活动。这样，单从外在表现型的角度来看，从人的心理和行为本质的方面我们便可以集中地推论出人类社会的本质。

邬焜指出，人类所独具的心理和行为活动，集中起来讲无非是意识、语言和劳动这样三个方面。作为人的个体来说，只有当他具有了这三个方面的能力时，他才能成为一个完整意义上的人。作为社会本质的具体而集中的体现者的文化，正是和这些人所独具的意识、语言和有意识的心理和行为的活动相一致的。在这里，文化一方面指的是社会成员共有的意识、语言和劳动的具体活动模式和过程；另一方面还指意识、语言和劳动活动的结果，这就是人所创造的精神产品和物质产品。这样，无论从人的活动的角度看，还是从文化的角度看，人的意识、语言和劳动都能够具体体现出人类社会的本质，正是意识、语言和劳动使人类、人类社会具有了对自然进行能动地认识和改造的功能，并从而把人类、人类社会从动物界，从纯粹自在的自然界中提升出来，超越出来，成了一种具有新质的存在。

4. 社会本质的信息规定

邬焜从物质形态和信息形态的双重存在和双重演化的坐标轴出发，对社会的存在和进化做出了信息化的解释。具体说来，就是要从信息活动的角度，对人类、人类社会所独具的能动地认识和改造自然的能力，以及对具体突现此能力的人类独具的意识、语言和劳动这三个不可分割的、相辅相成的方面做出解释。

从邬焜信息形态的哲学划分中我们可以看到，意识是主观间接存在的标志，是信息的自为、再生的态，它包括感知、记忆和思维。感知和记忆都是主体对信息把握的过程。思维则是信息的主体创造。如此，人的意识在本质上是对信息的能动的把握和改造，以及在此基础上的信息的主体创造。

邬焜认为，劳动的实质是按照人的意志，改变客体的某种结构和状态，使之成为对人、对社会有用的产品（物质的、精神的）。因此，劳动是一个主体目的性信息通过主体计划性信息的实施在客体中达到实现的过程。这里创造的不是物质，而是信息，是主观信息的客观实现改变了对象的性质，使它能够满足人类的需要。所以，劳动在本质上是主体的目的性信息转化为客体的结构信息的过程，是主体能动地利用和实现信息的过程。

由于劳动和意识的相互作用，也在实质上改变了人类把握信息的方式，人们可以在客体信息未曾展开，或未曾达到人的感知阈值的情况下，通过劳动（利用工具、仪器、设备）改变客体的状态，将其信息激发到可被人们感知把握的程度。这便是对信息的能动的利用和开发。

正是在对自然的能动的认识和改造的信息活动的意义上，邬焜说：能动地把握、利用、开发、创造和实现信息是人类社会的本质。

5. 社会进化的信息尺度

邬焜认为，社会的进化是文化的进化，而文化的进化又是人的心理和行为活动方式的进化，而人的心理和行为活动的方式的进化又是人类把握、利用、开发、创造和实现信息的方式的进化。此进化即是人类对信息处理的方式的进化，即是人类社会本质的进化，即是人类社会的进化。

社会进化的尺度不应简单从社会产品的多寡的量的方面来寻求，而应从制造产品的方式的质的进化中来获得。这就是，社会的进化是人类把握、利用、开发、创造和实现信息的方式的不断发展和进步，而这种发展和进步的总规律就是间接化程度的不断提高。因为信息是间接存在的标志，所以，任何间接化程度的提高，都同时就是信息化程度的提高。

正因为这样，邬焜才说：把握、利用、开发、创造和实现信息的间接化（社会化）的程度是社会进化的尺度。所谓"信息社会"就是人类把握、利用、开发、创造和实现信息的高度信息化（间接化、社会化）的社会。"信息社会"，并不像流行说法所说的那样，好像人类只是到了现在才进入了"创造信息和分配信息为主"的时代。问题不在于创造和实现信息与否，而在于创造和实现信息的方式。人类社会进化的信息意义也并不仅仅停留在"信息选择"上，而更重要的还在于信息的主体（个人的、社会的）创造，和通过人类的社会实践将这些创造出来的信息转变为社会的、自然的现实（直接存在）。

第十章 邬焜的"信息与生产"
——信息生产论思想

随着知识和信息经济的崛起，随着社会的信息进化的加速发展，信息在现代社会生产中的重要作用日益显著地突现出来，这就使我们有必要从信息活动的角度来对人类生产活动本身重新加以审视和规定，并相应对信息生产力的问题进行探讨。

1997年，邬焜教授发表了《信息生产和信息生产力》论文，首次阐述了信息生产的实质，令人振聋发聩。他说："复制、改变和创造观念信息、人的遗传信息、社会文化信息、物的结构信息，以及将劳动主体的目的信息转化为实物产品的结构信息是人类生产活动的实质。"① 因而，在严格的意义上，人类的生产不可能是物质生产，而只能是信息生产。

一 四种生产及其生产力的信息阐释

长时期以来，国内学术界有把人类生产概念的范围狭义化的倾向。这就是只注重研究物质生产的问题，而不注重研究其他形式生产的问题。当人类步入信息时代之后，仅仅强调物质生产形式而排斥其他生产形式做法的狭隘性、局限性便十分鲜明地呈现出来了。

邬焜教授指出：从马克思和恩格斯的相关论述中，我们最起码可

---

① 邬焜：《信息生产和信息生产力》，《哈尔滨师专学报》，1997年第3期。

以找到四种不同意义的生产过程。一是物质生产；二是精神生产；三是人类自身生产；四是人的交往形式（即制度）的生产。生产概念理应是对这四种意义上的生产活动过程的综合概括。

1. 物质生产及其生产力

按照传统历史唯物主义的观点，人类的物质生产是一切生产形式的基础，而物质生产力的发展则是推动人类社会发展的根本力量。人类科学早已清晰地揭示出了一条具有基础性意义和价值的定律：物质（质量和能量）守恒，世界上的物质既不能消灭也不能创造。由此定律出发，人类在生产活动中是根本不可能创造出物质的。其实，我们通过物质生产所改变的并不是物质的质量或能量，而仅仅是相关质量或能量的结构方式或活动状态。在生产中，人们破坏物质的某种旧有结构和状态，并相应建构某种我们所需要的结构或状态。我们通过对某种物质存在形式的改变来获取另外一种我们所需要的物质存在形式。这样，在获取物质财富的生产活动中，我们创造的仅仅是物质的特定结构或秩序。

物质生产指人类创造物质产品的活动与过程。人与动物的区别就在于，动物只是与自然界提供的生存条件保持直接的适应性，而人却能够通过自己的行为来改造自然界，从而使自然界与人的需要相适应。物质生产便是人类社会与自然界相互联系的一种特有方式。在自然物不能以现成形态满足人的需要的时候，人们便会通过某种创造性的活动去改变自然物的存在形态，使之成为能够满足人类生存需要的物质生活资料，从而达到对自然物的利用、控制和占有，这就构成了人类的物质生产过程，而在这一过程中所体现出的人类改造自然、创造物质生活资料的能力便是物质生产力。从最一般的意义上来讲，物质生产中的结构或秩序的改变乃是一种信息的编码方式，而在此编码活动中所利用的物质（质量或能量）材料则具有信息载体的意义和价值。看来，在这一生产活动中，人类所创造的并不是物质，而只能是信息（物的序的结构信息）。由此我们可以说，人类的物质生产是人类复制、创造特定物的结构信息，以及人所设计的目的信息在实物产品中实现的过程，简言之，即是人类改变和建构物的结构信息的信息生产过程。

2. 精神生产及其生产力

精神生产在一般意义上是指"思想、观念、意识的生产"[1]，它是人类创造观念形态产品的活动与过程，又称意识生产。在严格的意义上说，精神生产主要指精神生产者有意识、有目的地创造各种社会意识形式（如，科学、艺术、道德、宗教、政治、法律、哲学等）和创造实践性观念（如，方针、政策、规划、设计、模型、计划方案等）的生产活动，以及精神产品的分配、交换、消费，即精神交往关系与过程。马克思曾按照产品和消费之间的相互联系，把精神生产区分为两种基本形式：一是"具有离开生产者和消费者而独立的形式，因而能够在生产和消费之间一段时间内存在"，如，书籍、绘画、图纸、拷贝、录音、录像、计算机软件等；二是"产品和生产形式行为不能分离，如，一切表演艺术家、演说家、教员、医生、牧师等等情况"，以及某些个体劳动中的仅供自己当时劳作所用的，在自己头脑中所设计的目的、计划、方案的生产和消费的情况，这时，产品在精神生产者主体的运动状态中即被他人或自己直接用来消费掉了[2]。我们有理由把这两种形式的精神生产分别称为延迟性间接消费的精神生产形式和即时性直接消费的精神生产形式。精神生产为人类提供理论观点、科学知识、价值取向、行为规范、目的、决策、行动计划和未来预见等，在这一生产过程中所体现出的人类创造观念形态的产品的自由、自觉的能动性能力便是精神生产力。

精神生产是观念、知识的生产，而观念、知识是人类创造的主观信息（再生信息）的形态，所以，精神生产能够集中体现出人类生

---

① 《马克思恩格斯选集》第 1 卷，人民出版社 1972 年版，第 30 页。

② 《马克思恩格斯全集》第 48 卷，人民出版社 1985 年版，第 61—62 页。

产活动的信息生产的本质特性。创造和复制观念信息是精神生产的实质。

3. 人类自身生产及其生产力

人类自身生产是指人类自身世世代代的繁衍，是人本身的肉体和智能的双重生产和建构的过程，包括繁殖后代、人的培养和教育等活动，所以又称人口生产、人的生产、人的生命的生产。人类在进行物质生产和精神生产的同时，也必须进行人自身的生产。恩格斯指出："根据唯物主义观点，历史中的决定性因素，归根结蒂是直接生活的生产和再生产。但是，生产本身又有两种。一方面是生活资料即食物、衣服、住房以及为此所必需的工具的生产；另一方面是人类自身的生产，即种的繁衍。"① 人自身的生产是社会存在和发展的基本前提和必要条件。社会是由人组成的。"任何人类历史的第一个前提无疑是有生命的个人的存在。"② 没有人的种系繁衍，没有一定数量和质量的人口，既不可能有人类社会的存在，也不可能有人类社会的发展。人类对人口的数量和质量优化控制的方式和能力便是人类自身生产力。

人类自身生产的活动包括两个相互衔接的环节。一是通过对人类遗传信息的复制产生出人的个体生命；二是通过对人类社会文化信息的同化将具有个体生命的人培养教育成社会化的人类社会的一员。人类自身生产的实质是对人类的遗传信息和人类的社会文化信息的复制（信息同化也是一种信息复制过程），当然，在此复制过程中也会出现复制中的错误，即信息变异，正是通过这种变异才导致了人的遗传信息结构的进化，以及人类的社会文化的进化。

4. 人的交往形式的生产及其生产力

马克思在提出"交往形式本身的生产"的同时又强调指出交往

---

① 《马克思恩格斯选集》第 4 卷，人民出版社 1972 年版，第 2 页。
② 《马克思恩格斯选集》第 1 卷，人民出版社 1972 年版，第 24 页。

形式的生产即是制度的生产,"因为现存制度只不过是个人之间迄今所存在的交往的产物"。就交往乃是人与人之间的关系、制度乃是这种关系的习惯的或法的形式而言,它们都是社会文化信息活动的过程或产物,因而交往形式(制度)的生产便不能不具有一般社会文化信息生产活动的性质。

二　信息生产及信息生产力

在上述分析的基础上,邬焜教授定义说,人类全部的四种生产活动的实质是:复制、改变和创造观念信息、人的遗传信息、社会文化信息、物的结构信息,以及将劳动主体的目的信息转化为实物产品的结构信息。

邬焜教授还进一步指出,从关于生产概念的规定中,可以直接引申出生产力的概念,这一概念同样可以清晰地揭示出人类社会生产力的实质:人类的社会生产力是指人类复制、改变和创造观念信息、人的遗传信息、社会文化信息、物的结构信息,以及将劳动主体的目的信息转化为实物产品的结构信息的能力。与人类的生产不可能是物质生产,而只能是信息生产的理由相一致。人类的社会生产力也不可能是物质生产力,而只能是信息生产力。

邬焜教授强调说:人类社会生产和社会生产力具有复杂综合性。从这一复杂综合性的特征出发,我们有理由把人类社会生产力看成是一个复杂综合的大系统,它首先是物质生产力、精神生产力和人类自身生产力、交往形式(制度)生产力的综合;其次是自然力量、社会力量的多重效应的综合;最后是物质因素(包括材料和能源)和信息因素的有机综合。在这里,生产力范畴理应是一个综合范畴、全息范畴。如此,对生产力结构的讨论也理应在全面、系统而综合的水平上来进行。马克思就曾提出过"整个世界的生产"、"全面生产"这样的概念,并把它看成是"人们所创造的一切"。他写道:"个人的真正的精神财富完全取决于他的现实关系的财富……因为这个缘故，各个单独的个人才能摆脱各种不同的民族局限和地域局限，而同整个世界的生产（也包括精神的生产）发生实际联系，并且可能有力量来利用全球的这种全面生产（人们所创造的一切）。"

三　生产力的微观结构

邬焜教授区分了生产力的微观结构和宏观结构。按照邬焜教授的划分标准，生产力的微观结构指的是构成生产力要素的内部结构，生产力的宏观结构，指的是构成和影响生产力的各类要素或因素之间的相互作用关系。

邬焜教授认为，在现实的生产活动中，构成生产力的所有要素或因素都有其物质构成和信息构成的方面，并且，这两个方面又是相互交织、贯通、融为一体、无法分割的。他具体剖析了传统哲学强调的生产力的三要素（劳动者、劳动工具和劳动对象）中的每一要素的微观结构，并具体揭示了每一要素的物质构成和信息构成的内在统一性特征。下面将邬焜教授关于生产力三要素的微观结构的基本观点予以简要复述。

通常意义的劳动者并不仅仅指从事劳动的人的血和肉、骨头和器官、神经和脑等硬件（物质构成），而且更是指从事劳动的人所具有的劳动知识和技能，认知和思考的方式，控制注意力和意志力的能力，选择与操作工具、选择与作用于对象的方法和能力等软件（信息构成）。

在人类生产活动中起作用的劳动工具有两类：一类是主观工具；一类是客观工具。主观工具即认识、改造对象的主观方式和方法。这类工具是潜存于劳动者主体之内的，作为劳动者的软件（信息）构成而被具体规定的。客观工具虽然以客观实体物的形式而存在，但是，它却不再是什么原初意义上的纯粹的自然实体物。由于它是被劳动者制作出来的，它便已经作为一种劳动的产品，以其新颖的结构和性能而凝结了被人加工制作过的信息，并与制造者的目的、意志相统一。在这里，劳动者的主观信息已经贯注到了客观工具的结构和性能之中，客观工具已经成了劳动者的相关知识、技能、方法的物化信息凝结体。作为主观信息的物化凝结体，客观工具的本质便不能简单由其物质承担的因素方面来规定，而只能由其所凝结的主观信息的因素方面来规定。

在人类社会生产过程中存在着四种类型的劳动对象：一是与人外在的被加工的实体物（包括无生命体和有生命的动、植物体）；二是被加工的观念和知识（包括心理现象、概念、符号、理论等）；三是被养育、教化、培训的人本身；四是制约和限定人们进行交往的现实的形式和制度。在生产过程中，这四类劳动对象都始终处于动态的变化之中，即都始终处于从被加工状态向产品转化的过程之中。这样，劳动对象的微观结构便不能不呈现出十分复杂的情景。其硬件（物质）构成主要指的是各类劳动对象的物质基质，而其软件（信息）构成则包括：无生命体凝结的自然、人工信息；通过选择、复制、改良、重组获得的生命体遗传信息；产品中凝结的劳动者的目的性信息；处于加工过程中的观念、知识、交往形式（制度）信息；作为产品的新的观念、知识、交往形式（制度）信息；通过选择、复制、优化、控制获得的遗传信息；保证生命持存与发展的结构信息；通过社会化教化获得的智能信息。

四　生产力的宏观结构

邬焜教授从四种生产和生产力的理论出发，具体揭示了人类生产力宏观结构的复杂综合性特征。他首先把社会生产力的宏观结构确定为三个围层：一级圈层，即内核要素圈层，它是由劳动者、劳动工具、劳动对象通过互动性反馈环链式的内在相互作用所构成的一个复杂自组织系统，由此系统的运作构成了生产力的实在运行过程；二级圈层，即外围要素圈层，这一围层主要由科学技术、管理、教育等要素构成，在生产力的实在运行过程中，这一类要素是通过广泛渗透、贯穿于三个内核要素之中而发挥作用的；三级圈层，即边缘影响因素圈层，这一圈层主要由自然环境、经济体制、政治体制、文化传统、人口状况等因素构成。在一般情况下，这类因素并不直接作为生产力的要素而参与到生产力的实在运行过程之中，它们的作用仅仅在于对生产力的内核要素或外围要素施加作用，从而间接地影响生产力的发展状况。

邬焜教授强调指出，上述的生产力的各类要素、各类影响因素之间既存在着等级分层式相互作用关系，也存在着普遍映射、渗透、影响的网络式相互作用关系。由此也具体呈现着人类生产力系统的综合复杂性特征。

五　人类生产实践活动的实质

与信息生产和信息生产力的讨论相一致的是对人类生产实践活动的实质的认识。人类的社会生产是人类实践活动的最基本形式。实践唯物主义者们坚持说，人的实践活动具有世界本体意义的纯物质性活动的性质，并主张把它完全归结到"客观实在"的范畴之中。邬焜教授对这样的观点提出了批评，他强调说，实践唯物主义的这一观点的最大困难在于无法解释实践活动中的目的指向性。我们知道，实践过程首先是从人的主体目的性开始的，在实践的物质运动过程未曾展开之前，人们要制造的产品形象，人们为制造此产品而选择的手段、方式，所拟订的计划都已作为概象或符号的信息在人的意识中被设定好了，这就是主体在实践之前所拟定好的目的性、计划性信息。这种认识中的主体创造的再生信息要求主体发出行为启动的指令信息，通过人的神经激发人的运动器官行动起来，操作选择好的工具，作用于选择好的客体对象。在这一实践的系列过程中，主体信息一直起着规定实践的方向、设计实践的程序和方式、选择实践的手段、工具和对象、控制实践的进度、程度的作用，主体外化出来的信息是贯穿这一全过程的主线，通过这一过程，主体的目的性信息最终在客体中得以实现，改变了客体的结构和状态，使之成为符合人的目的设计的产品（物质产品、精神产品）。无论从实践的开始（目的、计划的设定）、实践的过程（主体器官的运动、对工具的选择和操作、对对象的选择和加工改造），还是从实践的结果（对象的被改造）来看，都具有信息活动的意义，而实践活动本身要完成的也只不过是把主体认识中的目的性信息转化为客体的结构信息，这一过程的完成又直接依赖着主体认识中为完成这一过程所设计的计划性信息的实施。这样，我们便可以从信息活动的角度对实践作出如下一个一般性的规定：实践是一个主体信息在客体中实现的过程，主体创造的一种信息（目的性）通过主体创造的另一种信息（计划性）实施的中介潜入客体，化为客体的特定信息结构被生产出来了。如此看来，实践活动与一般的物质性活动的区别恰恰在于它是由人的精神活动设计和控制的。那种把实践活动完全归结为物质活动的观点，显然难以成立。

我们看到，邬焜信息哲学对人类实践和人类生产活动作出了全新的解释，认为人类实践并不是纯粹的物质性活动，它是主体目的性信息，通过计划性信息的实施在客体中实现的过程。信息哲学不仅关注人类物质资料的生产活动，而且还关注人类精神生产、人本身的生产和人的交往关系的生产、虚拟化生产等诸多生产形式，并把这多种生产形式看作是相互交织、内在融合，并互为基础和前提的统一性过程。

第十一章 邬焜的"信息与价值"
——信息价值论思想

邬焜教授创立了物质和信息双重存在的信息本体论，并由此构建了全新的以信息为中介的信息认识论和物质与信息双重演化的信息进化论。这些思想理论，为研究哲学的信息价值论提供了新鲜营养和全新阐释的视角。邬焜教授的信息价值论不仅对价值的存在范围、价值本质和价值发生的机制进行了全新的阐释，而且对物质价值、信息价值以及价值事实、价值反映、价值评价、价值取向、价值实现的诸多领域方面也做了全新的解读。

一 邬焜信息价值论思想的形成
历程（1997—2005 年）

在哲学上，本体论（存在论）和认识论是哲学的最基础理论。由于邬焜教授创立信息本体论、信息认识论、信息进化论是开创性的、前无古人的工作，花费了其全部的时间和精力，使得邬焜教授一开始没有关注信息价值论的研究，但并不影响信息哲学理论大厦的建设。因此，邬焜教授信息价值论与信息本体论等思想不是同步研究、创立、发展的，创立时间晚于这些理论。但由于已经创立形成的信息哲学理论营养富足，加之邬焜教授长时期的充分思考，因而信息价值论一经创立就是比较完善成熟的。

邬焜教授信息价值论思想的形成经历了 8 年的时间，这个历史阶段主要探讨"一般价值哲学"和"物质价值与信息价值的双重效应"等理论问题，以《一般价值哲学论纲——以自然本体的名义所阐释的价值哲学》《信息价值论纲要》论文和其主编的《价值哲学问题研究》著作为标志，表明邬焜教授信息价值论思想的创立形成和完善成熟。

1997 年，邬焜教授发表了《一般价值哲学论纲——以自然本体的名义所阐释的价值哲学》论文，成为信息价值论的奠基之作。在这篇长文里，邬焜教授对价值哲学的范畴体系、价值现象的存在范围、价值的本质、价值过程的完整描述等基础理论问题，用信息的视角进行了科学的、完备的阐述和论证，对整个价值哲学的研究具有重大的开拓性和建设性意义。他说："从哲学层次来看，价值乃是事物（物质、信息，包括信息的主观形态——精神）通过内部或外部相互作用所实现的效应。"① 这就从物质和信息双重存在的角度，揭示了价值的普遍性存在范围和价值的本质。

1999 年，邬焜教授在《与价值哲学相关的几个问题的探讨》和《天道价值与人道价值》文中，对阐释价值哲学的方法、价值本质、价值评价与价值取向、人道价值与天道价值、本体价值等重大理论问题进行了充分探讨，并鲜明地提出了自己的见解和判断。他说："从自然本体的角度来看，天道价值是原生价值或本源价值，人道价值是次生价值或派生价值，而人的价值反映、价值评价、价值取向、价值设计则是对原生和派生价值的主观认识，以及主体观念形态的价值模式创造。"② 由此看，天道价值是本体价值，天道价值高于人道价值。

2000 年，邬焜教授发表了《价值事实、价值反映与价值评价》和《网络化与价值观念模式的多元化——21 世纪人类价值观念体制模式的展望》两篇论文，又详细论述了自存事实与效应事实、价值

---

① 邬焜：《一般价值哲学论纲——以自然本体的名义所阐释的价值哲学》，《人文杂志》，1997 年第 2 期。

② 邬焜：《与价值哲学相关的几个问题的探讨》，《社会科学辑刊》，1999 年第 5 期。

反映与非价值反映、认知性发现与评价性发现、价值评价的层次或类型以及 21 世纪人类价值观念的体制模式等相关理论问题。他说："价值并不是与事实分立的现象，除了非价值性的'自存事实'外，在事物相互作用所引出的'效应事实'中蕴含着一般的价值现象；在对'自存事实'信息所作的非价值反映过程中，同时就相伴着另外两个层次和意义上的价值反映过程，而在对'效应事实'信息所作的反映过程中，则同时相伴着三重价值反映过程；与作为认知性发现的价值反映过程不同，评价性发现过程则可能更多或更为直接地受到评价者的情感、兴趣和主观欲望等因素的影响。"① 他又说："信息处理、创制和传播的网络方式的普及性发展所导致的国家集权体制的消解、传统社会的一元化价值观念体系的消解以及多元化价值观念模式的成为现实，必然要求建立某种新的与这一变化趋势相一致的民主体制。在这一新的民主体制中将会有更多的宽容和理解，少数人的权利、利益、价值观念，不同意见集团的权利、利益和价值观念，将会得到更为充分的尊重、施行和满足。"② 因此，从信息的角度理解价值，必将导致人类价值观念体制的多元化，并可能昭示人类文明社会的美好前景。

　　2001 年，邬焜教授在《网络文化中的价值冲突》中，对网络文化的基本特点、网络民主与国家集权之间的价值冲突、网络民主与世界霸权之间的价值冲突、网络模式中多元文化之间的价值冲突及多元文化的价值冲突、网络生存方式与传统生存方式之间的价值冲突、网络自由与网络规范之间的价值冲突、基于网络文化基础上的观念领域的价值冲突等诸多价值冲突问题，进行了正确的解答。他说："信息网络的交互性、开放性、全球性、自由性、虚拟性等基本特征构成了一种全新的网络民主和网络生存方式。网络民主从根基上改变了工业

---

① 邬焜:《价值事实、价值反映与价值评价》,《学术界》, 2000 年第 6 期。
② 邬焜:《网络化与价值观念模式的多元化——21 世纪人类价值观念体制模式的展望》,《青海社会科学》, 2000 年第 5 期。

时代国家集权和世界霸权的信息技术前提，使其成了集权和霸权的挑战者、消解器和掘墓者；网络民主还会引发多元文化之间、网络自由与网络规范之间的价值冲突；网络生存方式极大地改变了人类固有的生存方式、交往方式、生活方式、思维方式及观念模式，进而引发虚拟性与实在性、自我与非我，以及网民心理方面的价值冲突。"①

2002 年，由邬焜教授、李建群教授主编的《价值哲学问题研究》著作出版，收录了邬焜教授的 11 篇有关信息价值论的理论文章，基本全面反映了邬焜教授信息价值论的思想框架与理论内涵，标志着邬焜教授信息价值论的创立完成。

2005 年，邬焜教授发表了《信息价值论纲要》重要理论文章，对价值存在的范围与价值的本质、价值与信息、价值的过程与价值哲学的范畴体系、价值形态的发展、信息的社会价值等信息价值论的主要内容，进行了充分阐述，标志着邬焜教授信息价值论的完善成熟。他写道："物质价值、自在信息价值和精神价值乃是三类最为基本的价值形态，社会价值乃是三种基本价值形态交织综合的有机统一。人类的不同文明时代是以不同的信息处理、创制和传播方式为其技术前提的，人类信息社会文明形态的崛起突现了网络化信息处理、创制和传播方式对于当代社会发展的巨大社会价值。"②

2005 年，邬焜教授综合其 25 年的研究成果，出版了 70 万字的《信息哲学——理论、体系、方法》专著。书中用 1 编 5 章的篇幅全面完整阐述了信息价值论思想，标志着邬焜教授信息价值论的哲学思想完全建立起来了，达到了完善与成熟。

二　邬焜信息价值论思想的丰富内涵

邬焜教授信息价值论把物质和信息双重存在作为始基，相互作用

---

①　邬焜：《网络文化中的价值冲突》，《深圳大学学报》（人文社会科学版），2001 年第 5 期。

②　邬焜：《信息价值论纲要》，《西安交通大学学报》（社会科学版），2005 年第 2 期。

所引发的双重演化，从而必然发生物质价值效应和信息价值效应的双重价值。因此，邬焜教授关于价值的存在范围、价值的本质、价值事实、价值过程、价值反映、价值评价、价值取向、价值形态的发展、天道价值与人道价值、本体价值等信息价值理论内容，都有非常翔实的论述，对世界价值哲学的丰富和发展作出了巨大贡献。

"从哲学层次来看，价值乃是事物（物质、信息，包括信息的主观形态——精神）通过内部或外部相互作用所实现的效应。"这一定义揭示了价值是一切事物内部或外部相互作用中普遍存在的一种现象，它不仅是一种物质价值、信息价值的双重维度的价值理论，而且还是一种兼容自然价值和人的价值的全新价值理论。

邬焜教授明确指出：如果我们采取两分法的原则，那么，物质价值和信息价值便构成了两类最为基本的价值形态。在这一原则下，精神价值是作为信息价值的高级形式而从属于信息价值的；如果我们采取三分法的原则，那么，我们便可以说，物质价值、自在信息价值和精神价值乃是三类最为基本的价值形态。通常文献中所说的社会价值并不是一个基本的、独立的价值形态，它是上面提到的三种基本价值形态交织综合的有机统一。

1. 价值的存在范围

邬焜教授认为，价值存在的范围与相互作用、与物质和信息存在的范围是同等尺度的，是相伴而生的，是具有同样的普遍性与广泛性的。存在于事物所及的一切范围，存在于浩瀚宇宙的一切范围。既存在于过去、现在、未来，也存在于上下四方；既存在于生命物质，也存在于非生命物质；既存在于事物内部，也存在于事物外部；既存在于属人的世界，也存在于自然本体世界；既存在于人类认知和所把握的世界，也存在于人类尚未认识的领域。因此，邬焜教授信息价值论具有宏大的眼光和视野，站在宇宙的视角上，以物质和信息双重存在为理论基础，完全跳出以人的世界为参照的主客体关系的领域来把握价值的存在范围与价值的真谛，不能不让人叹服和钦佩。

事物间的相互作用是通过物质（包括质量和能量）和信息的交换来实现的，而这种交换的直接结果便是暂时的或长久的改变了参与相互作用诸方的质—能分布结构、信息模式结构（信息编码方式）以及凝结着的信息内容。就相互作用必然引起参与相互作用之事物的物质和信息结构的改变这一情景来看，凡是相互作用过程都必然会伴有价值关系之发生。由于相互作用是事物的存在方式，所有的事物都不可能孤立地存在，所以，世界上的一切事物都早已在内在相互作用中成了为已与受已的效应关系之物，或是在外在相互作用中成了为它与受它的效应关系之物。这样，世界上的一切事物便都可以被看作是价值存在物（效应事实、价值事实）。由事物内外相互作用的普遍性可以确定事物作为效应事实、价值事实、价值存在物而存在的普遍性。

2. 价值的本质

邬焜教授认为，价值是事物通过内部或外部相互作用所实现的效应。具体来说，就是价值现象不仅仅存在于以人的世界为参照的主客体关系中，它乃是一切事物（物质、信息，包括信息的主观形态——精神）内部或外部相互作用中普遍存在的一种现象。事物指的是广义的存在，它是宇宙间一切现象的指谓，包括所有的物质现象、信息现象，以及作为信息活动高级形态的精神现象。因此，无论是在物质体系、信息体系、精神体系内部的相互作用中所实现的效应，或是在物质和物质、信息和信息、精神和精神之间的相互作用中所实现的效应，还是在物质和信息、物质和精神、信息和精神的相互作用中所实现的效应都是价值。而且，价值作用不仅仅是单向的，因为事物间的作用是相互的，所以在此相互作用中所实现的价值也必然是双向或多向的。仅仅相互作用还不是价值，只有通过相互作用所引起的体系自身或作用双方或诸方的改变的效应才是价值。对于某事物的存在和发展来说，相互作用引出的效应可能是有利的，也可能是有害的；可能是正向推动的，也可能是负向促退的。但无论是哪类性质或哪类作用方向上的效应都是价值关系。这样便可能区分出正价值、负价值、中性价值等，而并不像某些学者所认为的那样，只有有利的效应，或对事物存在和发展起推动作用的效应才是价值，否则便不构成价值。

3. 价值事实、价值反映与价值评价

邬焜教授认为，根据事物存在的方式和关系，可以区分出"自存事实"和"效应事实"两类不同的事实。而对"自存事实"信息的反映过程是非价值反映，对"效应事实"信息的反映过程是价值反映。但是，人类的认知反映过程具有复杂性和多层面性、一般性和普遍性的特点。所以，人们对客观事实所进行的各类认知反映过程，都会相伴有各类价值反映过程。价值评价是对作为认知性发现的价值反映所获得内容的各类价值及其关系的性质的评价。这种价值评价包括事实评价、质量评价、道德与伦理评价、艺术与美学评价、感受性评价等诸多复杂性、多样性的评价。

邬焜认为，将"事实"与"价值"分立，在"事实"与"价值"之间确立严格区分的"鸿沟"，这是西方文化的传统。造成西方文化中这一传统的根源大约有二：一是把价值现象严格限定在人的主观认识领域，否认存在客观的价值现象；二是不能在价值与价值评价之间作出应有的区分，往往以价值评价来简单解释或代替价值。为此他提出应当以自然本体的名义来阐释价值哲学，并认为以自然本体的名义所阐释的一般价值哲学将会有效克服上述两个方面的缺陷，从而取消事实与价值的绝对分立，填平事实与价值之间的、人为设立的"鸿沟"。根据事物存在的方式和关系，我们可以区分出两类不同的事实：一类是事物自身存在的事实，亦即在舍弃了某事物与它事物相互作用关系的前提下被考察的事物存在的事实；另一类是事物在相互作用中所引起的变化过程和结果的事实，亦即在考察了某事物与它事物的关系和联系效应的事实。第一类事实我们称之为事物的"自存事实"；第二类事实我们称之为事物相互作用之"效应事

实"。如，"有一块巨石存在"的事实即是"自存事实"，而"有一块巨石把地面砸了一个大坑"的事实则属于"效应事实"。"自存事实"是非价值性事实，而"效应事实"则应该属于价值事实。价值并不是与事实分立的现象，它乃是一种客观存在的事实，是事物之间普遍相互作用所引出的"效应事实"。事实和价值的统一并不是像某些西方学者所阐释的那样，仅仅在于从"是"可以推论出"应当"，而更在于价值现象本身就是"是"，本身就是一种客观存在的事实。价值与事实的统一并不是指价值过程可以外在的衔接于事实过程，而且是指价值过程和价值现象内在的就是事实过程和事实现象本身。

4. 天道价值与人道价值、本体价值

邬焜教授认为，从自然本体的尺度上来看，人道是和天道（自然之道）相对的概念，人道价值是和天道价值（自然价值）相对的概念。天道价值并不否认人道价值，它只是把人道价值看成是天道价值在自身发展演化的进程中所创生出来的价值现象。从自然本体的角度来看，天道价值是原生价值或本源价值，人道价值是次生价值或派生价值，而人的价值反映、价值评价、价值取向、价值设计则是对原生和派生价值的主观认识，以及主体观念形态的价值模式创造。真正的本体价值是客观实存的，亦即天道价值。

邬焜教授认为，从自然宇宙存在和演化的尺度上来看，天道高于人道，天道价值高于人道价值，这不仅仅是指人道价值是从天道价值的演化中创生出来的，而且是指人道价值的持存和发展仍然需要以天道价值的运动为其基础性条件。人不能把自然当成是任其剥夺的、仅仅是"为人所用"的、简单隶属于人的奴仆，而应该把自然看成是自身赖以产生、持存和进步的母体或根基。人与环境协调发展、走人类可持续发展之路的当代信息生态文明的价值观，恰恰体现着天道价值高于人道价值、天道价值是人道价值的根基的合理性思想。

5. 价值过程与价值形态

邬焜教授认为，任何价值过程都同时是相关信息的交换、变换（信息同化与异化中的耗散与重组）、建构（凝结与创生）的过程。从价值过程和信息过程内在统一的尺度上，可以将价值过程描述如下：相互作用（信息交换）→对象化（信息变换）→价值效应（信息建构）。从不同层面和角度看，价值形态可以分为物质价值和信息价值，或者物质价值、自在信息价值和精神价值，而社会价值是物质价值、自在信息价值和精神价值的内在综合统一体。从信息价值的角度来看，物质价值的实现是实现信息价值的载体的活动；从物质价值的角度来看，信息价值的实现是与物质价值的实现相伴发生的另一层面的效应结果。作为价值存在物，任何事物都已在普遍的相互作用中转化成了凝结着特定效应关系的生成之物。作为凝结着特定效应关系的生成之物，任何事物都不可能以纯粹的一般存在物的方式存在。正是通过特定效应关系的凝结，事物普遍拥有了双重尺度的价值存在方式，即物质价值和信息价值的双重价值尺度。也正是由此双重尺度的价值存在方式的生成，事物自身普遍双重化了：一方面，任何事物都是具有特定构成成分和组构方式的物质体；另一方面，任何事物又都是通过相互作用的过程凝结着种种特定历史关系、演化程序，并由此关系和程序潜在规定着自身未来演化路径的信息体。由此可见，任何价值过程都同时是相关信息的交换、变换（信息同化与异化中的耗散与重组）、建构（凝结与创生）的过程。

在一般物的相互作用的层面上所实现的信息价值还仅仅是在自在信息活动的水平上进行的。如果涉及具有感知、思维能力的系统的活动，尤其是在人的活动的层面上，除了自在信息活动的方面之外，还有自为、再生信息的活动，亦即主观信息（精神）的活动。这就有必要来讨论精神价值的问题。正如精神是信息活动的高级形态一样，精神价值也是信息价值的高级形态。精神价值活动的范围既包括认识主体在与客体的相互作用中所实现的对客体信息的感知、认识效应，也包括主体通过内部运作的思维过程对内储知识信息的加工处理，以及在此基础上创造出新的概象和符号信息的活动，还包括主体内部不断形成和变化着的情感、情绪、意志等活动。因为细究起来，这三个方面的活动都是通过主体与客体的相互作用，或者是主体内部的相互作用所实现了的人的精神活动状态、知识结构模式的变化效应。正是这种旧的精神状态的改变、新的精神状态的生成，以及新旧知识结构的更替，构成了精神价值活动的现实过程。

6. 信息的社会价值与网络文化的价值

20 世纪下半叶以来，在世界范围内兴起的信息社会化、社会信息化的伟大变革，将一个区别于工业文明的新的人类文明时代——信息社会文明时代日益清晰地展示在世人面前。同时，在这一新旧人类文明交替的剧烈变革的时代，人类也必然会面临诸多方面的价值观念和价值体制的震荡、碰撞和冲突，修正、扬弃和重建。

邬焜教授认为，人类的不同文明时代是以不同的信息处理、创制和传播方式为其技术前提的。农业文明时代的自给自足的经济体制、君主集权的政治体制，以建立在自我传播和亲身传播基础上的、短程而分散的、团体和组织传播信息活动方式为其技术前提；工业文明时代的高度统一的大规模经济体制、高度国家集权的政治体制，以自上而下权威"制控"的大众传播信息活动方式为其技术前提；信息社会文明的全新经济、政治体制则以计算机网络化的信息活动方式为其技术前提。

计算机网络化乃是一种信息处理、创制和传播的全新方式。信息处理、创制和传播方式的网络化发展导致了一种新的网络文化、网络社会的诞生。正是这一网络文化、网络社会区别于传统文化、传统社会的全新特点，将可能引出一系列基于网络文化、网络社会之上的，信息时代所独具的相关行为、伦理、道德、价值观念等方面的矛盾和冲突。

网络化的信息处理、创制和传播方式在其形式上具有交互性、平

行性、开放性、全球性、多元性、自由性、共享性、平等性和非权威
主义的基本特征。这些特征构成了一种全新的网络民主。网络民主将
有效地克服单向式、自上而下的集权控制的信息处理、创制和传播方
式的诸多局限，同时又不可避免地与工业文明时代形成的国家集权主
义和世界霸权主义构成鲜明的对比，并进而与后者发生尖锐的对立、
矛盾和冲突。另外，从网络信息的存在方式、网络信息的内容、网络
信息的运作方式，以及人与网络的交往方式等方面来看，网络化的信
息处理、创制和传播方式又具有虚拟性、沉浸性、角色异化、无限构
造与创新等基本特征，这些特征构成了一种全新的网络生存方式。网
络生存方式极大地改变了人类固有的生存方式、交往方式、生活方
式、思维方式及观念模式，并进而引发与相应传统领域诸多方面的尖
锐矛盾和冲突。

　　网络民主从根基上改变了支撑工业时代建立起来的国家集权体制
的信息技术前提，所以网络民主乃是国家集权体制的挑战者和消解
器。

　　网络的初步发展可能会暂时加强少数发达国家的霸主地位，但
是，网络的充分发展则又可能会使霸主们的权势和地位逐步削弱。网
络民主不仅仅是针对国家集权体制的，而且是针对世界霸权体制的；
网络不仅仅是国家集权主义的挑战者和消解器，而且同样是世界霸权
主义的挑战者和消解器。网络民主与集权、霸权的这种根本性的对
立，使它极有可能成为集权和霸权的掘墓者。也许正是网络民主的充
分发展最终走向了与网络创设者和控制者的意愿相悖的方向，以致使
世界霸主们所创设和控制的网络最终变成挑战、反对、瓦解并埋葬他
们自己的强大的、不可控制的力量。

　　当然，网络民主并不是自然而然就会到来的现象，在网络民主和
传统集权、霸权主义之间必然会展开多方面的、反反复复的、复杂而
激烈的交锋、较量、抗争和冲突。网络民主既是一个不断生成、培
育、发育和发展的过程，也是一个与传统体制和观念相互斗争、相互
冲突的过程。

　　除了上述的网络文化与传统集权、霸权体制之间的价值冲突之外，网络文化还会给社会生活的群体层面和个体层面都带来某种全方位的伦理价值冲突。就群体层面的价值伦理冲突而言，可能包括的方面有：网络模式中多元文化之间的价值冲突；网络自由与网络规范之间的价值冲突；"国家至上主义"与"世界主义"之间的价值冲突；"网络霸权主义"与"网络民主主义"之间的价值冲突；"西方文明（文化）中心论"与"多元文明（文化）论"之间的价值冲突；"文明（文化）冲突论"与"文明（文化）互补论"之间的价值冲突；"文化霸权主义"与"文化相对主义"之间的价值冲突；"普世伦理"与"民族、国家伦理"之间的价值冲突；"竞争的价值观念"与"共生的价值观念"之间的价值冲突；"生态文明的价值观念"与"以人为中心的价值观念"之间的价值冲突；"弘扬个性自由的价值观念"与"服从集体、社会规范的价值观念"之间的价值冲突；"注重历史、经验的价值观念"与"注重创新、面向未来的价值观念"之间的价值冲突；"实物生产、消费的价值观念"与"精神、信息生产、消费的价值观念"之间的价值冲突。就个体层面的价值伦理冲突而言，主要指的是个人的网络生存方式与传统生存方式之间的伦理价值冲突，其中可能包括的方面有：虚拟性与实在性之间的伦理价值冲突；自我与非我之间的伦理价值冲突；网络生存可能引发的网民心理方面的伦理价值冲突（如：网络成瘾症；网络孤独或人际关系冲突症；人格分裂，或双重、多重人格障碍症；网络交友及网恋等现象引起的情感纠葛症；安全焦虑症），等等。

　　传统社会中的文化相对于某一国家、民族而言基本上是一元化的，相对于全人类而言则是多元化的。然而，传统社会中的文化多元性是靠国家、民族文化的相对封闭性来维系的，其间很少或基本不发生不同文化模式间的较为激烈的碰撞和冲突。而网络社会中的文化多元性则是靠网络中传输的文化模式的多样性来维系的，并且，这一新的多元文化格局将有可能普遍交织、渗透于不同的国家、民族文化之中，从而改变传统社会中不同国家、民族文化的相对单一性和封闭性的特色，更多呈现出不同文化的直接面对、直接碰撞和冲突，同时也更多呈现出不同文化间的具体相容性和不同文化价值的具体认同性的情景。这就是全球性的跨文化的碰撞和冲突，兼容、互补、认同和融合。随着网络技术的发展、随着网络使用范围的普及，网络霸权主义、文化殖民主义的市场必将日益萎缩，并会最终被消解。

三　邬焜信息价值论思想与其他价值哲学的比较

中国古代价值哲学、西方价值哲学等以往的价值哲学，主要都是在主客体关系的范畴里研究价值问题，更注重讨论自然事物对人的价值以及人自身的价值等方面的问题，有很大的局限性。但邬焜教授信息价值论却从物质和信息双重存在的角度出发，站在自然本体的层面上，既研究物质价值，又探讨信息价值，克服了以往中外价值哲学的缺陷，建立了一种全新的价值哲学。

1. 中国主要传统价值观

中国传统哲学中的价值观主要是讨论两方面的问题：一是价值类型和层次的问题；二是价值的基本标准的问题。关于价值的类型与层次，儒家的"道德价值论"① 强调道德至高至上，认为道德具有内在价值，可谓内在价值论。墨家的"功利价值论"从功用来肯定道德的重要。道家的"自然价值论"指出儒、墨所谓道德的相对性，要求回到自然，讲究"道法自然"，可谓价值相对论。法家的"权力价值论"否认道德的价值，专讲实际权力功用，可谓道德无用论，亦可称为狭隘功用论。关于价值标准，西周末史伯及早期儒家主张"和为贵"，以多样性的统一为价值的准则。荀子提出"全粹"说，《易传》提出"富有日新"说，认为内容丰富而不断更新的才具有最高价值。两汉以后，儒家的价值观占据了统治地位，成为中国文化的

---

① 赵馥洁：《中国传统哲学价值论》，人民出版社 2009 年版。

主导思想。儒家肯定人的价值，强调道德的重要，这对于封建时代精神文明的发展起过巨大的作用。但在义利关系、德力关系的问题上，儒家尤其是宋明理学的见解表现了严重的偏向。董仲舒以及程、朱、陆、王诸学派，忽视了公利与私利的区别，专门强调道义，表现了脱离实际的倾向。孟、荀重德轻力，还给力以一定地位，而后儒则很少谈到力的问题了。墨子、王充肯定力的重要的观点湮没无闻，一般人则追求"声色货利、高官厚禄"，又淹没于庸俗习气之中，也不注意如何提高物质文明的问题。明代中期以后，中国传统价值哲学思想基本停滞不前，无以立说。近代常以"真、善、美"并举。在中国古代，"美善"经常相联并提，而"真"则多系单独出现。"真"是知识的价值，"美"是艺术的价值，"善"是行为的价值。三者属于不同的领域。先秦儒家所谓"诚"即道家所谓"真"。宋明以后"真"才广泛流行。儒家强调道德的尊贵，高度赞扬"不降其志，不辱其身"的志士仁人，这对于中华民族的成长和发展，确实起了巨大的积极作用。

2. 西方主要价值哲学的局限性

西方价值哲学形成于19世纪末20世纪初，其发展经历了主观主义价值论、主观主义价值论与客观主义价值论对峙并存、主观主义价值论特别是情感主义统治阶段。回顾西方价值哲学的发展史，主观主义价值论长期占据统治地位。尽管曾一度出现过主观主义价值论与客观主义价值论相互对峙的局面，但由于西方直觉主义在遭到逻辑实证主义的猛烈抨击后而逐渐衰落，因此，主观主义尤其是情感主义长期支配着西方的价值哲学。美国伦理学家麦金太尔曾指出，"当代西方道德文化的基本特征是由情感主义所代表……情感主义把道德变形为个人爱好，导致道德和道德理论危机。"① 其间，超验主义者与经验

① ［美］麦金太尔：《德性之后》，龚群等译，中国社会科学出版社1995年版，第30、126页。

主义者为克服价值的相对主义，选择了不同的路径对情感主义价值论进行了修正与补充：弗赖堡学派企图建立超验的普适价值，强调个人的特殊价值必须服从于此；经验主义者则选择了不同于此的一条自然主义道路，通过求助于心理学和生理机制来揭示价值的本质，但二者最终仍无法走出价值相对主义的泥潭。

价值哲学经弗赖堡学派的手，从各门具体的经验科学中独立出来，上升成为超验的"价值王国"。价值作为一种非实体性的概念，神秘离奇而飘忽不定，这直接影响了后世关于价值是否存在、能否认识、能否言说的讨论，并且严重割裂了事实与价值，分别将它们置于两个不同的世界中。这一思想受到后人的批判，经验主义者主张价值的本质应从先验、超验的"彼岸"向现实生活的"此岸"回归。美国实用主义代表刘易斯认为，价值是一种经验的事实，并主张应避免"道德义务独立于人类可欲望事物的先验主义"，[①] 经验主义者在肯定价值属人性的同时，也坚持了价值与事实的统一。但遗憾的是，超验主义者与经验主义者并没有真正走出情感主义价值论的误区，尽管从某一方面反映出价值的特性，但无法深入到价值的本质中去。因此，西方价值哲学基本理论长期陷于混乱状态而无法自拔，诚如拉蒙特所言："大多数讨论价值问题的哲学家一开始都关心'好'或'价值'是什么这个问题，可是在过去半个多世纪中伦理学的命运表明对这个问题的研究没有什么成果。"[②]

西方的价值哲学作为一门领域性哲学、"部门"哲学，它表现出的历史局限性是有其根源的，这一根源根植于西方传统哲学中并存着的理性主义与非理性主义两条道路。从实质上而言，理性主义强调理性对情欲的节制，幸福或至善都是在理性指导下的生活。理性主义者旨在建构一个体系哲学，即超验的、逻辑的思辨范畴体系，它所遵循

---

① 江传月：《评价的认识本质和真理性——刘易斯价值理论研究》，中山大学出版社2005年版，第98页。

② ［英］拉蒙特：《价值判断》，马俊峰译，中国人民大学出版社1992年版，第3页。

的还原主义原则，将现实、复杂性的世界还原成为单一性的存在，并以此作为终极真理并用来解释纷杂、多样的世界。古希腊时期，苏格拉底就认为，"未经省察的生活是没有价值的生活"，亚里士多德也同样将理性看作人之为人的依据。到了近代，康德同样将人看作理性的存在物，理性主义的任务在于运用人的理性去把握隐藏在"存在者"背后的实体。因此，在旧形而上学那里，一切概念、范畴甚至规则都不再具有属人性，而统统成为理性实体自身所具有的性质，理性所要达到的是超越并支配着感性世界的"超验世界"。正如海德格尔对西方哲学回顾时所论述的那样，"自晚近希腊和基督教对柏拉图哲学的解释以来，这一超感性领域就被当作是真实的和真实现实的世界了，与之相区别，感性世界只不过是尘世的、易变的，因而是完全表现的、非现实的世界。"①

正是在这一理性主义思想的基础之上，超验主义价值论将价值与事实分属于两个不同的世界：一个代表了真理、至善与绝对主宰；另一个则象征着偶然、易变与从属，在价值与事实绝对二分后，后者又必须无条件地服从于前者并以前者为最高目标。"这是一种在两极对立关系中寻求一元统一性，在二元等级关系中寻求单级绝对权威的理论范式"，② 它从根本上代表着两极对立、非此即彼的思维方式。

另一条非理性主义的道路则推崇用情感、意志、本能等非理性的概念范畴来代替理性的作用，认为理性无法为人的价值观念确立普遍原则与价值标准，诚如休谟将"美德"定义为可以给人带来令人愉快情感的精神活动或本质。情感主义价值论普遍将价值建立在人的需要、欲望、情感等基础之上，价值往往受主体的知识结构、能力、爱好等文化心理的影响较深，从而难以保证价值的客观性，容易导致以个人自身作为中心，对价值体系中的其他客体作出主观判断与评价，

---

① ［德］海德格尔：《海德格尔选集》（下），孙周兴译，上海三联书店1996年版，第771页。

② 贺来：《马克思哲学与"存在论"范式的转换》，《中国社会科学》，2002年第5期。

这正是由笛卡儿开创的近代主客二分的知识论路向所造成的。将人自身与现象世界泾渭分明地对立起来，这种主客二分模式的价值论也明显存在着悖论：只有已成为客体的东西才有可能对人产生价值，除客体外无任何有价值的事物。那么，事物是先有价值才成为客体，抑或充当了客体才具有价值呢？这正是在研究价值及其评价关系时，价值哲学牵强、混乱的根源所在。

另外，近代以来，科学技术的进步也是直接促进哲学理论发展的主要因素之一，这表现为一般价值论的研究对经验科学的依赖，经验的研究方式受自然科学的影响，从而将自然科学的研究方法"照搬"、"照抄"到哲学理论的研究中来，因而，经验主义者只能求助于心理学与生理机制来解释价值的本质。

所以，要克服中国传统价值哲学和西方价值哲学的局限性，就有必要从邬焜教授的物质和信息双重存在和双重演化论的基础上考察和理解价值哲学，并相应建立一种能够包容主观精神和人类社会活动中的价值现象的全新的自然本体价值论学说。邬焜教授所建立的一般价值论，不仅超越和克服了传统价值哲学的诸多局限性，而且还能够成为当代生态文明理念的哲学基础。在我们这个注重生态文明建设，注重人和自然的和谐，以及强调可持续发展的时代里，邬焜教授的信息价值论理论更应当受到重视，并值得我们进一步去理解和挖掘。

第十二章　邬焜的"信息与思维"
——信息思维论思想

　　邬焜教授创立的信息哲学是以现代复杂信息系统理论的崛起为其科学基础的。现代信息科学、系统科学、自组织理论、复杂性理论的全新综合，已经和正在有机统一为一个更为综合的科学研究纲领——复杂信息系统研究纲领。由此引发了一场新的科学革命，并进而培植起了一种全新的科学和哲学的思维方式——信息思维。按照邬焜教授的解读，信息思维是区别于传统的物质思维（实体思维）和能量思维的信息时代的、全新的、科学的思维方式。

一　邬焜信息思维论思想的形成
历程（1999—2005 年）

　　邬焜教授信息思维论与信息本体论等思想不是同步研究、创立、发展的，创立时间晚于这些理论。但由于已经创立的信息本体论、信息认识论、信息进化论、信息价值论等相关信息哲学理论的有力支撑，信息思维论一经创立就是比较完善成熟的。邬焜教授信息思维论思想的形成经历了 6 年的时间，这个历史阶段主要探讨"信息思维"和"复杂性与信息思维"等理论问题，以《物质思维·能量思维·信息思维——人类科学思维方式的三次大飞跃》、《复杂性与科学思维方式的变革》和《信息思维：信息时代的全新科学思维方式》论文作为标志，表明邬焜教授信息思维论思想的创立形成和完善成熟。

1995 年，香港学者杨伟国先生发表了题为《从信息思维看中国传统文化》① 的论文，强调提出了"信息思维"概念，并认为这一概念是区别于传统的"物质思维"和"能量思维"的一种全新思维方式。之后，杨先生又在多篇论文中对这一全新思维方式进行了阐释。1998 年 5 月，杨先生将他发表的多篇相关论文结集成册②，在学术同行中广为交流。

对于杨伟国先生提出的"信息思维"理论，1998 年、1999 年，邬焜分别发表了《新方法、新领域、新结论——对杨伟国先生的"信息思维的新探索"的评价》③ 《信息哲学领域的一朵奇葩——对杨伟国先生的"信息思维的新探索"的评价》④ 等文章给予了高度评价。邬焜强调说："杨先生的规划首先具有深刻的现代科学之根基，在他的阐释中，我们可以看到两个基本立足点：（1）信息世界的发现已经改变了人类对世界构成要素的认识，传统的将世界划分为物质与能量两大领域的观念，已经让位于世界划分为物质、能量、信息三大领域的崭新认识；（2）信息并不仅仅与人的意识或仅仅与生命世界相关，在广阔的宇宙自然中始终存在着天然（或自在）信息的活动。这两个基本立足点，显然是抓住了与信息时代相匹配的新的世界观的初始要义。""杨先生提出'信息思维'这一概念，这是将信息作为区别于传统认识方式的一种现代认识方式，而在此之前的传统认识方式都还只是建立在对物质和能量进行把握的基础之上的。作为一种新的认识方式的'信息思维'概念的提出，将有可能为人类提供一个认识世界的全新视角，从而使人类对世界的把握更为丰富多彩、

---

① 杨伟国：《从信息思维看中国传统文化》，《广角镜月刊》（香港），1995 年 12 月号。

② 杨伟国：《"信息思维"的新探索》，京港学术交流中心，1998。

③ 邬焜：《新方法、新领域、新结论——对杨伟国先生的"信息思维的新探索"的评价》，《京港学术交流》第 40 号，1998 年 12 月。

④ 邬焜：《信息哲学领域的一朵奇葩——对杨伟国先生的"信息思维的新探索"的评价》，《系统辩证学学报》，1999 年第 4 期。

更为明晰透彻。""杨先生认为'未能把信息给予恰当之哲学位置'是现存的诸多系统哲学研究的重大缺陷,因而使这类研究无法超越传统哲学的'旧有框框'。杨先生的这一评价是十分精当的。事实上,在信息时代的背景下,任何一种对信息世界未予足够重视的哲学,都将很难具有现代哲学的意味。"邬焜说:"杨先生的'信息思维'理论,为我们提出了一个对对象进行研究的全新方法,开拓了一个新的广阔研究领域,并得出了一系列崭新结论:'信息思维'理论的提出,为信息哲学的研究开辟了一个极富价值的新方向。信息,以及在对信息本质和其方法论意义恰当阐释的基础上所形成的'信息思维',正是一种崭新的认知范式。这一崭新认知范式的广泛应用,必将会全面刷新我们这个时代的哲学、科学乃至一般文化的具体风貌。"① 从此可以清楚地看到,杨伟国先生所提出的"信息思维"的新理论,对邬焜教授的深刻启迪和影响,促发了其对信息思维的强烈关注与深入的思考,由此引发了邬焜教授进一步探索创立信息思维理论的历程。

2002 年,邬焜教授经过三年的思考,一次性发表了长达 4 万多字的《物质思维·能量思维·信息思维——人类科学思维方式的三次大飞跃》超长篇理论文章,详细论述了物质思维、能量思维与信息思维发展的历史进程及其飞跃。在这篇"一气呵成"式的文章中,邬焜教授阐明了物质、能量和信息的概念及其相互之间关系,物质观念和物质思维,能量观念和能量思维,物质思维和能量思维的统一,信息观念和信息思维,古代哲学中的信息观念和信息思维,现代信息科学与科学信息思维的崛起,贯穿于现代科学技术中的信息观念和信息思维,作为现代科学认识范式的信息科学和信息思维等一系列信息思维论的基本理论内容。他说:"信息观念乃是人们将信息作为一种区别于物质和能量的基本存在,以及对其本质、存在方式、意义和

---

① 邬焜:《信息哲学领域的一朵奇葩——对杨伟国先生的"信息思维的新探索"的评价》,《系统辩证学学报》,1999 年第 4 期。

价值所作的一般性理解、规定和认识。而依据相应的理解、规定和认识，从现存事物的结构和关系模式、演化程序和过程模式中去把握和描述事物的本质、特点和属性的方式和方法，将现存事物的结构、关系、过程作为信息的载体或符码，并由此破译出其中蕴含着的关于事物历史状态、现实关系、未来趋向等间接存在的内容的方式和方法，以及将现实对象物或信息再行人为符号化，并赋予其特定的代示关系的方式和方法便构成了信息认识方式和信息思维方式，亦即信息思维。"① 这些明显不同于杨伟国先生有关信息思维的新观点、新理论、新思想，标志着邬焜教授信息思维论的正式创立与完成。

2002 年，邬焜教授又发表了《复杂性与科学思维方式的变革》论文，从复杂性思想的角度，对实体思维——微观不变的简单性观念、能量思维——微观可变的复杂性观念、终极性思维——宏观演化结果不变的简单性观念、分叉与混沌思维——宏观演化结果可变的复杂性观念、复杂性概念的复杂性、信息思维——为复杂性增加一个全息综合的维度等相关理论作了阐述。他说："信息思维将现实对象物和信息再行人为符号化，并赋予其特定的代示关系。显然，信息思维所提供的相关理论和观点、方式和方法能够较好地体现出复杂性研究的全息综合的一般特征，进而为复杂性提供一个新的维度。"② 因此，邬焜教授认为，现代信息科学、系统科学、自组织理论、复杂性理论的全新综合，已经和正在有机统一为一个更为综合的科学研究纲领——复杂信息系统研究纲领。正是这诸多全新科学解释视角的再综合，以科学的名义实现了信息系统复杂综合的世界图景，并最终导致人类的科学观念和科学思维方式的全新变革。

2003 年，邬焜教授在《信息思维：信息时代的全新科学思维

---

① 邬焜：《物质思维·能量思维·信息思维——人类科学思维方式的三次大飞跃》，《学术界》，2002 年第 2 期。

② 邬焜：《复杂性与科学思维方式的变革》，《自然辩证法研究》，2002 年第 10 期。

方式》一文中说："在一系列与熵、负熵、信息、全息等理论相关的学科中孕育了最初的科学信息思维方式，在相对论、量子力学、现代宇宙学、现代生物科学、系统科学与复杂性理论中，都普遍贯穿着信息观念和信息思维。信息思维是一种区别于传统实体思维和能量思维的崭新科学思维方式。在科学的信息科学化、信息经济、信息社会持续发展的伟大历史背景下，信息思维必将会更为鲜明地得以凸现，从而成为21世纪占主导地位的全新思维方式。"① 邬焜教授再次对信息时代的信息思维方式进行了详细解读，并旗帜鲜明地提出了信息思维方式、信息系统科学的最一般的、最普遍的理论和方法乃是一种新的科学范式，这一新的科学范式具有极强的渗透力、贯穿力和改造力。

2005年，邬焜教授相继发表了《复杂性与信息科学研究纲领》《信息思维与中国文化的思维特色》《试论信息科学研究纲领的复杂性特征》3篇理论文章，指出了信息科学研究纲领可能为复杂系统研究提供某种最基础性的、具有核心理论意义的理论范式。而且，根植于中国传统文化中的信息思维方式与现代信息系统理论相结合，诞生了生物全息律、宇宙全息论和演化全息理论等一系列由中国人提出的具有独特韵味的学说，体现着深刻的信息思维底蕴。

2005年，邬焜教授综合其25年的研究成果，出版了70万字的《信息哲学——理论、体系、方法》专著。书中用1编4章的篇幅全面完整阐述了信息思维论思想，标志着邬焜教授信息思维论的哲学思想达到了完善与成熟。但正如恩格斯所说"历史从哪里开始，思想进程也应当从哪里开始，而思想进程的进一步发展不过是历史过程在抽象的、理论上前后一贯的形式上的反映"。② 邬焜教授信息思维论思想也会随着现代科学的发展不断进行抽象的反映，不断向前推进，

---

① 邬焜：《信息思维：信息时代的全新科学思维方式》，《西安交通大学学报》社会科学版，2003年第1期。

② 《马克思恩格斯全集》第8卷，人民出版社1972年版，第165页。

不断丰富、发展和完善自身思想体系。

二　邬焜信息思维论思想的丰富内涵

"关于思维的科学，是在一定历史实践上形成和发展的。"① 因此，邬焜教授信息思维论把物质和信息双重存在作为始基，依次揭示了人类科学发展的物质、能量、信息三种存在现象，并分别代表着物质观念、能量观念、信息观念三种不同的科学观念，从而导致物质思维、能量思维、信息思维三种不同的、由低级到高级、由简单到复杂的科学思维方式的发展过程。

邬焜教授指出，信息哲学、信息思维方式、信息科学研究纲领的最一般的、最普遍的理论和方法乃是一种新的科学范式，这一新的科学范式具有极强的渗透力、贯穿力和改造力。当把相关的一些信息科学的原理和方法扩展开来应用到已有的传统学科（包括哲学和科学学科）时，当用全新的信息思维方式对传统的学科理论和内容进行重新审视和研究时，便会立即赋予这些传统学科以某种崭新意义的全方位改造或全新意义的阐释。我们这个时代的科学，信息时代的科学，正面临一个全面信息化的发展过程，这一科学发展的全面信息化过程可以更为贴切地称之为"科学的信息科学化"。

邬焜教授认为，应当按照科学世界图景和科学思维方式的范式变革对人类的科学和技术发展的不同阶段进行划分。据此，在人类科学发展的进程中，经历了三次大的科技革命，这三次科技革命同时带来了人类科学世界图景和科学思维方式上的三次大的变革，这就是人类的科学世界图景从实体实在论，过渡到场能实在论，再过渡到信息系统复杂综合论，而人类科学思维方式也相应从传统的实体思维，过渡到能量思维，再过渡到信息思维。

---

① 《马克思恩格斯全集》第 9 卷，人民出版社 1972 年版，第 286 页。

1. 物质观念和物质思维

邬焜教授认为，人类第一次科学革命起始于 16 世纪中叶哥白尼的"日心说"，完成于 17 世纪下半叶的牛顿力学和 19 世纪初道尔顿与阿伏伽德罗提出的物质结构的原子—分子理论。第一次科学革命的意义在于引起了实体实在论世界图景的科学实现。而在实体实在论基础上培育起来的科学观念和科学思维方式是实体观念（物质观念）和实体思维（物质思维）。这就说明，哲学思维和科学思维是相互交叉的、内在融合的。正如爱因斯坦曾经谈论到哲学和科学相互影响的问题时所说的一样，"哲学的推广必须以科学成果为基础。可是哲学一经建立并广泛被人们接受之后，它们又常常促使科学思想的进一步发展，指出科学如何从许多可能的道路中选择一条路。等到这种已经接受的观点被推翻以后，又会有一种意想不到和完全新的发展，它又成为一个新的哲学观点的源泉。"[①] 据此，邬焜教授认为，物质观念是人类对宇宙、事物的自然实体性本源、本质意义的理性认同，而依据这一认同对宇宙、事物的自然实体性本源、本质的追寻，以及对宇宙、事物进行自然实体化解释和思考的方式和方法便构成了物质认识方式和物质思维方式，亦即物质思维。虽然这一意义上的物质观念和物质思维方式在现代科学的背景下受到了致命的打击，但是，作为一种具有普遍影响力的观念和思维方式，这一意义上的物质观念和物质思维方式则几乎统治了整个人类古代哲学家和近代科学家们的头脑，直到现在，在流行的一般哲学和科学文献中，在一般科学工作者和一般民众的头脑中，还都普遍渗透或保留着这一意义上的物质观念和物质思维方式的深刻影响和烙印。

2. 能量观念和能量思维

邬焜教授认为，第二次科学革命起始于 19 世纪上半叶法拉第、

---

① ［德］爱因斯坦，英菲尔德：《物理学的进化》，上海科学技术出版社 1962 年版第 62 页。

麦克斯韦创立的电磁场理论，完成于 20 世纪 20 年代爱因斯坦创立的相对论和量子力学与现代宇宙学的发展。第二次科学革命的意义在于引起了场能实在论和能量思维。而在场能实在论基础上培育起来的科学观念和科学思维方式便是能量观念和能量思维。能量观念乃是人们将宇宙、事物运动、变化的根据作世界之始基化、本源化解释的理性认识，而依据这一认识对宇宙、事物运动、变化的根据、原因及方式的追寻，以及对宇宙、事物进行能量化解释和思考的方式和方法便构成了能量认识方式和能量思维方式，亦即能量思维。如果说承认世界的"二因"法则，将物质和能量分立乃是古代哲学思维和近代科学思维的一个基本特色的话，那么，对这种"二因"法则、物质和能量分立的观念的消解则构成现代科学的一个基本特色。这一消解是通过实体的非始基化、物质因的非实体化、能量因的泛化来实现的。无论怎样的存在，只要它既是客观的，又是实在的，它就是物质，这就使上升到哲学层面的物质范畴超越了形形色色具体感性的物的形态的多样性特征，除了客观和实在这两个特征之外，其他的所有特征，不再是绝对依附于物质而固定不变的必然特征了。实体既是客观的又是实在的；能量既是客观的又是实在的；时间、空间、运动、直接性的相互作用和转化关系、直接性的结构组合和功能表现，等等，都既是客观的又是实在的，所以，它们便统统可以纳入到物质范畴所囊括的领域之中。正是物质即客观实在的规定，将传统二分的实体和力，将自然科学中的实物和场、物和能等在辩证唯物论的基础上统一起来了，一句话，将传统二分的物质观念、物质思维方式和能量观念、能量思维方式在辩证唯物论的基础上统一起来了。

3. 信息观念和信息思维

邬焜指出，第三次科学革命爆发于 20 世纪中叶并表现为一个持续推进和发展的过程，标志这一过程的是一批用信息系统科学这一统一的名称来指谓的复杂信息系统科学学科群的崛起，以及相应的全新科学范式、科学世界图景和科学思维方式的涌现。直到目前，第三次科学革命仍未有终结的迹象。第三次科学革命无论在涉及学科领域的范围和规模上，还是在科学思想的创新力度上都远远超过了前两次科学革命。第三次科学革命的意义在于引起了复杂信息论和信息思维。

第三次科学革命提出了区别于传统科学中盛行的"还原论"科学研究纲领的新的四大科学研究纲领：

系统科学（整体主义）研究纲领。20世纪40年代后期以来兴起的系统科学研究强调了事物整体性质具有超越其组成部分性质的全新意义和价值，这就是关于事物性质的整体涌现论学说。

信息科学研究纲领。20世纪40年代末到50年代初诞生和发展起来的包括分子生物学、控制论、通信信息论在内的信息科学，借用信息、编码、程序、反馈、控制、网络、全息等概念，强调了一种通过信息普遍联系，结构化组织、调控和综合建构的信息科学研究纲领。

自组织科学研究纲领。20世纪60年代末以来兴起的耗散结构论、协同学、突变论、超循环理论以及广义进化理论等强调了一种有序生成、维持和增长的自组织科学研究纲领。

复杂性理论研究纲领。20世纪最后20年来，兴起的分形几何学、混沌理论、虚拟现实科学、纳米科学、量子信息科学、认知的信息加工理论，以及复杂系统研究理论等领域培植起了一种全新的复杂性理论研究纲领，这一纲领试图在一个更为综合的层面上将上述诸多科学研究纲领有机统一起来，以便能够说明我们所面对的这个复杂世界中的复杂事物。

邬焜认为，在上述四大科学研究纲领中信息科学研究纲领具有十分独特的地位和作用，它的全新研究视角是已有的所有其他研究纲领都不可替代的。当代信息科学的发展不仅揭示了一个全新的存在领域（信息世界），而且提供了一种全新的复杂性思维方式——信息思维方式。信息科学研究纲领能够在更为综合超越的层面上有效化解还原论和整体主义、决定论和非决定论的简单对立，并能够对自组织行为的复杂性机制进行深入而具体的阐释。正是信息科学研究纲领可能为复杂系统研究提供某种最基础性的、具有核心理论意义的理论范式。

就最为一般和本质的方面而言，第三次科技革命的核心是信息科技革命，其主导的科学范式是信息科学范式。

发展到今天的信息科学是一个拥有众多学科的大家族。信息概念、信息原理的普遍化，导致了信息理论与几乎所有的传统学科间的普遍交叉、渗透和映射。通过这种普遍相互作用的发展，可以说，信息科学在任何一个传统学科领域中都能辐射开辟出自己的一块领地，并且，信息科学自身的发展又能派生出一些与传统学科研究的领域迥然不同的新兴学科来。

信息科学在本质上是一种科学范式的转型，这一转型导致了一种崭新的现代意义的，以信息理论为主导认识方式的现代科学体系。这也就意味着，信息科学乃是一种现代化科学体系的模式，而并不仅仅是某一单一的领域性或分支性学科。可以将信息科学的体系分为六大层次：信息哲学、一般信息理论、领域信息学、门类信息学、分支信息学和工程技术信息学。

邬焜强调，在复杂信息论基础上培育起来的科学观念和科学思维方式便是信息观念和信息思维。信息观念乃是人们将信息作为一种区别于质量和能量的基本存在，以及对其本质、存在方式、意义和价值所作的一般性理解、规定和认识。而依据相应的理解、规定和认识，从现存事物的结构组织和关系互动模式、演化程序和过程模式中去把握和描述事物的本质、特点和属性的方式和方法，将现存事物的结构、关系、程序、过程作为信息的载体或符码，并由此破译出其中蕴含着的关于事物历史状态、现实关系、未来趋向等间接存在的内容的方式和方法，以及将现实对象物或信息再行人为符号化，并赋予其特定的代示关系的方式和方法便构成了信息认识方式和信息思维方式，亦即信息思维。从中可以看出，邬焜教授信息思维概念符合抽象性和具体性的对立统一。正如马克思所说"最一般的抽象总只是产生在最丰富的具体的发展的地方，在那里，一种东西为许多东西所共有，为一切所共有。"① 对于信息思维来

---

① 《马克思恩格斯全集》第 12 卷，人民出版社 1972 年版，第 75 页。

说，最一般的抽象也意味着最丰富的具体。

信息思维方式、信息系统科学的最一般的、最普遍的理论和方法乃是一种新的科学范式，这一新的科学范式具有极强的渗透力、贯穿力和改造力。当把相关的一些信息系统科学的原理和方法扩展开来应用到已有的传统学科时，当用全新的信息思维方式对传统的学科理论和内容进行重新审视和研究时，便会立即赋予这些传统学科以某种崭新意义的全方位改造或全新意义的阐释。可以把现代科学发展的这样一种趋势称为"科学的信息科学化"。

信息系统科学的崛起、信息技术（新技术）革命的持续推进，科学的信息科学化，以及信息经济、信息社会的全方位的变革，已经和正在全面刷新人类的科学体制、经济体制、政治体制、军事方式、文化模式、生活方式和观念模式，最终导致工业文明的终结和信息社会文明的崛起。在 21 世纪，信息思维的光芒必将更加辉煌地普照人类科学的殿堂，并加速推动人类社会文明的全面进步和发展。

恩格斯指出："一个民族想要站在科学的最高峰，就一刻也不能没有理论思维。"① 邬焜教授的信息哲学是中华民族的智慧，是符合全球化信息时代的精神精华。信息思维论具有丰富的内容，是信息时代人类思维方式的全新革命，值得人们深刻领会和思考。

---

① 《马克思恩格斯全集》第 12 卷，人民出版社 1972 年版，第 325 页。

结 束 语

　　笔者完成这部研究邬焜信息哲学思想的著作，除了受导师的启发鼓励，以及西安交通大学人文学院李建群、钟明善、张再林、陈学凯，陕西师范大学袁祖社等专家教授的大力支持之外，还有就是对邬焜信息哲学思想的深度认同，以及对邬焜教授的敬重与钦佩。起初，笔者不敢轻易动笔。因为担心自己不具备研究邬焜教授事迹和学术思想的资格。然而后来，我发现自己最有资格完成这项研究工作，不仅因为我本科和博士两次做先生的学生，几乎阅读了所有邬焜教授的著作与文章，而且还因为我对邬焜信息哲学思想十分热爱，并对其所从事的研究领域逐步熟悉和更深的了解，更加被其高贵品格和治学态度所吸引，对邬焜教授更生倾慕敬佩之情。因此，我下定决心倾心研究邬焜信息哲学思想，在研究中学习邬焜教授的信息哲学理论和先生的治学精神，在学习中研究先生信息哲学思想产生的时代背景、历史根源、物质和信息双重存在的科学的世界观极其深远的影响。

　　在研究中收获良多，越研究兴趣越浓，越研究越感到自己的不足，越研究越觉得要学习的东西太多。我回过头来又系统学习了古今中外主要哲学家的哲学思想，学习了马克思主义哲学的基本理论，学习了有关自然哲学和社会科学方面的书籍。本书在搜集、分析、整理历史文献资料和访谈学习研究的基础上，对邬焜教授信息哲学学术思想的主要精髓，进行了系统的总结、分析和评述。

　　邬焜教授作为信息哲学的创始人，在国内外信息哲学研究领域的地位举足轻重，我只能高山仰止。在学术方面，他的视野宏大，思辨敏捷，意境高远；在品格方面，他襟怀坦荡、低调谦和、正直不阿、淡泊名利；作为哲学家，他学贯古今、著述丰富、内容宏大、思想深刻。并且随着历史的沉淀，邬焜教授的信息哲学必将愈发显示出其价值所在和持久的魅力。研究这样一位学术特色、思想风格鲜明的哲学大师的信息哲学思想，需要研究者具备广博全面的知识储备、相应的史学功底、深厚的哲学和相关科学的理论素养，以及良好的语言表达能力。我虽然有志于学习和研究邬焜教授信息哲学学术思想，很乐意选择这么一个具有开拓性、挑战性的课题，但是笔者深知自己的学识和能力，不足以对邬焜教授的信息哲学思想理论进行全面、透彻、深入、准确的研究。所以，在研究过程中，常常由于感悟有限，会有力不从心的感觉。本书的研究也只能做到尽己所能，以个人可能还很浅薄的理解力，利用所掌握的资料，对邬焜教授的信息哲学思想作介绍性、评述性、比较性的阐述。而怎么评述邬焜教授信息哲学学术思想，并与其他哲学思想进行比较，是最令我踌躇、最头疼的问题，也是最花费心思、最艰难之处，希望大家多提宝贵意见，以使更多的学界同人了解邬焜教授的信息哲学理论和辉煌的学术成就。

本书创作越到后来，越发现邬焜教授信息哲学思想的内容范围广大、程度艰深，越来越感觉需要研究的内容太多，越来越感觉许多思想精髓需要深入挖掘，以我现在的学识和精力，还不能完全胜任这项任务，唯愿自己今后随着学识的增长，更加勤奋努力、全面思考，继续深入领会邬焜教授信息哲学思想，再进行更系统、更完善的研究。同时，也寄望于更多有识之士参与研究。

邬焜信息哲学思想的研究是一块值得不断开垦的"处女地"，本书仅仅是初步尝试，不足之处是显而易见的，比如理论内容还需进一步完善、细节研究还需进一步深化、比较工作有待进一步深入，等等，期待更多人关注邬焜信息哲学思想，从而最终促进邬焜信息哲学思想理论体系的不断丰富化、深刻化。

书中有不当之处，恳请各位良师益友不吝指正。

附录：邬焜教授有关信息哲学的
主要学术成果目录

（未署作者名的均系邬焜教授独立完成）

一 著作

1. 邬焜、李琦：《哲学信息论导论》，陕西人民出版社，1987 年 6 月版；

2. 《信息哲学——一种新的时代精神》，陕西师范大学出版社，1989 年 7 月版；

3. 《自然的逻辑》，西北大学出版社，1990 年 5 月版；

4. 《信息世界的进化》，西北大学出版社，1994 年 10 月版；

5. 熊先树、邬焜：《信息与社会发展》，四川财经大学出版社，1998 年 11 月版；

6. 邬焜、邓波：《知识与信息的经济》，西北大学出版社，2000 年 9 月版；

7. 《信息认识论》，中国社会科学出版社，2002 年 11 月版；

8. 《哲学的比附与哲学的批判——现代科技与马克思主义哲学》，中国社会科学出版社，2002 年 12 月版；

9. 邬焜、李建群主编：《价值哲学问题研究》，中国社会科学出版社，2002 年 8 月版；

10. 《信息哲学——理论、体系、方法》，商务印书馆，2005 年 3 月版；

11. 《信息化与西部发展多维互动模式探讨》，西安交通大学出版社，2006 年 9 月版；

12.《信息哲学问题论辩》，西安交通大学出版社，2008 年 5 月版；

13.《古代哲学中的信息、系统、复杂性思想——希腊·中国·印度》，商务印书馆，2010 年 5 月版；

14. 邬焜等：《社会信息科学的理论与方法》，人民出版社，2011年 9 月版；

15. 邬焜、〔法〕布伦纳、王哲等：《中国的信息哲学研究》，中国社会科学出版社，2012 年 8 月版；

16. 邬焜、肖锋等著：《信息哲学的性质、意义论辩》，中国社会科学出版社，2013 年 4 月版；

17. 邬焜、霍有光：《信息哲学问题争鸣》，中国社会科学出版社，2013 年 6 月版。

二　译著

1.《进化与信息》，西北大学出版社，1993 年 6 月版〔原作者：〔苏〕Е·А·Седов〕；

2.《信息科学中的哲学问题》，中国社会科学出版社，2012 年 8 月版〔原作者：〔俄〕K. K. Kolin〕。

三　教材

1. 邬焜、巩真编著：《系统科学基础》，陕西科学技术出版社，1996 年 4 月版；

2. 邬焜编著：《复杂信息系统理论基础》，西安交通大学出版社，2010 年 9 月版。

四　学术论文

1.《思维是物质信息活动的高级形式》，《兰州大学学生论文辑刊》，1981 年第 1 期；

2.《信息在哲学中的地位和作用》,《潜科学杂志》,1981 年第 3 期;

3.《哲学信息的态》,《潜科学杂志》,1984 年第 3 期;

4.《哲学认识论的信息中介论探讨》,《兰州学刊》,1984 年第 5 期;《哲学原理》(人大复印资料),1984 年第 22 期全文转登(署笔名"方元");

5.《分析综合——统一的认识过程、方法及逻辑》,《社会科学》,1984 年第 6 期;《逻辑》(人大复印资料),1985 年第 1 期全文转载(署笔名"方元");

6.《哲学信息论要略》,《人文杂志》,1985 年第 1 期;《国内哲学动态》,1985 年第 7 期、《1987 年哲学年鉴》摘登;

7.《论再生信息》,《思维科学》,1985 年第 4 期;

8. 邬焜、刘世文、李琦:《关于信息论研究中几个问题的探讨——兼评王平、黎鸣、刘长林文章的得与失》,《社会科学评论》,1986 年第 1 期;《自然辩证法》(人大复印资料),1986 年第 4 期全文转载;《1987 年哲学年鉴》摘登;

9.《生物进化的信息凝结说》,《潜科学杂志》,1986 年第 3 期;

10.《论自在信息》,《学术月刊》,1986 年第 7 期;《1987 年哲学年鉴》摘登;

11.《人的智能是负熵之源吗?》,《中国社会科学》,1986 年第 6 期;《文摘报》,1986 年 12 月 21 日摘介;

12.《论自为信息》,《人文杂志》,1986 年第 6 期;

13.《亦谈"力的哲学和信息的哲学"——兼与黎鸣同志商榷》,《社会科学评论》,1986 年第 8 期;

14.《信息与物质世界的进化》,《求是学刊》,1986 年第 6 期;《自然辩证法》(人大复印资料),1987 年第 1 期全文转载;

15.《申农相对信息量的哲学拓广》,《陕西机械学院学报》,1986 年第 4 期;

16.《存在领域的分割》,《科学·辩证法·现代化》,1986 年第

2 期；

17.《论社会信息的三态统一性》，《社会科学》，1987 年第 6 期；

18.《对几对哲学范畴的再认识》，《求是学刊》，1987 年第 5 期；《哲学原理》（人大复印资料），1987 年 11 期转载；

19.《从哲学看申农和维纳信息量公式的差别和统一》，《延边大学学报》，1987 年第 2—3 期；《自然辩证法》（人大复印资料），1987 年 12 期转载；

20.《"以自然的名义"表述自然》，《自然辩证法报》，1988 年第 2 期；

21.《试论物质、运动、时间和空间的四位一体性》，《齐齐哈尔师范学院学报》，1988 年第 1 期；《文科学报文摘》，1988 年第 3 期摘登；

22.《谈谈自然辩证法中的"自然"范畴》，《自然辩证法报》，1988 年第 20 期；

23.《新的综合：信息世界的发现》，《延边大学学报》，1988 年第 3 期；《哲学原理》（人大复印资料），1989 年第 3 期转载；

24.《演化和全息现象》，《自然信息》，1988 年第 5—6 期；

25.《试论自然演化的方向、条件和根据》，《陕西机械学院学报》，1988 年第 4 期；

26.《信息对哲学的突破》，《思考与探索》，中国科学技术大学出版社，1989 年 5 月版；

27.《开放系统的分类》，《自然辩证法报》，1989 年第 11 期；《科学·经济·社会》，1989 年第 5 期；《科学技术与辩证法》，1990 年第 1 期；

28.《论人的认识方式》，《求是学刊》，1989 年第 3 期；《哲学原理》（人大复印资料），1989 年第 10 期转载；

29.《试论人的生理、心理、行为本质的全息统一》，《青海社会科学》，1989 年第 5 期；《哲学原理》（人大复印资料），1989 年第 12 期转登；

30. 《认识：在多级中介中相对运动着的信息建构活动》，《长沙水电师院学报》，1989 年第 3 期；

31. 《演化和信息》，《求是学刊》，1990 年第 4 期；

32. 《从普遍理性的层次性看哲学与科学的统一》，《哲学的视野》，西北工业大学出版社，1991 年 1 月版；

33. 《在循环中永生——"宇宙热寂论"批判》，《人文杂志》，1991 年第 2 期；

34. 《物质和信息：统一而双重的世界》，《西北大学学报》，1991 年第 2 期；《文科学报文摘》1991 年第 5 期摘登；《自然辩证法》（人大复印资料），1991 年第 7 期转登；

35. 《相互作用、演化与信息》，《西北大学学报》，1991 年增刊；

36. 《社会的信息进化》，《科学技术的时代回响》，陕西科学技术出版社，1991 年 7 月版；

37. 《普遍理性的层次和层次跃迁——论科学与哲学的内在统一性》，《西北大学学报·青年科学文集》，1991 年增刊；

38. 《"整体大于部分之和"到底意味着什么?》，《哲学动态》，1992 年第 6 期；

39. 《现代系统科学中若干问题的哲学探讨》，《西北大学学报》，1992 年第 4 期；《自然辩证法》（人大复印资料），1992 年第 12 期转登；

40. 《主体信息活动的层次和层次间的关系》，《主体性与社会主义实践》，陕西人民教育出版社，1992 年 1 月版；

41. 《社会科学是不是生产力?》，《哲学动态》，1993 年第 2 期；

42. 《试论时间和空间的内在统一性》，《哈尔滨师专学报》，1993 年第 1 期；

43. 《全息人学》，《宇宙全息之谜——全息理论及其应用》，万国学术出版社，1993 年 5 月版；

44. 《主体信息活动的层次和层次间的相互作用》，《西北大学学报》，1993 年第 3 期；《高等学校文科学报文摘》，1993 年第 6 期摘登；

45. 《系统的分类》，《系统辩证学学报》，1994 年第 1 期；

46. 《演化范畴的双重规定》，《哈尔滨师专学报》，1994 年第 1 期；

47. 《论自然演化的全息境界》，《西北大学学报》，1994 年第 2 期；《自然辩证法》（人大复印资料），1994 年第 7 期转登；《高等学校文科学报文摘》，1994 年第 5 期摘登；

48. 《相互作用与双重演化》，《内蒙古大学学报》，1994 年第 2 期；

49. 《多维存在的人》，《社会科学研究》，1994 年第 2 期；

50. 《试论人类起源的生理、心理和行为进化的全息统一性》，《西安石油学院学报》，1994 年第 4 期；

51. 邬焜、朱银全：《试论对立统一模式的多样性》（上），《人文杂志》，1994 年第 6 期；

52. 《事物结构的系统分析》，《系统辩证学学报》，1995 年第 1 期；

53. 邬焜、朱银全：《试论对立统一模式的多样性》（下），《人文杂志》，1995 年第 1 期；

54. 《时代、信息与文明转型》，《哲学大视野》，1995 年第 1 期；

55. 《哲学的比附与哲学的批判》，《中国社会科学》，1995 年第 4 期；《哲学原理》（人大复印资料），1995 年第 9 期转登；

56. 《试论人的多维存在性》，《求是学刊》，1995 年第 5 期；《高等学校文科学报文摘》，1996 年第 1 期摘登；

57. 《批判的哲学：变革现实的理论工具》，《华南师范大学学报·应用哲学论文专辑》，1995 年 11 月出版；

58. 《批判的时代呼唤批判的哲学》，《人文杂志》，1995 年增刊第 2 期；

59. 《对假象世界的系统考察》，《陕西师大学报》，1995 年第

4 期;

60.《信息社会及其对人类文明的全面变革》,《图书与石油科技信息》,1996 年第 3 期;

61.《信息科学及其体系》,《系统科学理论与应用》,四川大学出版社,1996 年 4 月版;

62.《人的信息化》,《石油科技理论与应用新进展——西安石油学院科技大会论文集》,陕西科学技术出版社,1996 年 6 月版;

63.《试论信息的质、特性和功能》,《安徽大学学报》,1996 年第 1 期;

64.《与熵相关的几个概念的科学含义的辨析》,《自然辩证法通讯》,1996 年第 5 期;

65.《诱人的信息化时代》,《广告世界》,1996 年第 5—6 期;

66.《信息化、工业化和现代化》,《系统辩证学学报》,1997 年第 2 期;《科学技术哲学》(人大复印资料),1997 年第 6 期转登;

67.《一般价值哲学论纲——以自然本体的名义所阐释的价值哲学》,《人文杂志》,1997 年第 2 期;《哲学原理》(人大复印资料),1997 年第 6 期转登;

68.《科学的信息科学化》,《青海社会科学》,1997 年第 2 期;《图书馆学、信息科学、资料工作》(人大复印资料),1997 年第 6 期转登;

69.《关于动物界的传播活动》,《西安石油学院学报》,1997 年第 4 期;

70.《与熵理论相关的几个问题的辨析》,《自然辩证法研究》,1997 年第 5 期;

71.《对辩证哲学中若干问题的思考——兼答朱宝信先生》,《系统辩证学学报》,1997 年第 4 期;

72.《信息生产和信息生产力》,《哈尔滨师专学报》,1997 年第 3 期;

73.《Wu Kun, Philosophical Forced Analogy and Philosophical Critique》，《中国社会科学》（英文版），1997 年第 4 期；

74.《信息化与现代化》，《光明日报》，1998 年 1 月 24 日；

75.《试论人的信息化》，《青海社会科学》，1998 年第 1 期；

76.《信息系统的一般模型》，《系统辩证学学报》，1998 年第 2 期；

77. 邬焜、邓波：《试论从猿到人的信息进化》，《西安交通大学学报》，1998 年第 2 期；

78. 邓波、邬焜：《人类传播的起源》，《西北大学学报》，1998 年增刊；

79.《谁打破了宇宙的热寂?》，《科学技术与辩证法》，1998 年第 4 期；

80.《新方法、新领域、新结论——对杨伟国先生的"信息思维的新探索"的评价》，《京港学术交流》（香港）第 40 号，1998 年 12 月；

81.《现代科学的范式——信息科学》，《信息高速公路与信息社会》，北京邮电大学出版社，1998 年 5 月版；

82.《物理学中的熵概念》，《西安石油学院学报》（自然科学版），1999 年第 3 期；

83.《天道价值与人道价值》，《价值与发展》，陕西人民教育出版社，1999 年 6 月版；

84.《试论系统与要素的辩证关系》，《科学技术与辩证法》，1999 年第 4 期；

85.《信息哲学领域的一朵奇葩》，《系统辩证学学报》，1999 年第 4 期；

86. Wu Kun and Fei Ou，《The Medical Cause Heading for Informatization》，《CJKMI'99 First China – Japan – Korea Joint Symposium on Medical Informatics》，Academy Press〔Xue Yuan〕1999，10；

87.《与价值哲学相关的几个问题的探讨》，《社会科学辑刊》，1999 年第 5 期；

88.《试论人的信息活动的层次》,《西安石油学院学报》,2000年第2期；

89. 邬焜、朱银全、王晓方：《三种生产和人类生产的信息生产性》,《面向新世纪的哲学教学与研究》,哈尔滨工业大学出版社,2000年4月版；

90.《试论人的信息活动的生理基础》,《哈尔滨师专学报》,2000年第4期；

91.《网络化与人类价值观模式的多元化》,《青海社会科学》,2000年第5期；

92.《事实与价值、反映与评价》,《价值与评价》,陕西人民出版社,2000年8月版；

93.《价值事实、价值反映与价值评价》,《学术界》,2000年第6期；《哲学原理》(人大复印资料),2001年1期转登；

94.《网络化与21世纪人类价值观念模式体制的多元化走向》,《哲学研究》,2000年增刊；

95.《纳米技术的哲学畅想》,《西安日报》,2001年2月14日；

96.《技术创新活动域的系统维度及其宏观等级结构》(摘要),《自然辩证法研究》,2001年第6期；

97.《网络生存中的价值冲突》,《西安日报》,2001年8月15日；

98.《网络民主与极权体制之间的价值冲突》,《科学技术与辩证法》,2001年第5期；

99.《科学技术哲学》(人大复印资料),2001年12期全文转登；

100.《网络文化中的价值冲突》,《深圳大学学报》,2001年5期；《哲学原理》(人大复印资料),2002年3期全文转登；

101. 邬焜、邓波：《试论技术创新的自组织机制》,《自然辩证法通讯》,2001年第6期；

102.《世界新政治格局中的价值冲突》,《西安交通大学学报》,2002年第1期；

103. 《物质思维·能量思维·信息思维——人类科学思维方式的三次大飞跃》，《学术界》，2002 年第 2 期；2002 年 9 月 17 日《光明日报·论点摘编》；

104. 《复杂性与科学思维方式的变革》，《自然辩证法研究》，2002 年第 10 期；

105. Wu Kun、Deng Bo，Information Thinking：a New Kind of Pattern of Scientific Thinking，ISSS 2002 International Society For the Systems Sciences 46th Annual Meeting，ISBN 0—9664183—9—5 August2—6，2002；

106. 《信息思维：信息时代的全新科学思维方式》，《西安交通大学学报》，2003 年第 1 期；　《高等学校文科学术文摘》摘登（2003.3）；

107. 《试论人类生产和生产力的本质及其微观结构》，《教学与研究》，2003 年第 4 期；《哲学原理》（人大复印资料），2003 年第 9 期全文转登；

108. 《略谈科学发展与哲学创新》，《理论导刊》，2003 年第 5 期；

109. 《网络生存方式与传统生存方式之间的价值冲突》，《系统辩证学学报》，2003 年第 3 期；

110. 邓波、邬焜：《技术创新活动的系统维度及其宏观等级结构》，《西安交通大学学报》，2003 年第 3 期；

111. 《亦谈什么是信息哲学和信息哲学的兴起——与弗洛里迪和刘钢先生讨论》，《自然辩证法研究》，2003 年第 10 期；

112. 《试论科学与哲学的关系》，《科学技术与辩证法》，2004 年第 1 期；

113. 《凭差异而识辨、依中介而建构、借建构而虚拟——信息认识的一般过程和机制》，《科学·认知·意识——哲学与认知科学国际研讨会文集》，江西人民出版社，2004 年 4 月版；

114. 《评张华夏的"系统主义的世界图景"》，《系统观念与哲学探索——一种系统主义哲学体系的建构与批评》，中山大学出版社，2003 年 12 月版；

115.《"客观实在""实体唯物论""唯能论"与唯物论的非实体化——论列宁的"客观实在"物质观的科学价值》，《西安交通大学学报》，2004 年第 2 期；《马克思主义、列宁主义研究》（人大复印资料），2004 年 10 期全文转登；

116.《游刃于科学与哲学之间》，《科学技术与辩证法》，2004 年第 3 期；

117.《重建自然辩证法的自然哲学》，《自然辩证法研究》，2004 年第 8 期；

118.《信息科学纲领与自组织演化的复杂性》，《中国人民大学学报》，2004 年第 5 期；

119.《对自然、社会与人关系的系统考察》，《系统辩证学学报》，2005 年第 1 期；

120.《价值与信息》，《中日价值哲学新探》，陕西人民出版社，2004 年 12 月版；

121.《复杂性与信息科学研究纲领》，《系统辩证学学报》，2005 年第 2 期；

122.《从信息尺度看人类社会的本质与进化》，《社会科学研究》，2005 年第 2 期；人大复印资料《哲学原理》，2005 年第 5 期转登；

123.《微观复杂性探究》，《河北学刊》，2005 年第 2 期；

124.《关于多维世界的三种研究纲领的比较分析》，《科学技术与辩证法》，2005 年第 4 期；

125.《信息思维与中国文化的思维特色》，《河北师范大学学报》，2005 年第 3 期；

126.《信息化、生态化与以人为本》，《兰州大学学报》，2005 年第 3 期；

127.《信息价值论纲要》，《西安交通大学学报》，2005 年第 2

期；《高等学校文科学术文摘》，2005 年第 4 期"学术卡片"摘登；

128. 吴彤、邬焜、范冬萍：《"全国复杂性与系统科学的理论、方法及应用学术研讨会"综述》，《自然辩证法研究》，2005 年第 5 期；

129. 《当代科学影响哲学的几个重要基础理论问题》，《自然辩证法研究》，2005 年第 7 期；

130. 《纳米科技的理性思考》，《江南大学学报》，2005 年第 4 期；

131. 《论时空的复杂性》，《中国人民大学学报》，2005 年第 5 期；《科学技术哲学》（人大复印资料），2005 年 12 期全文转登；《高等学校文科学术文摘》2005 年第 6 期"学术卡片"摘登；

132. 《信息化、工业化和现代化》（第一辑），西安交通大学出版社，2005 年 10 月版；

133. 《试论信息科学研究纲领的复杂性特征》，《天津社会科学》，2005 年第 6 期；

134. 《关于复杂信息系统理论研究的思考》，《江南大学学报》，2006 年第 1 期；《科学技术哲学》（人大复印资料），2006 年 5 期全文转登；

135. Nature Philosophy of Reconstructing Dialectics of Nature，The Proceedings of The China Association For Scinence and Technology，VOL. 2 NO. 4 912—916，Science Press，Science Press USA Inc 2006（科学出版社与美国科学出版社联合出版）；

136. 《信息哲学的基本理论及其对哲学的全新突破》，《西安交通大学学报》，2006 年第 2 期；《高等学校文科学术文摘》摘登（2006.3）；《中国社会科学文摘》摘登（2006.4）；《科学技术哲学》（人大复印资料），2006 年第 7 期全文转登；

137. 《认识：在多级中介中建构与虚拟的信息活动过程》，《兰州大学学报》，2006 年第 3 期；

138. 《信息认识的一般过程和机制》，《系统科学学报》，2006

年第 4 期；

139.《关于系统主义世界图景中的几个问题——与〈本体论、价值论与科学解释〉一文作者讨论》，《学术界》，2006 年第 5 期；

140.《信息科学理论对哲学的突破性变革》，《辽东学院学报》，2006 年第 5 期；

141.《论马克思和恩格斯"全面生产"理论的复杂性特征——对机械唯物史观的批判》，《中国人民大学学报》，2006 年第 6 期；《哲学原理》（人大复印资料），2007 年第 1 期全文转登；

142.《建构统一复杂信息系统理论的几个问题》，《自然辩证法研究》，2006 年第 12 期；《科学技术哲学》（人大复印资料），2007 年第 2 期全文转登；

143.《论人类信息活动方式与文明形态、价值观念变革的一致性》，《重庆邮电大学学报》，2007 年第 1 期；

144. 闫学杉、邬焜、李宗荣等：《社会信息科学研究十人谈》，《社会信息科学研究通讯》，2007 年第 1 期；

145. 王哲、邬焜：《网络文化对人类价值观念的影响》，《辽东学院学报》，2007 年第 2 期；

146.《信息活动方式与人类时间观念和学习方式的变革》，《西安日报》，2007 年 5 月 16 日；

147.《社会的信息化发展》，《西安交通大学学报》，2007 年第 3 期；

148.《试论社会及社会信息的概念、范围与性质》，《华中科技大学学报》，2007 年第 1 期；《科学技术哲学》（人大复印资料），2007 年第 5 期全文转登；

149.《价值哲学的回顾与展望——〈21 世纪价值哲学：从自发到自觉〉评介与讨论》，《学术界》，2007 年第 4 期；

150.《古希腊哲学家的信息观念》，《自然辩证法研究》，2007 年第 9 期；

151.《信息哲学对哲学的全新突破》，《信息科学交叉研究》，浙江教育出版社，2007 年 7 月版；

152.《中国古代哲学中的"二"、"三"与"多"的观念》，《辽东学院学报》，2007 年第 5 期；

153.《执着于价值哲学的开拓与创新》，《高校理论战线》，2007 年第 11 期；

154.《中国古代哲学中的信息结构和全息论思想》，《江南大学学报》，2007 年第 6 期；

155.《魏晋玄学及之前的哲学家关于有无关系论述中的整体统一论思想》，《重庆邮电大学学报》，2008 年第 1 期；

156.《古希腊哲学的信息、系统、复杂性思想论纲》，《人文杂志》，2008 年第 1 期；

157.《中国古代阴阳五行说呈现的整体统一论思想》，《长安大学学报》，2007 年第 4 期；

158.《信息哲学的若干基本理论》，《陕西广播电视大学学报》，2008 年第 1 期；

159.《中国古代气一元论学说中体现出的整体统一论思想》，《西安交通大学学报》，2008 年第 2 期；

160.《虚拟实在、自然实在与信息世界——与〈实在论的最后崩溃〉一文的作者讨论几个问题》，《华中科技大学学报》，2008 年第 2 期；

161. 邬焜、李佩琼：《科学革命：科学世界图景和科学思维方式的变革》，《中国人民大学学报》，2008 年第 3 期；

162.《宋代之前中国古代哲学关于物身、心物关系论述中所体现的信息认识论思想》，《重庆邮电大学学报》，2008 年第 3 期；《科学技术哲学》（人大复印资料），2008 年第 7 期全文转登；

163.《中国古代哲学中信息、系统、复杂性思想的十大特点》，《河北学刊》，2008 年第 3 期；

164.《中国医学中的信息、系统和复杂性思想》，《西安交通大学学报》，2008 年第 4 期；

165.《明清哲学家物身、心物关系论中的信息认识论思想》，《重庆邮电大学学报》，2008 年第 4 期；

166. Wu Kun,《Informatlon Philosophy and its overall Breakthrough to Philosophy》Scientific Inquiry，Vol. 9，No. 1，June，2008；

167.《〈老子〉〈易传〉及汉唐时期哲学家们的过程论和生成论思想》，《江南大学学报》，2008 年第 4 期；

168.《宋、清时期哲学家们的过程论和生成论思想》，《江南大学学报》，2008 年第 5 期；

169.《〈奥义书〉中关于梵论以外的种种整体统一论理论》，《辽东学院学报》，2008 年第 6 期；

170.《科学革命与科学思维方式变革的一致性》，《从辩护到审度——马克思科学观与当代科学论》，刘大椿主编，首都师范大学出版社，2009 年 3 月版；

171.《古希腊哲学中的复杂性思想》，《科学技术与辩证法》，2009 年第 2 期；

172.《胜论哲学中的信息、系统、复杂性思想》，《人文杂志》，2009 年第 3 期；《科学技术哲学》（人大复印资料），2009 年第 7 期全文转登；

173.《社会信息学的学科体系初探》，《西安交通大学学报》，2009 年第 3 期；

174.《古代哲学中的信息、系统、复杂性思想的基本特质——希腊·中国·印度》，《江南大学学报》，2009 年第 2 期；

175.《古印度哲学的信息、系统、复杂性思想的基本特质》（上），《河北学刊》，2009 年第 3 期；

176.《从瑜伽哲学的"心变化"理论看认识发生的信息中介思想》，《世界哲学》，2009 年第 3 期；

177.《印度古代哲学关于信息、系统、复杂性的思想》，《重庆邮电大学学报》，2009 年第 4 期；

178.《〈梨俱吠陀〉中关于宇宙、事物自身性的过程论思想》，

《西北大学学报》，2009 年第 4 期；

179.《古印度哲学的信息、系统、复杂性思想的基本特质》（下），《河北学刊》，2009 年第 4 期；

180.《文明形态与信息处理方式和价值观念的变革》，周树志主编，《价值哲学发展论》，陕西人民出版社，2009 年 9 月版；

181.《古希腊哲学家的系统整体性思想》，《重庆邮电大学学报》，2010 年第 1 期；《中国社会科学文摘》，2010 年第 6 期同期转登 3500 字；

182.《与信息哲学相关的几个问题的讨论——对霍有光先生质疑的再质疑》，《江南大学学报》，2010 年第 1 期；

183.《正理哲学中的信息自显和认识的信息中介论思想》，《西北大学学报》，2010 年第 2 期；

184.《数论哲学中的复杂性思想》，《人文杂志》，2010 年第 3 期；

185.《弥曼差派的无神论和认识论思想中体现出的复杂性观念》，《辽东学院学报》，2010 年第 3 期；

186.《〈奥义书〉中的信息观念》，《科学技术哲学研究》，2010 年第 3 期；

187.《〈奥义书〉关于宇宙、事物的自生性的过程论思想》，《江南大学学报》，2010 年第 4 期；

188.《〈奥义书〉中以大梵为本体的世界整体统一性理论》，《西安交通大学学报》，2010 年第 5 期；

189.《中国哲学自然无为理论中的非决定论复杂自组织思想》，《学术研究》，2010 年第 11 期；

190.《印度古代佛教之外主要沙门思潮流派中的信息、系统、复杂性思想》，《重庆邮电大学学报》，2011 年第 2 期；

191.《对信息哲学中的几个问题的再讨论》，《江南大学学报》，2011 年第 2 期；

192.《中国信息哲学核心理论的五种范式》，《自然辩证法研究》，2011 年第 4 期；

193.《哲学基本问题与哲学的根本转向》，《河北学刊》，2011
年第 4 期；《高等学校文科学术文摘》摘登（2011.5）；《哲学原理》
（人大复印资料），2011 年第 10 期全文转登；

194.《中国哲学关于名实、言象意关系论述中的信息认识论思
想》，《西北大学学报》，2011 年第 4 期；

195.《中国信息哲学研究的三个阶段》，《西安交通大学学报》，
2011 年第 5 期；

196. Wu Kun. Thirty years of research of information philosophy in
China ／ OPEN EDUCATION № 5 ' 2011〔［俄］ОТКРЫТОЕ
ОБРАЗОВАНИЕ/2011（5）〕28—49 页（11 万英文字符）；

197.《关于信息生产和信息生产力问题的讨论》，《学术界》，
2011 年第 11 期；

198.《相互作用与物质和信息的双重演化》，《辽东学院学报》
（社会科学版），2011 年第 6 期；

199.《对〈"客观信息"范畴的再质疑〉一文的反批评》，《重
庆邮电大学学报》（社会科学版），2012 年第 1 期；

200.《〈梵经〉关于世界由梵自创生展开的复杂性思想》，《人文
杂志》，2012 年第 2 期；

201.《〈信息科学中的哲学问题〉评介》，《西北大学学报》（哲
学社会科学版），2012 年第 2 期；

202.《当代信息哲学的兴起和发展历程》，《陕西广播电视大学
学报》，2012 年第 1 期；

203.《信息哲学专题研究——主持人语》，《西北大学学报》（哲
学社会科学版），2012 年第 2 期；

204.《对霍有光先生〈邬焜教授"信息的度量（质和量）论"
质疑〉一文的反批评》，《江南大学学报》（人文社会科学版），2012
年第 2 期；

205. 邬焜、夏群友：《再论自在信息》，《科学技术哲学研究》，

2012 年第 2 期；

206.《关于信息的六个例子和人类感知能力发展阶段的讨论》，《晋阳学刊》，2012 年第 3 期；

207.《古代佛教理论中的信息、系统、复杂性思想》，《社会科学战线》，2012 年第 6 期；

208.《对霍有光先生〈邬焜教授"信息价值论"质疑〉一文的批判逻辑的批判》，《重庆邮电大学学报》（社会科学版），2012 年第 4 期；

209. Wu Kun. The Essence, Classification and Quality of the Different Grades of Information. Information，2012（3）：403—419；

210.《为"本体论"信息而辩》，《河北学刊》，2012 年第 4 期；

211.《试论信息范式对科学和哲学的根本变革意义》，《西安交通大学学报》（社会科学版），2013 年第 2 期；《高等学校文科学术文摘》，2013 年第 3 期，"学术卡片"摘登文章摘要 150 字。

212.《对霍有光先生邬焜先生"信息认识论"质疑一文的反批评》，《重庆邮电大学学报》（社会科学版），2013 年第 1 期；

213.《存在领域的分割和信息哲学的"全新哲学革命"意义》，《人文杂志》，2013 年第 5 期；

214.［法］布伦纳、邬焜、王健：《信息思维和系统思维的比较研究》（上），《佛山科学技术学院学报》（社会科学版），2013 年第 2 期；

215.［法］布伦纳、邬焜、王健：《信息思维和系统思维的比较研究》（下），《佛山科学技术学院学报》（社会科学版），2013 年第 3 期；

216.《评王有腔关于马克思自然科学观的研究》，《中共贵州省委党校学报》，2013 年第 3 期；

217.《罗摩奴阇的差别不二论中的差异整体论及信息中介论思想》，《江南大学学报》（人文社会科学版），2013 年第 2 期；

218.《从古希腊原子论哲学对科学的影响看哲学与科学的内在

统一性》,《自然辩证法研究》,2013 年第 11 期;

219. Wu Kun and Joseph E. Brenner: The Informational Stance: Philosophy and Logic. Part Ⅰ: The basic theories. Logic and Logical Philosophy. Vol 22 No 4 December 2013: 453—493;

220.《信息哲学的创立和发展》,信息社会 50 人论坛编著,《边缘革命 2.0——中国信息社会发展报告》,上海远东出版社,2013 年 12 月版;

221.《建立辩证唯物主义哲学第二个历史形态的构想》,《江海学刊》,2013 年第 6 期;

222.《关于自组织的信息进化机制的讨论——对霍有光先生质疑的反批评》,《重庆邮电大学学报》(社会科学版),2014 年第 1 期;

223.《哲学的危机与哲学的信息转向》,《西安交通大学学报》(社会科学版),2014 年第 1 期;

224.《哲学的性质:普遍性、终极性和思辨性》,《学术研究》,2014 年第 1 期;

225.《体悟哲学追求普遍理性的韵味——基于古希腊哲学家关于世界本原的论述》,《江南大学学报》(人文社会科学版),2014 年第 1 期;

226. Wu Kun. The Crisis of Philosophy and lts Informational Turn. ACADEMICS NO. 1 Jan. 2014.【《学术界》(英文版部分) 2014 年第 1 期】;

227.《国际信息哲学展望——在首届国际信息哲学研讨会闭幕式上的讲话》,《重庆邮电大学学报》(社会科学版),2014 年第 2 期;

228. 邬焜、刘喜文:《现代物理学体现出的哲学与科学的内在统一》,《科学技术哲学研究》,2014 年第 2 期;

229. Wu Kun Joseph E. Brenner. The Informational Stance: Philosophy and Logic. Pare Ⅱ From physics to society Logic and logical philosophy/Volume 23, 2014(1);

230. 《从信息世界看哲学的发展及其根本转向》，《中国人民大学学报》，2014 年第 3 期；

231. 《钱学森的科学观和科学与哲学的统一》，《西部学刊》，2014 年第 4 期；

232. 《认识发生的多维综合"涌现"的复杂性特征——对胡塞尔现象学还原理论的单维度、简单性特征的批判》，《河北学刊》，2014 年第 4 期；

233. 邬焜、刘琅琅，《现代科学对唯物论的变革揭示了哲学与科学的内在统一性》，《人文杂志》，2014 年第 6 期。

五　译文

1. ［俄］康士坦丁·科林：《信息哲学与现代信息科学的基本问题》，《西安交通大学学报》（哲学社会科学版），2011 年第 5 期，邬天启译，邬焜审校；

2. ［俄］康士坦丁·科林：《信息的现实结构、本质和信息科学的哲学基础》，《西北大学学报》（哲学社会科学版），2012 年第 2 期；

3. ［俄］康士坦丁·科林：《信息科学发展前景展望》，《西安交通大学学报》（哲学社会科学版），2012 年第 4 期。

后　记

本书是在我的博士论文《邬焜信息哲学学术思想研究》基础上修改完成的。在本书即将付梓之际，我要非常感谢我的导师邬焜教授及师母矫煜煜老师，是他们的鼓励与支持，才使我敢于对这个课题进行研究，才有现在的初步成果。从选题、资料的收集、写作、修改到定稿的过程中，导师都倾注了大量的心血，给予了悉心的指导。邬老师还为我提供了大量的、最直接的、第一手宝贵的原始材料，并不时鼓励我大胆评析他的思想，不要受他作为导师身份的束缚。有了这些，我的研究才可能顺利完成，否则是不可想象的。

意大利的伟大学者维科说道："诗人可以说是人类的感官，而哲学家就是人类的理智。诗人凭凡俗智慧来感觉，哲学家凭玄奥智慧来理解。"值得强调的是，作为哲学家的邬焜教授就非常具有这种玄奥智慧，看问题异常深刻，常有振聋发聩之论，他学有专攻、治学严谨，具有高尚的学术风范和学术境界，令人敬佩。从 1980 年写出第一篇信息哲学的论文至今，他在信息哲学领域的研究工作已历 34 年之久。其中虽有这样那样的干扰和插曲，但是，邬焜教授执着于信息哲学的独创性研究一直未曾中断，可谓达到了王国维在《人间词话》中所说"古今之成大事业、大学问者，必经过三种之境界"的要求。从 1980 年开始，邬焜教授为了信息哲学："昨夜西风凋碧树，独上高楼，望尽天涯路"，此为第一境界，而且还一直在持续坚持，于 2010年创立了世界首个"国际信息哲学研究中心"。为了信息哲学："为伊消得人憔悴，衣带渐宽终不悔"，此为第二境界，正如邬焜教授在

2013 年主持召开的首届国际信息哲学研讨会闭幕词中所说的那样，"我们希望以此次会议为开端，在世界范围内，吸引更多的科学家和哲学家加入到信息哲学研究的方向上来，并获得更多、更好的相关研究成果。用我们的创新性成果彰显信息时代的时代精神，实现人类哲学的信息哲学的新转向"。为了信息哲学："众里寻他千百度，蓦然回首，那人却在灯火阑珊处"，此为第三境界，邬焜教授 20 余本信息哲学的著作或译著，就是千百度蓦然回首寻到的思想理论。在长达30 余年不间断的研究思考中，邬焜教授于 20 世纪 80 年代提出的关于信息哲学的基本观点和理论除了不断深化和拓展之外，并未有什么根本性的改变，体现出来的学术思想和思维路径始终保持了基本一致和统一，由此也可看出邬焜教授治学之态度是何等之认真、严谨。这一情景在中国学术界多年来普遍存在学术浮躁之风的背景下，更显得难能可贵。

邬老师渊博的学识与深邃的思想，超前的研究意识与严谨的治学态度，诲人不倦的育人品格和乐观豁达的生活作风，展示了他独具的学术特色、思想风格和独特的人格魅力，使我在做人、做事和做学问等方面受益良多，师恩难忘，师恩永远激励我向前、向前、向前！

对于这本书，印下了我攻读博士难忘的岁月痕迹，其中的甘苦，其中的艰辛，其中的彷徨，其中的欣喜，非亲历不能体会。但是，这一切都使我倍感充实和快乐！本书的出版，凝结了很多人的智慧和汗水，使我感慨良多，感受颇深，感恩之情油然而生。

我要特别感谢我的妻子！在博士学习和本书写作过程中，她给予我巨大的鼓励和支持，默默承担了大量的家务劳动，并同我一起学习、一起探讨、一起研究，帮我解除了后顾之忧。我还要感谢我的儿子，虽然他还在读高中，但也给我以支持，帮我一起复印、整理和装订各种大量的文献资料。正是家人的帮助与支持，给我以巨大的精神力量，使学业和著作得以顺利完成。

衷心感谢西安交通大学人文学院的钟明善、李建群、张再林、陈学凯、张帆、张如良教授和常龄方、邱根江老师，陕西师范大学的袁祖社、尤西林教授，西北政法大学的张周志教授！在 3 年的博士学习过程中，老师们教书育人的敬业精神、严谨的教学方式和良好的教学方法，对我以后的教学和工作，具有重要的示范、教育和引导作用，他们严谨、严肃、严格的治学态度，甘当人梯的师者风范都值得我敬佩，使我终生受益。

感谢邬焜教授的亲属、同学和朋友！他们为本书的写作提供了极具价值的热心帮助，都以自己的切身体会和真实感受，毫无保留地讲述了自己对邬焜教授的学术历程、学术思想、学术风格和人格品性的看法，给我提供了很大帮助，极大地鼓舞了我研究邬焜教授信息哲学思想的热忱和责任感。

最后，在这里真诚感谢担任本书编辑的中国社会科学出版社哲学宗教与社会学出版中心主任冯春风老师及其他编辑人员，对本书书稿的认真纠错和精心编辑！

对于这本书，虽然我还不是太满意，邬焜老师的思想我仍有很多没有深刻领会到、挖掘到，但作为第一部研究邬焜信息哲学思想的著作，希望我抛的这块"砖头"，能够引来更多的"美玉"。希望信息之光照耀全球与时代，引领我们从农业文明、工业文明走向更加璀璨的信息文明！

李国武

2014 年 8 月 18 日